PARADIES DER LÜSTE

Kit McCann

PARADIES DER LÜSTE

EIN REISEBERICHT AUS THAILAND

Wo das Vergnügen seinen Preis hat –
Einblicke in die thailändische Sex-Industrie

Schwarzkopf & Schwarzkopf

INHALT

*Da ist ein Gerechter, der geht zugrunde in
seiner Gerechtigkeit, und da ist ein Gott-
loser, der lebt lange in seiner Bosheit. Sei
nicht allzu gerecht und nicht allzu weise,
damit du dich nicht zugrunde richtest.*
PREDIGER SALOMO, 7. KAPITEL
»VON DER WAHREN WEISHEIT«

ANMERKUNG:
*Geldbeträge in diesem Buch beziehen
sich entweder auf thailändische Baht
oder auf US-Dollar. Als das Buch geschrieben wurde, galten diese Kurse:
1 Euro = ca. 50 Baht
1 US-Dollar = ca. 40 Baht*

KAPITEL 1

PROLOG

Offen gesagt bin ich wie fast jeder männliche Single nur wegen Sex nach Thailand gereist. Nein, das stimmt nicht ganz: wegen der ultimativen sexuellen Erfahrung. Das klingt fast ein wenig spirituell. Thailand ist für Sex berühmt, genauso wie für seine Anziehungskraft auf Touristen – die mit Sex gleichzusetzen ist. Darüber hinaus hat das Land kulturell sehr viel zu bieten: die goldroten Tempel der Buddhisten, die geheimnisvollen, bezaubernden Feste mit Blumen und bunt geschmückten Umzugswagen, von denen man plötzlich und ohne Vorwarnung umgeben ist. Außerdem gibt es dort fantastisches Essen – wenn Thais nicht schlafen, essen sie normalerweise.

Neben den Bergen von Ananas, Mangos, Papayas und anderen Früchten, von denen wir die eine oder andere vielleicht schon mal gesehen haben, gibt es die grandiosen Gerichte und Suppen mit Basilikum, Knoblauch, Ingwer, Koriander, Zitronengras, Kokosmilch sowie ganz viel Chili und Nam-pla (»Fischwasser«), die stinkende Sauce, die aus gegorenen Anchovis hergestellt wird. An den Garküchen in den Straßen kann man Enten- oder Fischsuppe kaufen, saftig gegrilltes Hähnchen oder Schwein, Frühlingsrollen, frisch gegrillten Fisch, gelbe Ameisen oder Ameiseneier mit Limone und Chili, frittierte Maden oder Babyfrösche im Teigmantel (mmh!), Skorpione, Grillen, Spinnen, Grashüpfer, Heuschrecken …

Man hat hier die Berge, die Inseln, den Regenwald, und alles ist in dieses wunderbare, himmlisch glänzende Licht der sengenden Sonne getaucht (Orwell schrieb, dass alle Romane, die in Fernost spielen, in Wirklichkeit nur über die Landschaft geschrieben wurden). Aber die meisten der Millionen von Besuchern, die jährlich nach Thailand reisen, kommen nicht wegen der Landschaft, sondern wegen Sex – nicht immer, um selber Sex zu haben, sondern um sich einfach mal umzuschauen und in dieses Ambiente einzutauchen.

Viele Autoren von Reiseberichten vermeiden es, jegliche nächtliche Aktivitäten der lüsternen Art in ihren Werken zu erwähnen

– ich schätze mal, weil sie wissen, dass ihre Frauen eines Tages ihr Manuskript lesen werden. Ungehindert solcher Befangenheiten kann ich dieses Land so beschreiben, wie es wirklich ist. Ich werde von Dingen erzählen, die ich erlebt habe und was andere Leute tun.

Es ist natürlich möglich, etwas von Thailand zu erzählen und Sex dabei gänzlich wegzulassen. Man kann von den Buddhistenmönchen in ihren safrangelben Roben erzählen, von Papierlaternen, glücklichen Wasserbüffeln und der farbenfrohen scharfen thailändischen Küche. Andererseits kann man aber auch die Drogenbarone beschreiben, die Bandenkriege, das Goldene Dreieck oder die schrecklichen Zustände in den Gefängnissen. Die meisten Touristen interessieren sich für diese Dinge gar nicht. Sie sehen nur freilaufende dunkelhäutige Liebesgöttinnen, und genau aus diesem Grund kommen die Touristen her: um sich verwöhnen und das Herz brechen zu lassen. Es ist ein unendliches Streben nach Vergnügen, das sie zuhause meist nicht bekommen; wenn, dann nur auf äußerst verruchte Weise oder mit Schwierigkeiten.

Es ist falsch zu behaupten, dass die Touristenorte Patong und Pattaya, dessen offizielles Motto »Die extreme Stadt« lautet, »nicht Thailand« seien – so wie New York »nicht Amerika« oder London »nicht England« ist. Patong und Pattaya sind Thailand, betrachtet durch ein Prisma. Diese Touristenmekkas sind das, was jedes kleine Thaidorf gerne mal werden möchte; es sind Honigfallen, überschwemmt von sexbesessenen Touristenhorden, die bereitwillig ihr Geld in die Hände der Thailadys fallen lassen. Thailand ist ein lebendiger Beweis für das Verlangen und das Herzeleid der westlichen Gesellschaft, inspiriert durch eine große Anzahl von hinreißenden Ladys, die munter Sex mit jedem haben, tage- und nächtelang, um damit ihren Lebensunterhalt zu verdienen.

Es ist schon ein seltsames und abstoßendes Bild, wenn man einen erwachsenen Mann kurz vor seinem Abflug an der Flughafenbar sitzen sieht, der Tränen in sein Bier vergießt, weil sein liebstes Thaimädchen nicht bei ihm ist. Thailadys verdienen Respekt als liebenswürdige und bezaubernde Göttinnen, und sie sind unerschöpfliche Quellen jener unerlässlichen Gefühle wie Trauer und Ekstase. Den Puristen zum Trotz, die auf der Unterscheidung zwischen »Ladys«, »Frauen« und »Animierdamen« bestehen, benutze ich diese Bezeichnungen zwar in angemessener Weise, würde allerdings Begriffe wie »Demimondäne« und »Midinette« vorziehen. Wie so viele Dinge in Thailand liegen diese Bezeichnungen einerseits deutlich auf der Hand, andererseits sind sie trotzdem verschwommen.

Wenn man von Thailand nicht mehr loskommt, gibt es nur eine Möglichkeit, um geistig normal zu bleiben: im Zweifelsfalle besser nicht nachfragen. Thailand ist wie ein wahrgewordener Traum, oder auch der Tod aller Träume; es ist wie Disneyland mit Gangsterboss »Machine Gun« Kelly als Geschäftsführer. Klar, es ist heiß, und das Leben ist günstig, was auch auf viele andere Länder zutrifft. Aber in jenen Staaten neigen die jungen Mädels seltsamerweise nicht dazu, sich in völlig fremde Menschen zu »verlieben« – und das passiert in Thailand innerhalb sehr kurzer Zeit, während man an der Bar sitzt und nur ein Bier trinkt. Was immer die Leute über die Strände, die Einkaufsmöglichkeiten oder das allgegenwärtige Sporttauchen erzählen, in Wirklichkeit kommen die meisten von ihnen nach Thailand wegen der einmaligen Mischung aus Charme, Unschuld und Verdorbenheit. Sie verbringen ihre Zeit mit Golf, Schlemmerei und Alkoholkonsum – meistens zwischen dem Sex, manchmal auch währenddessen. Ich kannte einen Golfer in Pattaya, der sich ein paar glamouröse Girls als Caddys besorgt hatte, damit er ... ach, ich will nicht zu viel verraten. Meine Geschichte hat sich über mehrere Jahre abgespielt, aber da Thailand nun mal eben Thailand ist, könnten es genauso gut nur wenige Minuten gewesen sein.

Alles, was in diesem Buch steht, habe ich wirklich erlebt.

KAPITEL 2

DER GARTEN EDEN

Die Insel Phuket im Südwesten ist die reichste Provinz Thailands, was größtenteils daran liegt, dass hier in der Vergangenheit Zinn abgebaut wurde. Irgendwann stieg man um und fing an, Gummibäume zu pflanzen, als entdeckt wurde, dass man aus diesem Material qualitativ bessere Kondome herstellen konnte. Heute ist der Sextourismus die größte Einnahmequelle Phukets, der dortige Flughafen ist der zweitgrößte im ganzen Land, und der teuerste Ort der Insel (und in ganz Thailand) ist das glanzvolle Patong Beach, das durch begrünte Berge von Phuket City abgetrennt ist. Bei der Tsunami-Katastrophe 2004 haben hier viele Menschen ihr Leben verloren, und der Ort wurde stark in Mitleidenschaft gezogen, aber das Geschäftsleben wurde innerhalb kürzester Zeit wieder aufgenommen. Vor allem die Geschäfte mit Sex.

Wenn man mit dem Auto erst durch das tropische Grün, dann die Serpentinen den Berg hinunter in Richtung des türkisblauen Indischen Ozeans fährt, sieht man am Ortseingang ein Schild:

Willkommen in Patong Beach!
Bitte achten Sie auf den Linksverkehr!
Bitte benutzen Sie Kondome!

Das ist etwas verwirrend. Da hat man sich am Flughafen einen Wagen gemietet und ist 45 Minuten lang zu diesem Ort gefahren und wird erst hier daran erinnert, auf den Linksverkehr zu achten? Das ist ein wenig spät, nach der haarsträubenden Tour durch die grüne Hügellandschaft Phukets mit den zauberhaften Blumen, Bäumen und den militärartigen Gummibaumplantagen, vorbei an keuchenden Bussen, Autos, Lastwagen, rücksichtslosen Mopeds mit mindestens drei leichtbekleideten Schönheiten darauf – und alle scheinen überall zu fahren, nur nicht links.

Es dauert in Thailand ungefähr eine Woche, bis man erkennt, dass es eine Regel gibt, auf welcher Straßenseite man fahren soll. Im Grunde fährt man dort, wo Platz ist. Man verlässt sich nicht auf lächerliche Ampeln – die man zwischen dem ganzen Glitter und Neon eh übersieht –, sondern auf sein Glück.

Mal angenommen, man möchte rechts abbiegen. Warum soll man sein Fahrzeug unnötigem Verschleiß aussetzen, indem man seine Fahrt verlängert und wie ein neurotischer Westler bis ganz an die Kreuzung heranfährt, anhält, sich umschaut und abbiegt? Es ist doch viel vernünftiger, sein Vorhaben zu rationalisieren und schon ein paar Kilometer vor der Kreuzung auf die Gegenfahrbahn zu wechseln, um in einem Schwung abbiegen zu können.

Man könnte auch meinen, dass dieses seltsame Ritual, auf der linken Straßenseite zu fahren, auf mysteriöse Weise damit verbunden ist, ein Kondom zu benutzen. Soll ich etwa während der Fahrt einen Gummi tragen? Oder zu jeder Zeit? Besonders verwirrend ist, dass es das Schild nur in englischer Sprache gibt. Ob das wohl was mit den Unfallstatistiken vor Ort zu tun hat? Etwa 600.000 Motorradfahrer pro Jahr sind in Thailand in einen schweren Unfall mit anschließendem Krankenhausaufenthalt verwickelt; ein Drittel davon hatten den Unfall, weil sie mit dem Handy telefoniert haben, die Hälfte fuhr ohne vorgeschriebenen Sturzhelm. Motorradfahrer, die (wahrscheinlich ohne Kondom) bei einem Unfall gestorben sind, nehmen den größten Teil der Zahl von Verkehrstoten ein, wobei pro Jahr jede Stunde ein Motorradfahrer tödlich verunglückt.

Hier nimmt man wohl an, dass die Farangs – die Ausländer mit viel Geld in den Taschen – seltsamerweise alle englisch sprechen können. Vielleicht müssen die Thais aber nicht links fahren und Kondome tragen, und vielleicht sind sie nicht gerade willkommen in Patong – obwohl es schon mehr als genug von ihnen dort gibt, die einfach nur Geld machen wollen.

Der ausländische Tourist mittleren Alters, also der sogenannte Farang (abgeleitet von dem Namen »Frank«, den die Sarazenen den französischen Kreuzrittern gegeben haben) – mit lichtem Haar und sonnengeröteter Kopfhaut, dem generell hellen Teint, dem Bierbauch und Taschen voller echtem Geld –, hat eine Exfrau und undankbare Kinder im arschkalten Birmingham, Bremen oder Buffalo hocken, die sich an den Früchten seiner langjährigen Arbeit in den Gruselkabinetten der westlichen Wirtschaftswelt vergreifen. Aber es stört ihn wenig, denn er weiß, was ihn hier erwartet: Thailadys. Sie sind die Belohnung für die Plackerei und dafür, dass man nicht nur die Nerven behalten, sondern auch Herzinfarkte überstanden und zuhause das miese Wetter, Langeweile und Hässlichkeit ertragen hat. In dem Moment, wenn er von einer Thailady angelächelt wird, weiß er, dass es einen Himmel gibt, und der ist hier in Thailand; das türkisfarbene Meer, die Bougainvillea-Blüten überall, die Ananas- und Bananenstauden, der Duft von Ente und gebratenem Chili, von getrocknetem Tintenfisch und Suppe mit Zitronengras – hier weiß man, dass alles andere, alles Geld der westlichen Welt, Autos, Häuser und Dinge mit den dämlichsten Markennamen, absolut nichts wert ist im Vergleich zum Lächeln einer Thailady. Und dem Versprechen nach mehr.

Man wird generell von allen angelächelt. Gleich wenn man das Flugzeug verlässt: die Frau von der Einwanderungsbehörde, die Frau vom Zoll, sogar die Frau, die Staub und Abfall von A nach B und zurück zusammenkehrt. Sie lächeln dich an, als wäre deine Ankunft in ihrem Land (zusammen mit den Millionen anderer Farangs, die hier ankommen) die Erfüllung ihrer Lebensträume, als wäre es das Schönste, was ihnen an diesem Tag passiert ist. Oder besser: seit der Ankunft des letzten Flugzeugs mit sexuell frustrierten, stinkreichen und lüsternen Hellhäutigen.

Man wischt sich mit der Hand über die Stirn, weil die Hitze einem sofort zu schaffen macht, und der Schweiß läuft sofort am ganzen Körper herunter; die Thailadys kichern, als hätte man ihnen mit dem verschwitzten Aussehen den besten Spaß aller Zeiten geboten. Sofort wird man in ein Taxi gelotst – das teuerste und heruntergekommenste Taxi ohne Klimaanlage in ganz Asien –, und sie lächeln, weil das alles so lustig ist, und während man sich von einem viel zu großen Stapel Banknoten trennt, lächelt man zurück. Man bestellt einen Eiskaffee, und die junge Frau, deren einziger Job es ist, Eiskaffee zu verkaufen, lächelt einen an, als hätte man ihr gerade eine sensationelle Neuheit vorgestellt. Sobald man Thailand auf sich wirken lässt, merkt man, dass die sinnliche Hitze alle Sorgen schmelzen lässt, während einem die Klamotten vor lauter Schweiß am Körper kleben. Der Geruch von Blumen und Parfüm liegt in der Luft wie der süße Duft der Frauen. Hinzu kommen die verführerischen Gerüche von den unzähligen Straßenverkäufern mit ihren Garküchen. Und keine Frau ist zu alt, runzelig, verkrüppelt oder arm, um dich anzulächeln.

Man spürt, dass dies das wahre Leben ist, weit weg von der grauen Welt voller Arbeit und Geld, aus der man nur herauskommt, wenn man 18 Stunden am Tag arbeitet und noch mehr Geld verdient. So kann man sich wenigstens dem Kaufrausch hingeben, der dabei hilft, die Verkommenheit der eigenen Existenz zu vergessen. Man atmet ein und spürt Thailand, und gleichzeitig spürt man – vielleicht zum ersten Mal – das wahre Leben. Es wird nie kalt; niemand muss verhungern; in den Reisfeldern gibt es immer genug Reis, auf den Mangobäumen genügend Mangos und im Meer genügend Garnelen. Und wenn man Appetit auf Spaghetti alla vongole hat, geht man einfach zum Strand und gräbt ein paar Venusmuscheln aus. Wer eine Ladung Kultur braucht, fliegt nach Bangkok, wo ganz bestimmt ein Elton-John-Konzert stattfindet. Es gibt kein Christentum, das einen zum Sünder macht; keine Psychiater, die einem ein schlechtes Gewissen einreden; es gibt nur Buddha, der alle anlächelt, egal ob reich oder arm, keusch oder unkeusch. Und es gibt die Thailadys …

Überall wo man hinsieht, gibt es sie. Das ist wie im Himmel, das ist der Garten Eden, wo man alle Äpfel essen darf, die es gibt. Allein die Luft ist schon sexy. Eine Thailady ist knackig, dunkelhäutig, lieblich, fröhlich und einladend. Jedes Funkeln in ihren Augen oder jeder Hüftschwung, jede Bewegung ihrer Zungenspitze, jeder Bissen von gebratenem Hühnchen zwischen ihren sinnlichen Lippen sagt: »Hab Spaß mit mir.« Ein Reiseführer ist ja gut und schön, mit seinen ausführlichen Informationen zu Bergvölkern oder der Architektur der Buddhistentempel; genauso wie die Backpacker-Guides, in denen man endlos lange Texte zu Meditation und Mantras sowie eindringliche Warnungen vor »Prostituierten« und der »Sexindustrie« findet.

Das ist aber dennoch der Grund, warum man hergekommen ist, nicht wegen der Tempel, wegen Meditation oder sogar wegen der bewusstseinserweiternden Drogen. Man hat genügend Freizeit – dein Büro in Bietigheim-Bissingen wird auch ohne dich weiterlaufen – und genügend Geld in der Tasche, und man ist wegen der Ladys gekommen.

Thailadys sind für den Austausch von Geld und Körperflüssigkeiten bereit, jeden Tag, ohne Bedenken, Schwierigkeiten oder jene grauenhaften Worte wie »Bindung« oder »Beziehung« zu flüstern, geschweige denn die altbekannten Sätze »Ich dachte, wir wären nur gute Freunde« oder »Ich brauche Zeit zum Nachdenken« oder andere westliche Mantras. Thailadys brauchen keine Zeit zum Nachdenken. Ich habe allerdings schon den einen oder anderen lieblosen Menschen sagen hören, dass die Ladys nicht viel hätten, womit sie denken können – das sehe ich anders.

Man hat das Gefühl, dass Sex bei ihnen genauso zum täglichen Ablauf gehört, wie sie Nudeln essen, ihre Zähne putzen oder ihre Höschen bügeln: Es ist eben etwas, was ein braves Mädchen tut, um glücklich und gesund zu bleiben, um Geld zu verdienen, um gefälschte Designerkleider oder einen Wasserbüffel für die Familie auf dem Land zu kaufen, und natürlich für tambun, um Gutes zu tun und abstinenten Mönchen Geld zu spenden. Wenn die Thailadys diese Bedürfnisse befriedigt haben, können sie sich auf ihre Lieblingsaktivitäten konzentrieren: essen und schlafen. Sex kommt an ehrenvoller dritter Stelle. Thailand ist nicht das orientalische Paradies der freien Liebe, wie es sich manche Romantiker vorstellen. Nichts ist umsonst, denn für Essen oder Autos muss man schließlich auch zahlen. Man bezahlt für das, was man bekommt, und man bekommt das, wofür man bezahlt.

Unterschiede bei den verschiedenen Sprachen werden besonders deutlich, wenn es um die Beschreibung des sexuellen Aktes geht. Englisch ist mürrisch, derb, leicht schüchtern und flüchtet sich oft in die eisige Bescheidenheit des Lateinischen *(Pudenda, Cunnilingus)*; das Deutsche ist grotesk, Italienisch ist absurd, Spanisch ist mörderisch. Nur Französisch ist elegant – das Wort »Jazz« entstand in den Kneipen von New Orleans, wo die Musiker das Flirten der Gäste untermalten; *jaser* ist französisch für »plaudern« und wurde von den Ladys als Euphemismus benutzt, um die Herren ins Obergeschoss »zum Plaudern« einzuladen. Also ist Jazzmusik im Grunde nichts anderes als Musik, zu der man es treiben kann. Erfreulicherweise entsteht durch das vereinfachte Vokabular der Thais ein Kauderwelsch-Englisch, besser bekannt als Thai-Sprech.

Die Thais benutzen verschiedene Umschreibungen für Sex, wie etwa das robuste »boom-boom« mit den dazugehörigen Gesten oder das kultiviertere Wort »bouncing« (»Hüpfen«), was von den Thais »Ban-sing« ausgesprochen wird und sich eher wie ein exotisches Blumengesteck anhört. Es gibt natürlich auch das einfache »You want short time?« oder die ähnlich eindeutige Begrüßung »I go with you?«. Das sind aber nicht die einzigen Dinge, die eine Thailady sagen kann, denn viele von ihnen haben einen erweiterten Wortschatz, meistens geht es um Geld. Egal worum es bei dem Gespräch geht – Seifenopern, Gameshows oder die Kosten für Schönheitsoperationen an Nase, Brüsten und Po –, am Ende erwartet einen stets das »Ban-sing«, und sie die angemessene Bezahlung.

Dumme Farangs können die Gleichstellung von Sex und Bezahlung nicht verstehen und meinen, dass Liebe auf einer höheren Ebene als Geld steht. Sie verstehen nicht, wie ein Mädchen Sex mögen kann und gleichzeitig erwartet, dafür bezahlt zu werden. Liebe sollte man mit Liebe belohnen …!

Es ist recht simpel: Matrosen lieben es, in See zu stechen; wenn der Kapitän – obwohl alle so viel Spaß haben – plötzlich ankündigen würde, dass die Matrosen in Zukunft kein Geld mehr bekommen, dann gäbe es eine Meuterei. Thailadys stehen auf Sex, aber man braucht nur zu versuchen, seine Banknoten in der Tasche zu lassen, dann wird man erleben, was eine echte Meuterei ist.

Eine Thailady – und man nennt sie immer nur Thailadys, weil sie das nun mal auf großartige, beeindruckende und köstliche Weise sind – weiß, wie der Hase läuft. Sie weiß, was sie will und was du willst, und das ist normalerweise dasselbe. Sie weiß, wofür ihr Körper da ist und wofür dein Körper da ist. Sie weiß, dass Farangs aus unerklärlichen Gründen ihre dunklere Hautfarbe verehren, obwohl dunklere Hautfarbe in Thailand als unschick gilt – deshalb mögen es Thailadys auch nicht, wenn sie mit zum Strand in die pralle Sonne geschleppt werden, weil sie nicht wollen, dass ihre Haut noch dunkler wird. Anders als die Frauen in der westlichen Welt tut eine Thailady, was sie will, und nicht das, wozu sie andere Leute überreden wollen. Es gibt keine besorgte Tante, die ihr über die Schulter blickt, und sie ist auch nicht verlegen. Wenn sie eine Einladung zum Abendessen annimmt, hat sie nicht plötzlich Kopfschmerzen, nachdem man die Rechnung beglichen hat. Wenn sie dich nicht mag, wird sie dir ganz freundlich mitteilen, dass sie einen Boyfriend, also einen festen Freund hat.

Wenn sich doch Ban-sing ergibt, heißt das natürlich nicht gleich, dass sie keinen festen Freund hat (oder keine festen Freunde). Das bedeutet eher, dass dieser gerade mit seinen Freunden (oder einer anderen festen Freundin) irgendwo Reiswhiskey trinkt und sich fragt, wie viel Geld bei dem Farang zu holen ist.

Die Thailady jedenfalls wird dir den Eindruck vermitteln, dass sie durch eure Begegnung zum ersten Mal die Sonne gesehen hat, die sozusagen aus deinem Portemonnaie aufgeht. Nach ein paar Wochen wirst du dich auf einem Foto erblicken, das zusammen mit Bildern von all ihren albern grinsenden Farang-Liebschaften in einem Album klebt (in dem noch sehr viel Platz für neue Fotos ist), während schon die nächsten Flugzeuge aus London, Stockholm und Frankfurt in Thailand landen, gefüllt mit Träumen und

Zaster. Dann wirst du weinen und in deine kalten Gefilde zurückkehren, um dem Mammon nachzujagen, damit du dir in baldiger Zukunft wieder das Herz im Paradies brechen lassen kannst
– vielleicht wirst du aber nach gewisser Zeit im Königreich des
Lächelns lernen, die Dinge nicht so ernst zu nehmen und wirst
sagen: »Das ist Thailand.«

Bitte benutzen Sie Kondome.

KAPITEL 3

BANGKOK

Der Grund, warum ich nach Thailand flog, war einfach: Eine Frau hatte mir davon erzählt. Das war zu dem Zeitpunkt, als ich in der Türkei wohnte. Sie war Engländerin und arbeitete für eine Reisegesellschaft. Wir unterhielten uns, und nachdem ich vom Reiz der Türkei und dem günstigen Leben in diesem Land geschwärmt hatte, sagte sie, dass sie gerade aus Thailand zurückgekehrt sei und dass es dort noch günstiger und reizvoller sei. Außerdem würde es dort, anders als in der Türkei, niemals kalt werden. Es gäbe Rotlichtbezirke wie Patpong, Patong Beach und Pattaya, aber man könne sie leicht umgehen. Ich merkte mir natürlich all diese Orte, an denen man sich nicht aufhalten sollte. Die Engländerin sagte mir, dass das Land keine Schattenseiten habe, was natürlich nur Wunschdenken war. Ich fackelte nicht lange und schnappte mir den nächsten Flieger nach Thailand.

Meine anständige englische Freundin hatte zugegeben, dass sie auch einen kurzen Trip durch die Rotlichtbezirke der Insel Phuket gewagt hatte. Auch wenn sie es eigentlich widerwärtig fand, war es doch … ein riesengroßer Spaß. Sie hatte nicht erwähnt, dass es sich nicht nur um gewisse Viertel oder Straßenzüge handelte, sondern dass der ganze Ort Patong ein einziger Rotlichtbezirk war. Ich hatte zunächst nicht vor, einen Abstecher in diese Touristenhochburg zu machen, sondern mich auf andere, ruhigere Orte zu beschränken.

Nach elf Stunden in einer Blechbüchse in der Luft kam ich also am Flughafen Don Muang in Bangkok an. Die anderen Mitreisenden machten auf mich den Eindruck, als seien sie nur wegen des Erwachsenenvergnügens hier und nicht wegen der Tempel oder irgendwelchen Bergwanderungen. Wie gut, dass es billige Langstreckenflüge gibt! Im Flughafengebäude gab es keine Einreisekontrolle, und ich erblickte ein Schild mit der Aufschrift »Willkommen im Land des Lächelns«. Es war stickig und heiß, und in der Luft hing der süße Duft der Lust. Die Frauen, besonders die in Uniform, waren einfach hinreißend. Ihre braunen Uniformen schmiegten sich an ihre dunkelfarbigen Körper. Ich merkte, dass ich völlig gelassen war. Ich hatte das Gefühl, dass meine Reise nach Thailand wahrscheinlich eine gute Idee gewesen war.

»Das ist Thailand«, der Ausspruch, den wir Farangs benutzen, ist das verbale Äquivalent zu einem Schulterzucken, oft begleitet vom Verdrehen der Augen: »Das ist Thailand (da kann man halt nichts machen) …« Mein erstes Erlebnis mit »Das ist Thailand« war, als ich versuchte, den Bahnhof im Flughafen zu finden; die Bahn ist die schnellste und billigste Möglichkeit, vom Flughafen ins Stadtzentrum zu kommen. Die versmogten Schnellstraßen waren meistens sowieso verstopft, und eine Bahnverbindung wäre bei der Planung des Flughafens eigentlich nur logisch gewesen. Ich vermied es, wie die anderen Touristen mit den Taxifahrern zu feilschen, und machte mich auf die Suche nach dem Bahnhof. In den meisten Flughäfen der westlichen Welt gibt es umfangreiche Beschilderungen, so dass es eigentlich unmöglich ist, einen Bahnhof nicht zu finden. Im Flughafen von Bangkok gab es keine Schilder, und ich musste bestimmt zehn Mal fragen, bevor ich jemanden fand, der mir sagen konnte, wo der Bahnhof war. Schließlich fand ich heraus, dass man in Richtung Airport Hotel über eine Fußgängerbrücke gehen musste, die über eine Schnellstraße führte. Auf der Brücke sah ich ein Schild, auf dem stand, dass Kranke und Arme doch bitte gleich die Treppe hinunter zum Bahnsteig gehen und nicht das glamouröse Hotel verschandeln sollten.

Der Bahnhof war allerdings alles andere als modern. Unten angekommen, stellte ich fest, dass man den Bahnsteig nur erreichen konnte, wenn man über die Schienen lief. Schlafende Thais teilten sich den Bahnsteig mit ihren Hühnern und sonstigem Vieh, wie in einem kleinen Dorf mitten im Land. Der Bahnsteig selbst lag zwischen dem glänzenden Airport Hotel und dem knatternden Verkehr der Schnellstraße gequetscht. Ich war verzaubert. Es war so … seltsam! Natürlich war es nicht der Bahnhof des Flughafens, er hatte nichts mit dem Flughafen zu tun. Wahrscheinlich wollten die Betreiber des Flughafens auch nichts mit diesem Relikt zu tun haben, da es für sie wohl eher geschäftsschädigend als alles andere war. Wenn man mit dem Zug fuhr, gab man sein Geld nicht für Taxis oder Busse aus, und keiner der Thais am Flughafen verdiente etwas. Ich weckte den Mann am Schalter auf und kaufte mir ein Ticket für die 45 Minuten dauernde Fahrt nach Bangkok. Es kostete 10 Baht, etwa ein Fünfzigstel des Preises einer Taxifahrt. Ich stolperte über die Schienen zurück zum Gleis, und etwas später raste der angenehm klimatisierte Zug an den Taxis vorbei, die auf der Schnellstraße im Stau standen, und brachte mich nach Bangkok. Ich grinste. Das ist Thailand!

Bangkok ist eine riesige Metropole mit Wolkenkratzern, etwa so groß wie London, aber trotzdem sieht die Stadt vom Zug aus betrachtet fast verschlafen aus. Ich hatte mich auf höllische Autoabgase eingestellt, die es auch gibt, aber ich sah überall auch üppige Grünanlagen; die Wolkenkratzer erheben sich wie Brontosaurier auf der Suche nach einem Partner: ein städtischer Dschungel, keine Betonwüste. Unterhalb der Wolkenkratzer gibt es Palmen, Blumen und Beete, und mitten in diesem Bild sieht man viele schlafende Menschen. Man bekommt den Eindruck, als hätte irgendwer, nachdem die Wolkenkratzer in die Höhe wuchsen, das Leben einfach hineingesetzt. Thailand wächst immer weiter, ohne Pause. Man nennt Bangkok die »Big Mango«, in Anlehnung an den New Yorker »Big Apple«. Thais nennen die Stadt Krung Thep oder »Stadt der Engel«, und eigentlich ist Bangkok nur ein kleiner, antiker Bezirk – das ist so, als würde man New York »Manhattan« nennen. Ich hatte vorsichtshalber bei einem Hotel in der Nähe des Bahnhofs angerufen und mir ein Zimmer reservieren lassen. Schweißgebadet kam ich mittags bei einer Hitze von 40 Grad an; im Hotel konnte man sich fröhlich an meinen Anruf erinnern, und man sagte mir, dass ich um sechs Uhr abends wiederkommen sollte, dann würde vielleicht ein Zimmer frei sein. Vielleicht aber auch nicht. Woher sollten sie das auch wissen?

Ich ließ mich schließlich im River View Hotel in Chinatown nieder. Der atemberaubende Blick vom Restaurant im achten Stock-

werk auf den Fluss Chao Praya im orangefarbenen Licht bei Sonnenuntergang ist einen Besuch absolut wert. Ich freute mich darauf, eine Woche in Bangkok zu verbringen, und während dieser
Zeit unternahm ich so gut wie nichts. Hin und wieder schaute ich
mir mal einen Tempel an und fuhr mit einem der Boote auf dem
Fluss. Ich stellte fest, dass die Thais sogar auf dem Fluss mit ihren
Booten, die mit Hunderten von Passagieren vollgestopft sind, genauso rücksichtslos fahren wie mit ihren Mopeds, auf denen meist
noch drei andere Leute sitzen. Eine kleine alte Lady wurde durch
eine rettende Hand netterweise davor bewahrt, in das dreckige
Wasser zu fallen, als das Boot ruckartig losfuhr. Keinen schien das
wirklich zu stören, und man kicherte nur. »Mai pen rai!« Dies
ist zusammen mit »Mai mi a rai« sowie dem englischen »Up to
you« und »No problem«, was die Thais am häufigsten sagen. Diese Phrasen werden immer und überall benutzt, und sie bedeuten
so viel wie: »Wen interessiert's?« Das ist das verbale Äquivalent zu
einem Schulterzucken. Ich gewöhnte mir schnell an, diese Phrasen
zu benutzen.

Ich hatte sogar nur ein Schulterzucken für den vielumworbenen
Rotlichtbezirk von Patpong übrig, der natürlich mein erster An-
laufpunkt war, noch vor den Tempeln. Rote Lichter gab es nicht
viele, sondern nur einfache Go-go- und Girly-Bars; dazwischen
gab es Verkaufsstände mit frittierten Heuschrecken und gefälschten Uhren. Die vier Straßen, die das Viertel umfassen, sind bloß
ein Bruchteil von Bangkok. Trotzdem ist es das Viertel, das bei
den Farangs bekannt ist. Es gibt viele andere wie Soi Cowboy und
Nana Plaza, aber es war zu heiß, um sie alle auszukundschaften,
und Patpong reichte mir. Ich nahm an, dass das Angebot in den
anderen Vierteln genauso ausfiel.

Die Gegend von Patpong ist heruntergekommen und schmud-
delig, aber die Bars sind kultiviert und die Bedienung ist relativ
ehrlich. Ich suchte mir mehr oder weniger willkürlich eine Bar aus
und ging hinein. Sie sah recht normal aus, nur dass im Hintergrund ein Fernseher lief, auf dem man einen amerikanischen

Porno sehen konnte. In dieser Bar saßen junge Frauen, nur leicht bekleidet, und sie waren auffällig geschminkt. Man bekommt eine Art Sexmenü vorgelegt, aus dem man auswählt. Da ich durch die zahlreichen neuen Erfahrungen etwas durcheinander war, wählte ich zwei Mädels für eine »Massage mit zwei Frauen« aus, und die Mama-san am Tresen sagte mir, dass der Preis für die Massage mit zwei Frauen natürlich doppelt so hoch war wie der für eine Massage mit einer Frau; eine Massage mit drei Frauen kostete dreimal so viel und so weiter. Sie erklärte es mir, als sei ich ein Idiot. Ich hätte erwartet, dass so eine unanständige Sache mindestens zehn Mal so viel kosten würde. Aber das hier war das alltägliche Geschäft …

Zwei bezaubernde junge Mädels tauchten plötzlich neben mir auf, beide mit eher schüchternem Lächeln. Wir nahmen ein paar Drinks, lächelten uns an, und sie legten unsicher ihre Hände auf meine Knie, mit jener betörenden Schüchternheit. Thais missbilligen das Zeigen von Gefühlen in der Öffentlichkeit, besonders was das anstößige Abschlabbern und die Fummelei betrifft, die man bei den Farangs immer sieht. Es sah aus wie Kinder bei einem Blind Date, aber sie spielten eine sehr gut einstudierte Rolle, ich hingegen nicht. Die beiden Mädels sahen aus wie typische Playmates: groß, glänzendes dunkles Haar, schlank, mit recht großen Brüsten, schön geformten Hinterteilen und glatten, graziösen Beinen. Sie trugen schwarze Miniröcke, die sich angenehm eng an ihre Körper schmiegten, und die weichen Kurven ihrer Schultern und Brüste machten Appetit auf mehr.

Im Geiste leckte ich mir die Lippen, so begeistert war ich von den Ladys. Keine Verruchtheit, keine schmuddeligen Nutten mit verschmiertem Lippenstift und Zigarette im Mund. Einfach nur natürliche junge Frauen vom Lande, die mir pflichtbewusst den Eindruck verschafften, dass sie sich besonders freuten, mich zu sehen. Sie machten mich heiß, ganz klar – wenn ich in dieser Umgebung keine sexuellen Gefühle verspürt hätte, wäre das kein gutes Vorzeichen gewesen. Als das Hinterzimmer frei wurde, verzogen wir drei uns in ein Zimmer, das kaum größer als ein Schuhkarton war und in dem ein Bett stand. Saubere Bettlaken! Das war nobel. Die Körper der beiden Frauen waren prächtig. Herrlich weiche Brüste, flache Bäuche, glatt rasierte Schambereiche, Oberschenkel wie Lollipops, und diese süßen, knackigen Ärsche. Ihr Aussehen hatte genau die richtige Farbe, wie Caffè Latte, außer die Fußnägel, die waren lackiert. So dumm es auch klingen mag – ich kann mich noch daran erinnern, dass die eine pfirsichfarbenen und die andere kirschroten Nagellack drauf hatte. Ich kann mit Freude berichten, dass meine untere Körperregion con brio reagierte.

Standesgemäß war es ein namenloser Fick – es wäre irgendwie kitschig gewesen, sich namentlich vorzustellen – und gleichzeitig auch meine erste Auseinandersetzung mit den Geheimnissen von Kondomen mit Fruchtgeschmack, die ich mir aus einer alten Schokoladenschachtel aussuchen durfte. Banane? Erdbeere? Vielleicht war es auch Litschi. Es ging sofort zur Sache, abgesehen vom vorausgehenden Streicheln und Küssen sowie dem Kneten dieser wundervollen Hinterteile. Ich tauchte sozusagen zum ersten Mal meinen Zeh in asiatische Gewässer, fing an zu verstehen, wie der Hase hier läuft und hoffte, dass ich nicht irgendwas Schlimmes tat, was ihren Buddha verärgerte. Erst später sagte man mir, dass sich eine Thailady auf fast jede verrückte sexuelle Albernheit einlässt, solange sie dafür ihren ehrlichen Dollar bekommt.

Ich bekam eine anständige Massage mit Öl und Puder und allem. Während ich es mit der einen trieb, setzte die andere ihre Massage fort. Es war eine angenehme Erfahrung, und ich rechnete es der Lady, mit der ich nicht das Vergnügen hatte, sehr hoch an, dass sie sich trotzdem verpflichtet fühlte, etwas für ihr Geld zu tun. Sie saß nicht einfach tatenlos daneben, während ich es mit ihrer Kollegin trieb und diese ihre Lust vortäuschte – nein, sie massierte mich weiter bis zum Schluss. Ich gab ihnen ein gutes Trinkgeld, und sie lächelten und verbeugten sich. Ein angenehmes, wenn auch leicht verkrampftes Erlebnis. Natürlich verließen sie mich sofort, nachdem ich ihnen das Geld gegeben hatte, damit ich keine Zeit hatte, mich in sie zu verlieben.

Ich sollte gleich zu Beginn erwähnen, dass jedes in diesem Buch beschriebene sexuelle Abenteuer unter dem Schutz des Gummigottes stattfand. Ein Kondom zu benutzen, ist nicht so umständlich wie umständliche Menschen behaupten. Und außerdem ist es immer die »Ich geh ja auch nicht mit Schuhen duschen«-Brigade, die sich irgendwelche Warzen, Furunkel, Pusteln oder etwas weitaus Schlimmeres einfängt. Wenn das Ereignis ausreichend leidenschaftlich, ekstatisch, weltbewegend (und so weiter) ist und die Lady aufgrund deiner gewaltigen Potenz stöhnt, schreit, sich windet oder ähnliche typisch weibliche Aktivitäten aufzeigt, bemerkt man das Gummiding sogar überhaupt nicht. Man verspürt diese höhnische oder vielleicht herzlose Befriedigung durch das Wissen, dass alles sauber verlaufen, vorbei und vergessen ist. Und man wird im Verlauf des Jahres weder von plötzlichen Vaterschaftsansprüchen überrascht, noch kann sie, wenn sie schwanger ist oder bereits schwanger war, dich beschuldigen, der Vater zu sein.

Natürlich ist Liebe mit Kondom in einem kleinen Zimmer mit einem Barmädchen und anschließender Rückkehr zu Straßenlärm, Chaos und Kohlenmonoxyd nicht dasselbe wie Liebe bei Mondschein unter rauschenden Palmen. Ich war dennoch überrascht von der freundlichen und nüchternen Leichtigkeit von allem, und mir gefiel Bangkok, besonders die Frauen; ich musste mich schließlich selbst von den Vorzügen Patpongs losreißen. Es war so nett! So ... kitschig!

Es hat einen gewissen Vorteil, wenn man Thaisex in Patpong kennenlernt. Die Bars sind eher ungemütlich und ganz offensichtlich Orte, an denen schnelles Geld gemacht werden soll, dass man weder Zeit noch Lust hat, sich in dieser halben Stunde, die man mit seiner Süßen hat, in sie zu »verlieben«. Es gibt keinen Strand, an dem man herumtollen kann, und man verspürt auch nicht den Wunsch, in den grauen Autoabgasen Bangkoks spazieren gehen zu wollen, geschweige denn Windsurfen gehen oder sich Elefanten ansehen zu wollen. Patpong ist Massenabfertigung. Das Mädchen hat so viele Kunden am Tag, dass man hier weniger Lust hat, sie eine Woche lang zur »Freundin« zu haben, als beispielsweise in Patong Beach oder Pattaya. Trotzdem habe ich in jeder Bar ein paar Typen gesehen – Stammgäste, die ihrer Süßen und ihren unzähligen Freunden Drinks spendiert haben –, die sich offensichtlich verliebt hatten. Diese armen Seelen saßen in Bangkok fest. Sie wussten nicht, dass man sich auch an schöneren Orten in diesem Land zum Narren machen konnte.

Ich lernte die Attraktivität Thailands über andere, nicht unähnliche Touristengegenden mit Tempel-/Strand-/Dschungel-Bonus kennen. Hier war die Luft nur so durchzogen von Sex. Es gehörte zum täglichen Geschäft: sichtbar, greifbar und süß duftend – wie Entensuppe. Ich habe viel Zeit damit verbracht, mir den Bauch mit dem allgegenwärtigen Essen vollzuschlagen: Mangos, Melonen, Grapefruits, Suppen mit Zitronengras, Berge von riesigen Garnelen … aber ich hatte mir vorgenommen, das Land anzusehen. Chiang Mai mit seinen unzähligen Tempeln muss man einfach gesehen haben, und ein erstklassiger Zug mit Klimaanlage bringt einen dort über Nacht in zwölf Stunden hin. Es gab auch einen Zug um acht Uhr morgens, aber es war für mich kaum möglich, dafür rechtzeitig aufzustehen, da ich doch sehr nachtaktiv war. Ebenfalls mit einem klimatisierten Zug zu erreichen ist Sungai Kolok im tiefen Süden, an der Grenze zu Malaysia. Dieser Zug fuhr um zwei Uhr nachmittags, eine nicht ganz so unchristliche Tageszeit. Außerdem wurde Sungai im Reiseführer als »heruntergekommene Bordellstadt« beschrieben, deshalb musste ich einfach dorthin. Nach einer extrem kostengünstigen und relativ bequemen zwanzigstündigen Fahrt, die ich allein in einem klimatisierten Zweibettabteil mit eigenem Badezimmer verbrachte, kam ich in Sungai an. Die Touristen halten sich meistens dem tiefen Süden des Landes fern, weil es dort immer noch Aufstände der muslimischen Separatisten gibt, die sich gegen die Eroberung ihres Landes durch die Thais vor einem Jahrhundert auflehnen.

Sungai ist ein hübsches Dorf auf dem Lande, in dem es zufälligerweise viele verschlafene Girly-Bars gibt. Dort in der stickigen Hitze des Südens ist es (oder besser: war es damals) ruhig wie auf einem Friedhof, im Gegensatz zu Patong oder Pattaya. In Sungai lungern die Mädels vor den Bars oder in den Hotellobbys herum und lächeln freundlich, allerdings ohne große Bemühungen; nur wenn sie einen Farang entdecken, der kein Malaysier ist, werden sie munter. Der Großteil der Bevölkerung hier ist muslimisch, und viele Frauen (nicht die Ladys, jedenfalls nicht wenn sie arbeiten) tragen ein schwarzes Kopftuch; aber alle lächeln schüchtern und auf schöne Weise. Für ein kleines Dorf waren die allgegenwärtigen Bars offensichtlich für die Legionen von Malaysiern, die sich im freien Thailand flachlegen ließen. Aber wozu gab es in einem so kleinen Dorf so viele Friseure? Ich konnte zwei verschiedene Varianten ausmachen: Auf den Schildern stand entweder »Hairdresser« oder »Family Barber«, wobei letztere in der Überzahl waren.

Die Hairdresser waren offenbar protzig und teuer, daher entschied ich mich für einen Family Barber, also einen Familienfriseur. Die Tür und die Fenster waren mit rotem Samt ausgestattet; ich überlegte, ob es den südlichen Thais vielleicht unangenehm war, wenn sie beim Friseur gesehen wurden. Es gab dort ein halbes Dutzend entzückender Mädels, die auf roten Bänken saßen, ihre Nägel lackierten und Kaugummi kauten. Als ich den Laden betrat, stellten sie diese Aktivitäten sofort ein; sie richteten sich auf, streckten die Brust raus, kreuzten mehrfach die Beine und lächelten mich breit an, nach dem Motto »Was darf's denn sein?«. Schnell wie der Blitz erkannte ich, dass der Family Barber eine originelle Bezeichnung für ein Bordell war, und jeglicher Zusammenhang mit persönlicher Körperpflege war eher untergeordnet. Ein Haarschnitt? Entzücktes Gekicher. Dafür geht man doch zum Hairdresser!

Sie sprachen alle gebrochenes Englisch, wahrscheinlich um mit ihrem Klientel aus Malaysia kommunizieren zu können. Ich war wegen etwas anderem hergekommen, aber man öffnete mir nicht die Tür, damit ich wieder gehen konnte – und ich hatte auch gar nicht mehr vor zu gehen. Einen Haarschnitt hielt ich auf einmal für dekadente und absurde westliche Geziertheit. Stattdessen nahm ich den mir angebotenen Platz neben einem braunäugigen Mädchen namens Nok an; der Name bedeutete »Vogel«. Sie hatte ein enormes Hinterteil und das süßeste Lächeln. Thailadys haben gewöhnlich einsilbige Namen wie Wing, Om oder Nok, und meistens sind es Namen von Blumen, Tieren, Essen, Naturkatastrophen oder Abkürzungen von anderweitigen Namen, die zu lang sind, als dass man sie sich merken könnte.

Nachdem Nok mich in ein gemütliches klimatisiertes Schlafzimmer geführt hatte, war ich fasziniert davon, wie neckisch und graziös sie sich auszog, als würden ihre Kleider irgendwie dahinschmelzen. Dann zog sie mich flink aus und ersparte meinen zittrigen Fingern die Peinlichkeit. Sie hatte keine Eile, aber dennoch waren wir plötzlich nackt. Hier im verschlafenen Sungai hatten wir im Grunde alle Zeit der Welt, und ich bereute es, meine Zeit im vernebelten Lärm von Bangkok verplempert zu haben.

Ihre Figur war einfach göttlich, und ihre reizenden Körperregionen hatten alle die perfekte Größe und die richtigen Proportionen. Sie hatte langes, glattes Haar, das auf wundervolle Weise über ihre Nippel strich – die so groß und braun und einfach zum Anbeißen waren! Ihre Oberschenkel waren fest wie Kürbisse, reizvoll erhob sich ihr Venushügel, und die Scham war glatt rasiert. Und dieser Hintern! Schüchtern fragte sie, ob ich ein Kondom dabei hätte; ich musste mir das Lachen verkneifen – ein Friseurladen ohne Kondome! – und sagte ihr, dass ich keins hatte. Dieses Problem wurde schnellstens aus der Welt geschafft, als ich den passenden Geldschein zückte.

Was folgte, war einfach sehr angenehm. Ermutigt durch mein Erlebnis in Patpong, konzentrierte ich mich zunächst auf ihren wunderbaren Hintern; ich ermutigte sie, sich über mein Gesicht zu hocken, und auf alles, was ich enthusiastisch mit meiner Nase und meinem Mund tat, reagierte sie mit einem süßen kleinen Kichern. Es gibt nichts Besseres als den kühlen blanken Hintern einer Frau! Wie schaffen sie es bloß, dass er so kühl bleibt? Das ist wohl ein weiteres Geheimnis der Frauen. Ich dachte an Planeten, himmlische Körper und so weiter. Da ich sie festhielt und ihr Gewicht in unseren Handlungen eine nicht unwesentliche Rolle spielte, fragte ich sie, wie viel sie wog, da es sich wie zweihundert Kilo anfühlte. »Nur 46!«, protestierte sie; Witze über das Gewicht einer Thailady sind zu unterlassen!

Ich war bereits Lichtjahre entfernt von der entsetzlich mechanisierten Sexualität der westlichen Welt ... 101 neue Sexpositionen, mit denen Sie den G-Punkt finden werden ... Dr. Albtraums Sextipps für Neunzigjährige und darüber ... Sprühen Sie ihren Pimmel ein mit Pheromonspray ohne Treibgas ... Perfektionieren Sie Ihr mörderisches Lächeln ... Bringen Sie Ihre Bauchmuskeln und Ihren Bizeps in Form ... Wie erreichen Sie Ihren besten Orgasmus? ... Was bringt ihn in Fahrt? Was macht sie heiß? ... Menschliche Körper, aufpoliert wie Autos in einem Autohaus.

Aber hier in Thailand macht man einfach das, was von allein zustande kommt. Sogar ich – der jung genug ist, um mit einer Morgenlatte aufzuwachen und alt genug, dass es ihm egal ist – bin hier einfach nur ein ganz normaler durchschnittlicher Mann.

Mit Nok blieb die Zeit zwar nicht gänzlich stehen, aber wir verbrachten doch den größten Teil des Nachmittags zusammen, ebenso wie bei ähnlichen Handlungen an den beiden folgenden Nachmittagen. Ich bekam natürlich in der Zeit, die ich in Sungai Kolok verbrachte, meine Haare nicht geschnitten. Die Mädels gaben mir seltsamerweise den Spitznamen »Waage« und lächelten die ganze Zeit, obwohl Nok die Einzige blieb, die ich »wiegen« sollte. Ich verkniff mir die Bemerkung, dass eigentlich die Person, die sich wiegen lässt, Geld in die Waage stecken müsste, nicht andersrum. Mai pen rai!

ÜBERRASCHENDER BESUCH

Hat Yai ist eine gammelige, aber lebhafte Stadt, die im südlichen Zipfel Thailands liegt. Ihr Name bedeutet »Großer Strand«, allerdings ist das Meer achtzig Kilometer entfernt. Hat Yai ist für die Malaysier, was Tijuana für Amerikaner ist; sie kommen über die Grenze, um T-Shirts zu kaufen und Sex zu haben. Ich hatte ein fantastisches Essen in einem Restaurant unter freiem Himmel – Berge von Entenfleisch, Reis und Gemüse, alles perfekt hergerichtet; in Restaurants wie diesem wird Chili nicht mitgekocht, sondern man bekommt eine Reihe von Gewürzen auf den Tisch gestellt. Als der junge Kellner mir sagte, dass ich 300 Baht zu zahlen hatte, hielt ich den Preis für absolut angemessen und gab ihm einen 500-Baht-Schein. Ich musste lange auf mein Wechselgeld warten und wollte gerade auf mich aufmerksam machen, als der Kellner zurück zu meinem Tisch kam und mir 470 Baht zurückgab. Er entschuldigte sich für die Verzögerung und sagte, dass er meinen großen Schein erst bei der Bank wechseln musste. Das Essen kostete nicht 300, sondern nur 30 Baht.

Ich stellte bei meinem ersten Besuch in der Stadt fest, dass die Händler fesche amerikanische Pop-Art-T-Shirts verkauften; daraus schloss ich, dass die Käufer aus Malaysia ziemlich coole Leute sein müssen. Sechs Monate später, als ich den Ort das nächste Mal besuchte, war ich fest entschlossen, mir eines dieser T-Shirts zu kaufen. Leider gab es dieses Mal nur Motive von Walt Disney, und jeder Händler hatte dieselben Shirts. Roy Lichtenstein oder Donald Duck – es kommt anscheinend immer darauf an, was der LKW gerade geladen hat.

Während es in Sungai eine große Anzahl Family Barbers gibt, kann man in Hat Yai Salons für »antike Thaimassage« finden, die genau denselben Zweck erfüllen, nur größer und auffälliger sind. In den Fenstern hängen nummerierte Fotos von den Mädels, die einen drinnen erwarten und die alles andere als antik sind. Vor diesen Salons standen Typen mit glatt zurückgekämmten Haaren, um die Touristen hereinzuwinken. In Hat Yai wimmelt es nur so vor lauter Ladys, daher fand ich die Angebote nicht gerade überzeugend. Im Hotel fragte mich der Junge am Tresen, ob ich an einer Frau interessiert sei: »Du wollen Lady?« Es kam mir ganz gelegen, mir selbst den Fußmarsch durch die Stadt zu ersparen, einfach Ja zu sagen und ihm ein wenig Geld in die Hand zu drücken. Lass dich überraschen! Ein Blind Date im heißen Thailand! Ich hatte mich nie zuvor auf ein Blind Date eingelassen und hatte Bilder von alten Spinatwachteln, Drogenabhängigen oder Psychotanten vor mir; dennoch betrachtete ich es als billiges Experiment.

Die Lady kam auftragsgemäß zu mir ins Hotel. Sie war eine wunderschöne junge Frau, ihr Name war wieder typisch einsilbig, und sie konnte mir auf Englisch gerade mal ihr Alter, ihren Namen und ihren Heimatort nennen. Es war wie Name, Rang und Seriennummer.

Diese Lady war fröhlich, aber schüchtern, und hatte ungewöhnlich große Brüste, schöne lange Haare und war in jeder Hinsicht ansprechend. Von den Kurven her, die sich durch ihre enge Jeans und das T-Shirt abzeichneten, musste sie ein wahres Playmate sein. Ich bot ihr eine Limonade an, und dann saßen wir etwas unbeholfen zusammen auf dem kleinen Sofa und sahen fern. Nebenbei betrieben wir genauso unbeholfen ein wenig Smalltalk und hatten die Fakten schnell geklärt: Ja, sie war 18 Jahre alt, musste ihre drei Schwestern und einen Wasserbüffel versorgen, und Narathiwat lag in Thailand. Gerade als ich fand, dass wir dem typischen Balzritual ausreichend nachgegangen waren, klopfte es an der Tür. Zwei weitere Mädels kamen herein und verbeugten sich freundlich. Diese beiden waren im Gegensatz zu meiner Lady regelrechte Oldtimer, bestimmt 21 oder 22 Jahre alt, und waren trotz ihres elfenhaften Aussehens knallharte Arbeiterinnen.

»Meine Freundinnen« – mit diesen einfachen Worten stellte sie mir die beiden Damen vor.

Sie setzten sich auf den Boden und starrten auf den Fernseher, während ich ihnen Limonade servierte. Wilde Phantasien rauschten mir durch den Kopf. Hatte ich irgendwas falsch verstanden? Hatte ich für drei Mädels und eine verrückte Orgie voller fernöstlicher Verdorbenheit bezahlt? Oder sollte es ein guter altmodischer Herrenschnitt werden? Zum Glück war es egal – ich konnte mir es leisten, wenn meine kleine Investition nicht zufriedenstellend werden würde. Wir saßen alle vier in meinem Zimmer, ohne ein Wort zu verlieren, bis ich zu fragen wagte, was die beiden neuen Schönheiten mit einsilbigem Namen eigentlich wollten. Durch halb Kauderwelsch-Englisch, halb Zeichensprache erfuhr ich, dass sie ebenfalls Damen des Gewerbes waren (Überraschung!) und dass sie sich in einer Stunde um einen anderen Kunden in einem anderen Hotel kümmern müssten.

Offensichtlich diente mein Hotelzimmer als Warteraum. Ich wollte das Geschäft hinter mich bringen; nicht aus Eile, sondern weil es einfach nur ein Geschäft war, für das ich bezahlt hatte, und ich als Mann mit westlicher Mentalität wollte mit meiner wertvollen Zeit auch noch was anderes anfangen. In Thailand hat Zeit keinen Wert; sie existiert sozusagen nicht. Raum gibt es eigentlich auch nicht. Gibt es einen Stuhl, setzt man sich auf ihn, gibt es eine Couch, legt man sich darauf. Es scheint egal zu sein, in wessen Haus sie sich gerade befinden, weil früher oder später andere Thais – wahrscheinlich irgendwie verwandt – vorbeischauen werden und einfach so deine Stühle und Sofas belegen. Ich nahm an, dass es hier gang und gäbe war, verstand es aber nicht wirklich und fing schließlich an, aufs Ban-sing hinzuarbeiten, mit einem gemeinsamen hygienischen Vorspiel unter der Dusche. Ich gebe zu, dass ich mir in meiner Phantasie ausmalte, wie sich die anderen beiden Schönheiten schnell für einen Vierer im Bett (Jippie!) auszogen, oder dass sie wenigstens zu uns in die Dusche kamen oder von der Bettkante aus zusahen, während ich mich mit der Lady im Bett vergnügte. Aber ich erkannte irgendwie, dass ich für alles, was ich mir so vorstellte, erst den passenden Betrag auf den Tisch legen musste. Geizig wie ich nun mal bin, fand ich, dass eine Lady für den Moment völlig ausreichte. Wenn die anderen beiden umsonst zusehen wollten, meinetwegen.

Die drei Mädels schoben das Sofa in die Mitte des Raumes, so dass es genau zwischen Bett und Fernseher stand. Die zwei Besucherinnen setzten sich wieder und sahen weiter fern; sie saßen nun mit ihren Rücken zum Bett und zum Badezimmer. Jetzt durfte ich zum ersten Mal das außergewöhnliche Ritual miterleben, wie sich ein schüchternes Thaimädchen auszieht. Nok war in dieser Beziehung anders gewesen – die Mädels aus Patpong waren in keiner Weise schüchtern gewesen –, sie trug ein wundervoll weites und leichtes Kleid, und wir hatten getrennt geduscht; Nok hatte daraus aber keine große Sache gemacht oder die Badezimmertür verschlossen, so wie einige andere Ladys.

Die Lady in meinem Hotelzimmer wickelte sich in ein Handtuch ein und fing darunter mit den faszinierendsten Drehbewegungen an, um sich der engen Jeans, des BHs und des Höschens zu entledigen. Das T-Shirt glitt auf mysteriöse Weise über ihren Kopf, ohne dass das Handtuch verrutschte. Man kam sich vor, als würde man Houdini beobachten, wie er sich aus einer Zwangsjacke befreite. Ich brauchte etwa zwei Sekunden, um mich auszuziehen, aber ich bedeckte mich auch gehorsam mit einem Handtuch; ich kam mir blöd dabei vor, wie bei einem fremden religiösen Ritual. Keiner der beiden Gäste blickte zu uns herüber. Das in die Mitte des Raumes geschobene Sofa gab mir und meiner Lady genügend Privatsphäre, da sich die anderen beiden Mädels sozusagen in einem anderen Raum befanden. Unbeobachtet gingen wir ins Badezimmer, um gemeinsam zu duschen. Eine solche Intimität schien meiner Thailady fremd zu sein, aber sie erlaubte mir, ihre Brüste, ihren Po und sonstige Körperregionen einzuseifen; ihre Haare trug sie zusammengebunden unter einer Plastikhaube. Ich glitt mit meinen Händen über ihren seifigen Körper, und als ich ein wenig fordernder wurde, wandte sie sich höflich von mir und meinen gierigen Fingern ab. Es war ihr ein wenig peinlich, mir ihren Körper zu zeigen.

Wir wickelten uns wieder in die Handtücher, und ich ging allein zurück ins Bett, während sie sich noch abtrocknete. Der Fernseher lief immer noch, und es ertönte unglaublich nervtötende Musik. Endlich kam meine Thailady zu mir ins Bett, wo ich sie von dem Handtuch befreien durfte und wir nun beide nackt nebeneinander lagen. Die Augen meiner beiden Gäste, die sich selbst eingeladen hatten, ließen nicht vom Fernseher ab. Ich hoffte, dass sie wenigstens mal unanständig zu uns hinüberblinzeln würden, aber weit gefehlt. Sie befanden sich in einem ganz anderen Raum!

Die Fließbandladys in Bangkok zählten nicht, aber bei Nok war ich mir sicher, dass sie mich wirklich mochte … dieses Mädel hier wusste zu sehr über ihre Qualitäten als Playmate Bescheid, und wahrscheinlich stand sie eher auf irgendeinen Thai-Whiskey saufenden Gangster, der sie nicht mal mochte. Ich merkte, dass ich auf bestem Wege war, in jene typische Falle nach dem Motto »Aber sie ist anders als die anderen« zu geraten. Mit wie vielen Typen habe ich schon Witze darüber gemacht, wie gefährlich der Charme der Thailadys ist und wie viele von uns sie schon zum Weinen gebracht haben. Meistens wurde mir gleich die nächste sinnliche, Lipgloss tragende Schönheit vorgestellt, meistens mit den Worten: »Aber meine ist anders.«

Es war alles sehr nett, aber ich wollte nicht, dass es ewig dauerte, was es natürlich auch nicht tat. Das eine oder andere Mal drehte ich mich – aus stimulierenden Gründen – während unserer Aktivitäten um und schaute nach, ob die beiden Gäste uns zusahen. Aber nein, im Fernsehen war eine Seifenoper tränenreich zu Ende gegangen, und die nächste fing gleich darauf an. Die beiden Mädels ließen nicht eine Sekunde mit den Augen vom Fernseher ab. Als ich mit meiner Lady fertig war, sprang sie plötzlich auf, schnell wie ein Frosch. Ich wollte, dass sie ging – der Abend war für sie schließlich noch jung – und dass sie ihre Freundinnen mitnahm. Ich wollte es mir gemütlich machen, ein schönes Buch lesen und das seltsame Glücksgefühl von Einsamkeit genießen. Alle drei saßen steif auf dem Sofa, die eine gevögelt, die anderen beiden nicht – sie saßen dort so, als wäre Sex etwas, das auf einem anderen Planeten stattfand.

»Meine Freundinnen wollen Geld«, sagte Miss Narathiwat – ich gab mich überrascht.

Ich stellte mir vor, wie plötzlich ein Handgemenge ausbrach, die Polizei vor der Tür stand, der brutale ausländische Vergewaltiger in Ketten abgeführt wurde und schluchzende Thaijungfrauen von den brutalen Misshandlungen berichteten. Erst später fand ich heraus, dass die Touristenpolizei in Thailand eingesetzt wird, um die Farangs vor den Mädchen zu beschützen, nicht andersrum.

Ich fragte sehr affektiert und in bester Bogart-Manier, wie viel Geld sie wollten. Es war mir ziemlich egal, weil es sich sowieso nur um einen lächerlichen Betrag handeln würde.

»20 Baht für Taxi«, sagte Miss Südthailand.

Ich machte große Augen und versuchte, nicht zu lachen. Das war ungefähr so viel, wie die *Bangkok Post* kostete.

Sie fügte noch unsicher hinzu, dass jede von ihnen 20 Baht haben wollte; das war ein ganzer Dollar!

Ich griff mit ernster Miene zu meinem Portemonnaie und gab jedem Mädchen einen 20-Baht-Schein, als würde ich ihnen den Heiligen Gral anvertrauen. Daraufhin verließen sie mein Zimmer und verbeugten sich zum Dank.

Ich mochte Thailand einfach gern! Ich konzentrierte mich nun also auf mein Buch, bis mich der gute alte Dickens in den Schlaf schickte.

KAPITEL 5

SWEET HOME PATONG

Von Hat Yai nahm ich einen Bus nach Trang, dem Heimatort eines ehemaligen Premierministers. Der hatte dem Oppositionsführer mal eine Kiste Fisch geschickt mit dem Hinweis, dass dieser intelligenter werden würde, wenn er mehr Fisch äße, und die Opposition antwortete mit einer Schachtel Eier, damit der Premier kräftiger werden würde – so sehen politische Debatten in Thailand aus. Trang ist ein liebenswerter, verschlafener Ort, in dem niemand – nicht einmal in den Vier-Sterne-Hotels – englisch spricht. Ich hielt mich dort zurück, was die Ladys betraf, genauso wie in einigen anderen paradiesischen Orten unter Palmen, die auf meiner Route lagen.

Auch wenn ich dort überall mit diesem entzückenden Lächeln begrüßt wurde, war mir nicht danach, mich in jene sexuellen Gewässer zu begeben, die den Thais vorbehalten waren. Offen gesagt, es war mir ein wenig peinlich, die netten Mädels an der Rezeption nach einem passenden Etablissement zu fragen, obwohl sie mir sicherlich sofort weitergeholfen hätten, wenn sie nur ein Wort Englisch hätten sprechen können. Auch wenn es das ist, was Thailand so reizvoll macht – ich war nicht wie all die anderen Typen ausschließlich hier, um Sex zu haben … ich war auf der Suche nach einem Ort, an dem ich mich niederlassen konnte. Jedes Dorf in dieser üppigen südlichen Landschaft war verlockend; aber niemand hier sprach Englisch, und es gab auch keine Farangs. Selbst Eigenbrötler wie ich wollen sich mal unterhalten. Deshalb stieg ich wieder in den Bus, dieses Mal in Richtung Phuket.

Die Busse in Thailand sind gut ausgestattet und klimatisiert, und man fährt auf gut ausgebauten Fernstraßen. Irgendwer hat mir erzählt, dass LKW- und Busfahrer oft Yaba (»verrückte Medizin«) nähmen, also illegale Amphetamine, um wach zu bleiben. Wir hatten auf dem Weg nach Phuket zum Glück nur einen einzigen Unfall, bei dem der Bus mit einem Motorradfahrer zusammengestoßen war; dadurch verzögerte sich unsere Ankunft um etwa eine Stunde, weil die Leute mit Uniformen ihre Arbeit machen mussten. Die Hüttenbewohner am Straßenrand zeigten leichtes, aber nicht übermäßiges Interesse an dem Geschehen; wenn überhaupt, freuten sie sich, weil wir bei ihnen Snacks und Drinks kauften. Verkehrsunfälle bescherten ihnen offensichtlich einen guten Umsatz. Das einzige Problem bei den thailändischen Bussen war, dass es sogar in den komfortabelsten Fahrzeugen nur Sitzbezüge aus Plastik gab. Nach einer gewissen Zeit unterwegs schrien meine völlig durchnässten und juckenden Arschbacken nach Luft, während mir wegen der mit Begeisterung hoch eingestellten Klimaanlage die Nase triefte. Yaba soll übrigens bei den Fahrern mittlerweile nicht mehr ganz so gefragt sein, sondern eher das noch tödlichere Crystal Meth.

Ich warf einen Blick auf die Landkarte und überlegte, wieder auf den Zug umzusteigen und ein paar hundert Kilometer gen Norden zu fahren, danach zurück nach Bangkok und zu den Tempeln von Chiang Mai – wie ich zufällig herausfand, sollte es in dieser Stadt auch einige Ladys geben, die ihre Dienste anboten. Die Insel Phuket schien trotz allem, was ich gehört hatte, ebenfalls einen Ausflug wert zu sein, außerdem war ich gerade in der Nähe und anscheinend fuhren alle Busse dorthin. Es war damals schon die beliebteste Urlaubsregion Thailands, und Patong Beach wurde von den Reiseführern als glamouröser Touristenort angepriesen.

Ich dachte an meine englische Bekannte in der Türkei und stellte mir eine Betonhölle im Stil von Torremolinos vor, wuchernd und gammelig. Dennoch hatte ich das Gefühl, dass es meine Pflicht war, wenigstens mal einen Blick darauf zu werfen, mehr nicht. Die Landschaft im Süden Thailands ist wirklich so schön, wie es einem versprochen wird. Sie ist hügelig und sehr grün, und Phuket stellte sich als Paradies mit wundervollen Hügeln heraus. Der König von Schweden, gleichzeitig Schirmherr der Pfadfinder weltweit, ist hier Stammgast, auch in Pattaya, wo man im Woodlands Hotel Fotos von Seiner Majestät in Lederhosen zusammen mit Pfadfindern sehen kann. Die Thaimädchen konnten fast nicht glauben, dass dieser Prolet ein König war.

Thais können mit unserer westlichen romantischen Besessenheit von Landschaften nichts anfangen, und für sie gibt es auch keine gravierenden Unterschiede zwischen Stadt und Land. Bangkok ist wie ein Dschungel, und der Dschungel ist wie ein Dorf. In Thailand bleibt das Heimatdorf für immer das Zuhause. Spektakuläre Sehenswürdigkeiten interessieren hier keinen; die Leute freuen sich eher über bequeme, menschenfreundliche Dinge wie Flüsse, Obstgärten, Wiesen, Wasserfälle, Blumen, besonders wenn es sich um Quellen für Essen oder Geld handelt.

Wie England ist auch Thailand eine unabhängige Monarchie, die Abstand zu ihren Nachbarn hält und die ihre ländlichen Schönheiten mehr schätzt als ihre städtischen. Bangkok ist bloß ein versmogtes Dorf mit acht (zehn? zwölf?) Millionen Einwohnern, und wie die Londoner kommen auch die Einwohner Bangkoks fast nie über ihren kleinen Bezirk hinaus, in dem sie wohnen. Ich hatte erwartet, dass Patong ein ähnlicher Albtraum aus Beton sein würde, und nach einer Nacht in der friedlichen, altkolonialen Stadt Phuket – wo ich ebenfalls ein paar Hinweise auf Liebe und Lust ausmachen konnte –, fuhr ich früh am nächsten Morgen mit einem Tuk-tuk-Taxi die 15 Kilometer durch die Berge nach Patong Beach. Wie gesagt, erwartete ich dort das absolute Grauen und hatte eigentlich vorgehabt, gleich weiter in Richtung Norden zu fahren, zurück ins wahre Thailand. Das Tuk-tuk kurvte die Serpentinen hinunter, und plötzlich eröffnete sich mir diese atemberaubende Aussicht auf das Meer und den Strand, umgeben von grünen Hügeln und nett angelegten Wohnhäusern. Mir fiel natürlich der Hinweis am Ortseingang auf, dass ich Kondome tragen sollte, möglicherweise zu jeder Zeit, und beschloss, meiner kondomlosen Situation sofort ein Ende zu bereiten.

Ich wurde am Ende der glamourösen Hauptstraße Soi Bangla abgesetzt und stand nun etwas verwirrt in der Bullenhitze am Strand. Es kam mir so vor, als schliefe der ganze Ort. Das sollte es also sein? Der Hexenkessel der Lust und Verdorbenheit, der Albtraum aus Beton? Er sah aus wie jeder andere Ort in Thailand. In der Ferne konnte ich vage ein paar riesige Hotelkomplexe erkennen, die aus dem mächtigen Grün herausstachen. Aber die meisten Hotels waren nur zweistöckige Baracken, ein Wirrwarr von Bars, Geschäften und Restaurants sowie schattige Ecken für die Thais zum Schlafen (was sie in diesem Moment auch taten). Ich fragte mich, wo jener berühmte Touristendschungel sein sollte. Ich machte mich auf den langen Weg die Soi Bangla hinauf zu dem Hotel, das ich mir in meinem Reiseführer ausgesucht hatte. Während ich diese Zeilen schreibe, kann ich mich immer noch lebhaft an den langen Weg zum Hotel erinnern, an das Gezwitscher der Vögel, an die großen grünen Bäume, die Schatten spendeten, sowie an das Geräusch der brechenden Wellen im Hintergrund. Dazu fiel mir nur die Bezeichnung »Garten Eden« ein. Aber schon nach kurzer Zeit hier macht einem die glühende Hitze ganz schön zu schaffen, und man sehnt sich nach einer Klimaanlage.

Die beste Möglichkeit für eine erste Begegnung mit Thailadys ist sicherlich Bangkok, wo das Unbehagen durch Hitze, Smog, weite Wege und das Fehlen von Privatsphäre keinen Raum für Dummheiten lässt; die beste Möglichkeit für eine erste Begegnung mit Patong ist ein verschlafener Nachmittag, nicht das pulsierende Nachtleben, wenn die Musik am lautesten, die Lichter am grellsten und die Frauen besonders einladend sind. Patong hat so was Leichtes an sich! Es ist nicht übermäßig voll und ist überschaubar, es ist wie ein verdorbenes Legoland ...

Wie der Las Vegas Strip sah auch Patong bei Tageslicht unglamourös aus. Ich kehrte in Alice's Bar ein, in der Alice mir mit einem Lächeln einen eiskalten Drink servierte. Kurz zuvor hatte sie, wie ich später erfuhr, angeblich ihren Freund umgebracht und war zu diesem Zeitpunkt noch nicht verhaftet worden. Ich schaute mir die Bars an der Hauptstraße an, in denen hier und da ein paar Ladys herumdösten. Es sah so aus, als würde die Stadt erst glamourös werden, sobald die Sonne untergegangen und die Sünde ersichtlich war, aber jetzt ... jetzt sah man nur ein paar Thaimädchen, die schliefen oder vom Schlaf träumten. Ich trottete weiter die Straße entlang, vorbei am Supermarkt und den Seitenstraßen mit den leeren Girly-Bars – die ich eigentlich suchte und sofort erkannte, weil der Reiseführer vor ihnen gewarnt hatte. Irgendwo in der Ferne hörte ich die Klänge von *Sweet Home Alabama*, wie sie gegen die aus einer anderen Bar dröhnenden Töne von *Hotel California* ankämpften: Das waren die beiden halboffiziellen Hymnen des touristischen Thailand.

Ich hatte das Gefühl, als wäre ich schon mal hier gewesen.

Es war wie in einer mexikanischen Kleinstadt an der Grenze zur USA, auf einer griechischen oder karibischen Insel, einem Spaß-in-der-Sonne-Saftladen auf den Kanarischen Inseln oder der Costa del Crime – also wie überall dort, wo den Leuten das Geld aus der Tasche gezogen wird und wo der »Spaß« erst nach Sonnenuntergang beginnt, wenn die Einwohner aufwachen, ihr Lächeln aufsetzen und ihre Kassen bedienen. Ich kenne diese Leute. Ich kann mit ihnen umgehen. Es war ein unheimliches Gefühl von immenser Vertrautheit; teilweise weil die meisten Schilder im Ort auf Schmuddelenglisch waren mit einfallsreichen Wortspielen auf Begriffe wie pussy, wet oder hard. An der verlassenen Kreuzung, wo die Soi Bangla an der Rock Hard Disco, der Shark Disco und dem 7-Eleven (mit einer riesigen Auswahl an Kondomen) vorbeiführt, stand ein lächelnder Verkehrspolizist. Zu dieser Stunde war überhaupt nichts los in dem Ort, und der Polizist wartete, bis ein Wagen vorbeikam und hielt ihn an, damit ich die Straße überqueren konnte.

Ich bog in die schattige Soi Saen Sabai (»gesunde Straße«) ein, eine Sackgasse, die ursprünglich Soi Mai Sabai (»kranke Straße«) hieß. Dort gab es Bars mit britischer, deutscher, französischer, schottischer und schweizerischer Flagge. Hier lag auch mein Hotel; es gehörte einem Deutschen, Rolf aus Bayern, und seiner dominierenden Thai-Ehefrau. Auf dem Hotelgelände führte Rolf noch eine kleine Bar unter freiem Himmel, und die Wohnanlage war durch ein Eisentor abgetrennt, für das die jeweiligen Bewohner einen Schlüssel hatten. Das Zimmer war ein Traum; es war perfekt mit Klimaanlage, Minibar, Fernseher und weichen Handtüchern ausgestattet. Ein gut ausgestatteter Palast der Leidenschaft, fand ich, und das zu einem Zehntel des Preises eines ähnlichen Hotels in Florida oder an irgendeiner Costa. Ich war im Mai nach Thailand geflogen, dem Monat, in dem offiziell die Regenzeit beginnt und die Touristensaison endet. Ich machte mir Sorgen, dass in Patong alles für die Nebensaison dicht gemacht wurde – genauso wie in anderen Strandressorts, besonders auf griechischen Inseln. Aber nein, solange es auch nur einen einsamen amerikanischen Schlepper am Horizont zu sehen gibt, solange nur ein betagter Farang in der Stadt ist, wird jede Girly-Bar in Patong in vollem Betrieb sein.

Nachdem ich die sanitären Anlagen, den Fernseher und das Bett mit Zufriedenheit getestet hatte, kam mir der Gedanke, dass meine Weiterreise nach Chiang Mai vielleicht doch noch etwas warten könnte. Mir blieben noch zwei Wochen, bevor mein Flieger zurück nach London ging, sowie einige Tage, um mich von den Strapazen als Tourist erholen zu können, daher konnte ich sie genauso gut in Patong als irgendwo anders verbringen. Ich bezahlte erst einmal für drei Tage und sagte, dass ich eventuell länger bliebe.

»Kein Problem«, sagte Rolf.

Ich fragte ihn, wann die Barszene ihre Pforten öffnete.

»Nach Sonnenuntergang«, lautete seine schnelle Antwort. »So gegen acht Uhr geht's richtig ab. Aber wenn Sie's eilig haben, Kristin Massage hat von ein Uhr nachmittags bis Mitternacht geöffnet.«

Er hörte sich ein wenig wehmütig an; seine Frau hielt ihn an einer so kurzen Leine, dass er nicht mal selbst am Steuer seines Wagens sitzen und oft gar nicht das Haus verlassen durfte. Ich hatte Hunderte von Schildern gesehen, die »traditionelle Thai-Massage« anpriesen, aber Kristin war anscheinend der Laden, wo man das volle Programm bekam. Ich war immer noch begeistert von dieser ganzen Verdorbenheit und sollte bald feststellen, dass es in

Patong völlig alltäglich war. Wenn ich auf der Suche nach einem schnellen Blowjob war, war Kristin Massage die perfekte Anlaufstelle. Ich fand das auf reizvolle Weise sehr effizient. Wenn man eine Weile in Patong verbracht hat, merkt man, dass Sex die Luft ist, die man atmet – so erfrischend, aber auch so unauffällig.

HENRYS BAR

An jenem ersten Nachmittag verließ ich das Hotel, um mich in der Stadt umzusehen, und begab mich in Henrys Bar, die gerade ihre Türen für das Tagesgeschäft geöffnet hatte. Henry sagte mir schwungvoll guten Tag, als würde ich schon seit Jahren bei ihm ein und aus gehen. In der Bar waren auch Frauen, aber anscheinend waren es keine Animierdamen. Sie hatten nicht den »Hardcore«-Blick, bei dem die Gesichtsmuskeln durch das permanente Lächeln total angespannt sind. Ich nahm einen Schluck von meinem Drink und erwartete den Einbruch der Dunkelheit – in diesen Breitengraden wird es verdammt schnell dunkel. Henrys Bar liegt mitten im Vergnügungsbereich für Farangs in Patong, weil sogar der heißeste Farang nicht 24 Stunden am Tag Sex haben kann, auch wenn er es gern hätte. Manchmal möchte er aber einfach nur in der Gesellschaft anderer Farangs ausspannen. In Henrys Bar unterhalten sich Männer mit anderen Männern und können hier der lauten Musik und den heißen Mädels für eine Weile entfliehen, obwohl es Letztere einfach überall gibt, auch in »Bar Henry«, wie die Ladys aus Patong die Kneipe nennen.

Henry hat eine Menge ausgeschnittener Zeitungsartikel aus der Klatschpresse in seiner Bar hängen, in denen über die Verdorbenheit verschiedener Mitglieder des britischen Königshauses berichtet wird – dazu gehört natürlich auch, dass sie »in Henrys Bar gesehen« wurden. Das hier ist eine der wenigen Bars auf der Welt, in der sich Typen treffen und sich nicht über Fußball unterhalten. In Thailand reden die Machotypen nur über Frauen.

Die Bar ist schlicht und undekoriert; im Hintergrund flimmert ein Fernseher ohne Ton, auf dem irgendein Kabelsender immer dieselben Filme wiederholt. Es gibt eine Anlage, über die der freundliche Henry auch gern in voller Lautstärke Musik der Bee Gees spielt, als Zeichen seiner schlechten Laune. Dabei ignoriert er gerne die Einwände seiner Gäste, die ihn auffordern, den »gottverdammten Scheiß« leiser zu drehen.

Man findet auch mal ein paar junge Frauen in der Bar; sie sitzen hier und tratschen, manchmal essen sie was und helfen auch als unbezahlte Bedienung aus. Sie gehen auch mit den Gästen mit, wenn man ihnen Geld anbietet, aber sie sind nicht ausschließlich deswegen hier. Sie sind nicht mehr die Jüngsten oder haben nicht unbedingt das Aussehen eines Playmates, aber wenn sie ausreichend geschminkt sind, genügen sie den Anforderungen des sogenannten »Herz der Finsternis«, dem anliegenden Barkomplex, in dem sie sich gern nach Mitternacht aufhalten.

Henry besaß früher zwei Girly-Bars, aber er gab das Geschäft auf, weil die Frauen und ihre Probleme für ihn zu nervenaufreibend waren: unzuverlässige Mädels aus Schweden, Probleme mit Drogen, aufgeschlitzte Pulsadern, und manche Frauen forderten sofortige Lohnzahlungen, weil zu Hause angeblich kranke Wasserbüffel versorgt werden mussten, und so weiter. Um sich den ganzen Ärger zu ersparen, hatte Henry eine Männerbar eröffnet. Auf dem Papier gehörte die Bar seiner feurigen Thai-Tussi namens Porn (ein gängiger Frauenname in Thailand); sie war etwa dreißig Jahre alt und eine ehemalige Animierdame. Henry hatte die ganze unglückselige Palette schon mal durchgemacht; er war legal mit einer 17-jährigen Bardame verheiratet, allerdings ging die Ehe bitter vor die Hunde. Trotzdem war er wie alle Farangs hier recht glücklich damit, nochmals etwas mit einer Thailady anzufangen ... und nochmals. Ja ja, dieses Mal ist es etwas anderes ...

Immer wenn Porn »unterwegs« war und irgendwo kuschelnd mit einem anderen Thaijungen gesehen wurde, betrank sich der normalerweise gelassene Henry und brüllte den Fernseher an; Henry war zu freundlich, um seinen Unmut an den Menschen in seiner Umgebung auszulassen.

»Sie sind doch alle gleich! Ich weiß, wie das läuft, ich wohne hier seit 13 Jahren! Ich habe mit ihr genauso viel oder wenig zu tun wie all die anderen! Ich habe sie aus einer Bar geholt, und dahin kann sie auch meinetwegen wieder zurückgehen!«

Das ist ein altbekanntes Klagelied unter Farangs: Sie betrachten sich selbst als Sir Galahad und sind der Meinung, ihre Süßen aus einem Leben voller Schmerz befreit und ihnen damit einen großen Gefallen getan zu haben. Allerdings übersehen sie meistens, dass ihre Süßen größtenteils zufrieden mit ihrem Leben waren. Immer wenn Porn zu ihrem Mann zurückkehrte und so tat, als sei sie geläutert, betrank Henry sich und wurde sentimental; dann legte er grausame Platten aus den Sechzigern auf, um sich seine Jugend wieder ins Gedächtnis zu rufen, als er noch ein Rocker im wilden Buckinghamshire war.

»Ich wusste, dass sie zurückkommen würde … sie ist eine Frau, die nur einen einzigen Mann braucht, genauso wie ich nur eine Frau brauche. Sie weiß, dass ich sie nicht verarsche, und andersrum ist es genauso. Das liegt nur an dieser verdammten Eifersucht und dem ganzen Geschwafel. Das ist das Problem mit den Thaifrauen, sie hören nicht auf einen Farang, sie hören nur auf ihre Landsleute, egal wie verkommen die auch sein mögen …« Et cetera, et cetera.

Obwohl er seit 13 Jahren hier lebte, war auch der vom Leben böse zugerichtete Henry nicht weniger anfällig für den berüchtigten Satz »Aber sie ist anders als die anderen«. Wenn er am Tresen bei den Geschichten über Männer, die unter dem Pantoffel stehen, nicht mitlachte, lag es daran, dass er selbst unterm Pantoffel stand. Das Witzige war, dass Henry sich selbst hätte vergnügen können, wenn er nur gewollt hätte. Viele Mädels standen auf ihn, da er jünger aussah, als er war (entgegen der Norm in Patong) und – wie sie fanden – ein »gutes Herz« hatte.

Auf der anderen Straßenseite lagen eine pseudo-deutsche Bar voller betrunkener Mädels, eine pseudo-französische Bar voller kreischender Mädels, eine pseudo-österreichische Bar voller üppiger Mädels sowie Fiddy's Guest House, das voller schottischer Fußballfans ist und in dem der Alkohol ordentlich fließt. Ganz in der Nähe befand sich das Stundenhotel, das Tag und Nacht geöffnet hatte. Der Stil von Henrys Bar war, dass sie überhaupt gar keinen Stil hatte, deshalb kam früher oder später jeder auf einen Drink hier vorbei, lungerte wie ein Loser an dem großen runden

Tisch herum, der auf der Terrasse zur Straße hin stand und auch »Runder Tisch der Verdammnis« genannt wurde. Man erfuhr die meisten Dinge über Patong, wenn man mit einem offenen Ohr an diesem Tisch saß, allerdings glaubte man auch nur die Hälfte von dem, was erzählt wurde. Das Problem war allerdings, dass man nie wusste, welche Hälfte man glauben sollte. Natürlich gibt es in und um Patong herum nicht nur Bars. Hier findet man die üblichen glamourösen Vergnügungsmöglichkeiten, große Hotels in einsamen Buchten, Restaurant neben Restaurant und Wassersportmöglichkeiten en masse. Manche Farangs kommen hierher, um die Bar ihrer Träume zu eröffnen, und andere, um die Tauchschule ihrer Träume zu betreiben. Aber das Hauptgeschäft des Stadtzentrums beschränkt sich auf Bars, also auf Sex.

Die Gäste am runden Tisch waren Arbeiter auf Bohrinseln, Hotelbesitzer, Typen ohne bekannte Einkommensquellen, übliche Durchreisende – kurz gesagt: Leute, die im Ausland leben. In jedem Land der Welt erkennt man sie gleich am Aussehen: Verzweiflung vermischt mit gezwungener Fröhlichkeit. Ich lernte hier den magischen Mervyn aus Bedford kennen, einen Typ ohne erkennbaren Beruf in einem blauen Blazer. Er nannte sich auch »Sir Mervyn aus Beds« und entschuldigte seine Vorliebe für Mädels, die ungefähr ein Zwanzigstel so alt waren wie er, mit den Worten: »Ich habe Angst allein im Bett.« Außerdem gab es noch Lord Harry aus Bethnal Green, angeblich einer der englischen Posträuber, einer der Kray-Brüder oder sonst was, der gern alte Broadwaysongs sang.

Chris, der Computerfreak aus Seattle, wusste alles über Computer und hatte sich eine teuflische Zentrale mit flackernden Bildschirmen errichtet, und er verbrachte die Nächte damit, sich durch die Börsenmärkte Asiens zu klicken.

»Ich hab heute eine Menge vietnamesischer Dong gemacht«, hörte ich ihn immer sagen.

Der sportliche Chester aus Nevada war der Besitzer eines Hotels auf der anderen Straßenseite, das übersetzt den Namen »Hotel

Seeblick« trug, allerdings hatte das Hotel gar keinen Seeblick. Chester war ein etwa 2,10 Meter großer Brecher. Er erklärte uns, wie bestürzt er als Teenager war, als er zum ersten Mal aus dem mit Bordellen übersäten Nevada rauskam und feststellen musste, dass Prostitution in allen anderen amerikanischen Bundesstaaten illegal war.

»Ich fühle mich in Patong wie zu Hause«, sagte er aufrichtig.

Er konnte sich die Namen seiner vielen Thai-Freundinnen nicht merken und erklärte, dass sie alle gleich aussähen; ihre Köpfe reichten gerade mal bis zu seinen Hüften, und das sei auch genau der Bereich, den sie seiner Meinung nach erreichen sollen.

Zwei-Tonnen-Tony aus Sydney kümmerte sich um eine Reihe von Restaurants sowie eine Reihe von immer jüngeren, immer durchgeknallteren, immer kriminellen Thaimätressen. Seine Mädels hatten immer einen Polizisten oder Taxifahrer als »Bruder«, der sich gewöhnlich als ihr Ehemann herausstellte. Bei jedem Besuch zeigte Tony uns eine neue Narbe, entweder durch ein Hackebeil oder Messer zugefügt, und prahlte leise damit, dass er dem Mädel gezeigt habe, wer der Herr im Hause ist.

»Ich habe es ihr direkt ins Gesicht gesagt – wenn sie das nächste Mal mit einem Messer auf mich losgeht, kann sie ihre Sachen packen.«

Tony verbrachte anscheinend viel Zeit auf Polizeiwachen und in Krankenhäusern; nebenbei musste er aufpassen, dass ihn niemand umbrachte, oder er drohte anderen, sie umzubringen oder beschwerte sich darüber, dass alle ihn umbringen wollten, sodass man sich ständig fragte, wie er noch Zeit fand, um Essen zu servieren. Vor allem fragte man sich, woher er die Steaks wohl wirklich hatte.

»Thailand ist mein Zuhause«, sagte Tony stolz. »Wer würde schon woanders leben wollen? Ich bin glücklich wie ein Schwein im Dreck!« Interessanter Vergleich.

Der großartige George war ein etwa vierzigjähriger Autoverkäufer aus Australien, der seine Frau für eine Hure verlassen hatte, die berüchtigt und gefährlich war – sogar für Patong-Verhältnisse. Aber für George war sie … nicht so wie die anderen.

»Ich habe sie alle gehabt, kannste mir glauben, aber diese …« – Achtung, jetzt kommt's! – »… ist einfach anders.«

Leute, die kurz davor sind, das Himmelschreiendste, Dümmste oder Unglaublichste der Welt von sich zu geben, leiten es immer mit den Worten »Kannste mir glauben« ein.

Der fluchende Douglas, auch ein Australier, führte eine eigene Bar jenseits der Soi Bangla. Die meisten seiner Mädels waren Ladyboys, aber »man kann es verdammt noch mal nicht unterscheiden. Sie haben Schwänze, die nicht größer sind als die Muschis«. Der fluchende Douglas kehrte meistens gegen vier Uhr morgens in Henrys Bar ein, abgefüllt mit dem Wodka aus seiner eigenen Bar. Hier tankte er nochmals nach, bevor er in die Blue Mood Bar weiterzog, den ranzigsten unter den ranzigen Läden, im Herzen der Finsternis nebenan.

»Die scheiß Ladys dort stehen auf Arschficks, weißte? Genau wie die scheiß Briten!«

Als die Sonne aufging, machte sich der fluchende Douglas wieder auf den Weg nach Hause zu seiner Thai-Ehefrau und seinen Australo-Thai-Kindern.

Es gab hier auch ein paar Kanadier, sie hießen Dale oder Mike oder so, sowie Skandinavier, die alle Bernt hießen, und Deutsche namens Michael. Alle waren dauerbetrunken, und alle gaben überhebliche Kommentare über die anderen Landesteile von Kanada/Schweden/Deutschland ab, in denen sie noch nie gewesen waren. Einer der Mikes verließ zwei Wochen lang seine Bohrinsel nur für Sex und Bier.

»Dir muss es hier ja gefallen«, sagte ich.

»Nö, es gefällt mir nicht.«

»Warum nicht?«

»Zu viele Amerikaner.«

»Was ist schlecht an Amerikanern?«

»Sie wissen nicht, wie man vernünftig trinkt.«

Harry, ein saufender amerikanischer Ölbohrer aus Houston, arbeitete in der Mongolei und machte hin und wieder vier Tage Urlaub in Patong. Um hierher zu kommen, musste er erst fünf Stunden mit einem LKW nach Ulan Bator fahren, von dort aus nach Peking fliegen, von Peking nach Bangkok, und von Bangkok nach Phuket. Er brauchte drei Tage für seine Anreise – für vier Tage Urlaub. Ein anderer Mike aus Kanada erklärte uns seine Drei-Punkte-Strategie für Thailadys – wenn man erst mal im Schlafzimmer ist, heißt es: Klimaanlage an (Thailadys mögen keine Klimaanlagen, weil sie davon Kopfschmerzen bekommen), Gummi raus und Fernseher aus. Ein dritter Mike sagte, dass ihm Patong auch nicht besonders gefiel: »Wenn Loser fliegen könnten, wäre der Himmel hier schwarz.«

Fred aus Yorkshire war ein Selfmademan, und er nutzte jede Gelegenheit, dies jedem unter die Nase zu reiben, immer und immer wieder. Manchmal fragte sogar jemand, wie er es so weit gebracht hatte. Freds Lieblingsthemas waren die Großartigkeit von Yorkshire sowie (natürlich) Fred, wahrscheinlich weil er mindestens genauso alt wie Yorkshire selbst war. Da er Bauarbeiter von Beruf war, kommentierte er ständig alle Bauarbeiten, die um ihn herum stattfanden, was nicht gerade wenige waren: »In Yorkshire nehmen wir dafür dieses Werkzeug und jenen Baustoff, am besten mit einem Fünfzig-zu-fünfzig-Gemisch von Zement und Sägespänen. Oh, meine Güte, das Haus wird nicht lange stehen!« Fred sang gern berühmte Lieder aus der viktorianischen Zeit und behauptete, dass Männer aus Yorkshire – egal ob sie über hundert Jahre alt sind – kein Viagra bräuchten. Wenn Fred den Raum betrat, fiel den meisten Leuten plötzlich ein, dass sie noch zu einer wichtigen Verabredung mussten.

Jeder hier spricht die spezielle Sprache der Ausgewanderten, die überall gleich und für Stubenhocker unverständlich ist: über Fluglinien, Korruption, Visa, junge Frauen, Mord, Betrug, Geschlechtskrankheiten, Pleiten, Gefängnis, gewissenlosen Ehebruch, Alkoholvergiftungen. Sie reden affektiert über tägliches Verbre-

chen und Sittenlosigkeit auf jedem Kontinent, und sie sind sich
in nur einem Punkt einig: dass Thailand ein seltsames Fleckchen
Erde ist. Sie finden die angrenzenden Länder absolut schrecklich,
und für sie ist ihre ursprüngliche Heimat das Schlimmste, was
man sich vorstellen kann. Dieses Thema ist unter den Farangs in
Thailand allgegenwärtig und dient gern als Start für eine Unterhaltung mit einem Fremden – ungefähr so wie das Wetter. Aus
diesen Unterhaltungen hört man immer einen entschuldigenden
Ton heraus, genauso wie verzweifelte gegenseitige Beschwichti-
gung. Wir wissen, dass wir Idioten sind und dieses einfache, unbe-
kümmerte Leben gewählt haben, aber hier geht es uns viel besser,
nicht wahr?

Einige Stammgäste in Henrys Bar waren zwischen zwanzig
und dreißig Jahre alt, manche waren etwa fünfzig, und andere
machten den Eindruck, als wären sie 150. Aber der runde Tisch
war eine Demokratie. Man brauchte nur die lüsternen, anzügli-
chen Blicke der Typen zu beobachten, wenn knackige Mädchen
an ihnen vorbeiliefen. Dann brauchte man nur einen Blick auf die
trüben Augen des Mittzwanzigers zu werfen, wie er sich zitternd
sein Bier hinunterkippte, sich auf seine wackeligen Beine stellte und den Mädels folgte. Die Alten grinsten wissentlich: Haben
wir alles schon durchgemacht! Aber ihr Grinsen war tolerant. In
Patong ist jeder Farang, egal was seine Geburtsurkunde sagt, automatisch fünfzig Jahre alt.

Ein alter, klappriger Engländer, der in Chesters Hotel ohne
Seeblick abgestiegen war, wachte eines Morgens auf und stellte
fest, dass sein Portemonnaie um 12.000 Baht, also etwa 300 US-
Dollar, leichter war. Seine 22-jährige Thaifreundin lag tief schlafend neben ihm. Als sie aufwachte, sagte sie, dass sie in der Nacht
nichts gehört habe. Das Geld musste von einem schleichenden
Dieb oder dem Nachtportier oder – höchstwahrscheinlich – von
einem Geist gestohlen worden sein. Der Nachtportier beteuerte
protestierend seine Unschuld und sagte, dass er die ganze Nacht
auf seinem Stuhl geschlafen habe. Man rief die Polizei. Eine Nach-

barin konnte bezeugen, dass sich die Freundin des Engländers um vier Uhr morgens aus einer Hintertür des Hotels geschlichen hatte und in eine Bar gegangen war. Nach fünf Minuten schlich sie sich wieder ins Hotel. Als man sie auf der Polizeiwache befragte, stellte sich heraus, dass sie 7.000 Baht im Portemonnaie hatte. Ihr Herz zerbrach in tausend Teile, und sie gab unter Tränen alles zu: ja, Spielschulden, Wasserbüffel, Kaution für den Bruder und so weiter. Der Engländer lehnte es ab, das Mädchen anzuzeigen. Seine Frau und seine Tochter waren fünf Jahre zuvor auf tragische Weise bei einem Autounfall ums Leben gekommen (Todesfälle durch Verkehrsunfälle sind überraschenderweise sehr verbreitet unter Farangs), und er hatte Verständnis für die Situation, in der sich seine Süße befand. Sie blieb sogar bei ihm wohnen, und man sah sie weiterhin Hand in Hand durch Patong laufen. Es war alles nur ein Missverständnis gewesen. Sie war nicht wie die anderen, sie war anders.

Wer's glaubt, wird selig.

Und: Bitte benutzen Sie Kondome.

ABREISE UNBEKANNT

In den ersten Nächten in Patong verbrachte ich jede Nacht mit verschiedenen jungen Frauen. Meine geplanten drei Übernachtungen in Patong wurden zu »Abreise unbekannt«.

»Kein Problem«, sagte Rolf mit einem hilfsbereiten, fast neidischen Lächeln, während seine finster blickende Ehefrau am Herd auf beunruhigende Weise auf den Hamburgern in der Pfanne vor sich herumdrosch.

Die Ladys hier waren alle Playmates wie Miss Narathiwat, und sie waren alle fantastisch. Exotische Praktiken standen außer Frage, aber es war gut, sich mit jemandem das Bett zu teilen – auch wenn die Kommunikation gleich null war, weil keine von ihnen Englisch sprechen konnte. Ich bekam nicht viel Schlaf, weil man sich häufig so vorkam, als würde man das Bett mit einem Wrestler teilen. Immer wenn ich gerade eingedöst war, hatte ich plötzlich einen Arm um meinen Nacken oder meine Brust, ihre Beine zwischen meinen oder was auch immer: Ich war außer Gefecht gesetzt von dieser tief schlafenden Frau, die sich einfach nur an ihren großen Teddybären kuscheln wollte. Es wäre egal gewesen, wenn ich mich an den äußersten Rand des Bett zurückgezogen hätte – sie wäre mir dorthin gefolgt und hätte nicht ihre Finger von mir gelassen. Thais haben Angst vor der Dunkelheit, mögen nicht allein sein und fürchten sich vor Geistern. »Du schläfst heute allein!« – was für eine schreckliche Bestrafung.

Nok, das Mädchen aus Sungai Kolok – mit ihren 23 Jahren und ihrem florierenden »Friseur«-Geschäft –, kam mir immer mehr wie eine erwachsene und höchst begehrenswerte Besonderheit vor. Sie war gebildet und hatte schon einiges gesehen. Und ich hatte mit ihr nicht mal eine Nacht verbracht. Jetzt machte ich mich in Patong zum Affen (wie die anderen Farangs auch), indem ich die albernen Spielchen der Thailadys mitspielte, ihren unzähligen »Freundinnen« Drinks spendierte, bis die Zeit kam, mich mit meiner Auserwählten in mein herrliches Hotelzimmer zurückzuziehen. Die Mädchen in Patong waren entgegenkommend und pflichtbewusst, aber nicht gerade beeindruckt von Luxus. Man stellt sich törichterweise immer vor, dass es für ein Mädchen vom Lande ein tolles Erlebnis sein muss, eine Nacht mit allem Komfort zu verbringen, und nicht auf dem staubigen Fußboden. Aber in Wirklichkeit verbringt sie fast jede Nacht in komfortablen Hotelzimmern und würde es sicherlich vorziehen, die Nacht auf dem staubigen Fußboden im Kreise ihrer Lieben zu verbringen.

Um ein wenig Schlaf zu bekommen, jagte ich die Mädchen meistens gegen sechs Uhr morgens aus dem Zimmer, indem ich vorgab, dass die Frau des Besitzers etwas gegen derartige Aktivitäten hatte. Rolfs gute Hälfte erwartete wie fast alle Hoteliers in Thailand, dass die Gäste sich die eine oder andere Lady mit aufs Zimmer nahmen, und es war ihr auch egal – sie warf nur ein Auge auf ihren Ehemann. Der arme Pantoffelheld musste mit dem Moped durch die Gegend fahren (wenn sie es ihm überhaupt erlaubte, irgendwo hinzufahren!) und seiner Frau sogar bei der kleinsten Tour immer genauestens sagen, wohin er fuhr und wann er wieder zurückkam. Das Familienauto (seins) stand in der verschlossenen Garage, da Miss Donnerpussy nicht selbst fahren konnte. Immerhin – sie war anders als die anderen. Oder vielleicht doch nur die typische, wahnsinnig besitzergreifende Thai-Ehefrau.

Jedenfalls war es für mich eine Erleichterung, ein wenig Schlaf zu bekommen, da man in Thailand bei Sonnenaufgang nicht schlafen möchte; durch das Vogelgezwitscher, die schönen Blumen und das helle Sonnenlicht erscheint einem die Zeit hier wertvoll, und man möchte sie nicht einfach verpennen. Später lernt man die Gewohnheiten der Thais kennen und erkennt, dass es eigentlich genau andersrum ist: Schlaf ist wertvoll, und man will jede Sekunde nutzen. Außerdem merkt man irgendwann, dass man sich nicht beeilen muss, um sich eine Lady auszusuchen; man kann sich Zeit lassen, da sie alle liebenswert sind, und es entgeht einem nichts, wenn man später losgeht. Nach ein paar Tagen kann man die Abende ruhig angehen lassen (man steht um zwei Uhr nachmittags auf) und kann mit einer gewissen Herablassung die jungen Typen bei ihrer sexuellen Eile beobachten.

Ich beobachtete auch, wie sie unverschämterweise den Preis der Lust drücken wollten, und gratulierte mir selbstgefällig dazu, dass ich immer großzügiges Trinkgeld gab. Ehrlich gesagt, regt es mich heute noch auf, wenn Farangs zu wenig zahlen, obwohl die ganze Sache nicht viel Geld kostet. Man sollte das Mädchen glücklich machen, indem man ihr gibt, was sie will. Auf diese Weise kann man auch sein eigenes Schuldgefühl umgehen. Viele der Mädchen sind wahre Partylöwinnen, die ihrem Heimatdorf entfliehen, um sich den grellen Lichtern, den Drinks und Drogen sowie dem ganzen Rummel in den Touristenhochburgen hinzugeben. Aber viele sind auch schüchtern und zurückhaltend, die durch Armut zu der Arbeit in den Bars gezwungen werden, um ihre Familien versorgen zu können.

In nur kurzer Zeit betrachtete ich mich als alteingesessen. Ich hing in Henrys Bar ab und ging immer später zu Bett; Thailand passte anscheinend sehr gut zur inneren Uhr eines Nachtschwärmers – oder anders gesagt: Mein Körper arbeitete weiterhin zur europäischen Zeit, sodass Mitternacht in Wirklichkeit sechs Uhr abends war und ich immer noch voller Schwung und Elan war. Aber es wird wirklich langweilig, wenn man sich mit einer Fantasie vergnügt – wenn die Lady trotz ihrer bezaubernden Schüchternheit in Wirklichkeit eine warme, lebendige Puppe ist. Zahmheit begeistert das männliche Ego eine Zeit lang, aber diese Begeisterung legt sich schnell wieder. Ich begann zu verstehen, was Rolf unter der Knute von Miss Donnerpussy hielt.

Diese Thaimädchen waren so ... süß. Es kam einem falsch vor, sie zu exotischen, perversen Handlungen einzuladen (Cunnilingus und Lutschen an den Zehen zählt nicht wirklich, oder?), also tat ich es auch nicht. Ich stellte bald fest, dass ich keine Lust mehr auf das permanente Dröhnen der überlauten Discomusik hatte, das aus den zahlreichen rivalisierenden Bars kam. Ich hatte auch keine Lust mehr auf den aufgesetzten »Spaß« und die besoffenen Touristen in den Straßen. Ich fing an, die ganze Sache etwas lockerer zu sehen, weil ich feststellte, dass im touristischen Thailand jeder Abend ein Samstagabend und man tagsüber das Gefühl hatte, dass jeder Tag ein Sonntag war. Es gab keine geregelten Tagesabläufe; man bekam alles, was man wollte, zu jeder Uhrzeit.

Nachdem ich um zwei Uhr nachmittags aufgewacht war, bekam ich Besuch von Mai Lee, dem Zimmermädchen aus Laos. Sie freute sich, neben mir zu sitzen und sich gemütlich bei einem Bier aus meiner Minibar zu unterhalten. Sie sprach ein Gemisch aus Englisch und Französisch, da sie eine französische Klosterschule in Vientiane besucht hatte. Sie hatte keinen Personalausweis und war daher eine illegale Immigrantin. Mai Lee war etwas über vierzig, sah gut aus und war schlank. Sie fischte die ganze Zeit mit gespielter Missbilligung lange Frauenhaare von meinem Kissen. Sie stand auf mich. Mai Lee unterhielt mich mit der endlosen Saga über alle Hotelgäste, die ihr ein Angebot gemacht hatten, das sie aber stets abgelehnt hatte. Mai Lee war nicht für bezahltes Bansing zu haben. Sie hatte keinen Freund, nicht mal einen Thai.

Warum ich nicht mit ihr ginge, fragte sie in gebrochenem Englisch, während sie meine Füße durch die Bettdecke massierte. »Ich passen auf dich auf. Bar-Girls pas bien!«

Eines Nachmittags ließen wir der Natur freien Lauf; die Bettdecke flog auf den Boden, und wir hatten Sex miteinander. Es war erfolgreich, nicht schlecht ... und umsonst! Danach fragte Mai Lee mich, ob ich ihr 1000 Baht bis zum nächsten Zahltag leihen könne. Sie wollte es mir am Ende des Monats zurückgeben, ganz bald. »Moi bonne femme, nicht wie andere Frauen ...« Et cetera.

Ich gab ihr das Geld. Am nächsten Tag war Mai Lee nicht mehr da, und ich erfuhr, dass sie rausgeflogen war, erstens wegen Faulheit und zweitens weil sie exzessiv mit den Hotelgästen gevögelt hatte. Anscheinend arbeitete sie jetzt wieder im Restaurant ihres Thaifreundes, den sie angeblich nicht hatte. Rolfs Frau hatte gegen zweitens an sich nichts gehabt, außer dass es zu erstens geführt hatte und dadurch die Zimmer nicht gereinigt wurden. Die 1000 Baht sah ich nie wieder. Na ja, ich hätte sie sowieso für irgendwas in der Art ausgegeben.

Witzigerweise gilt: Je älter und hässlicher du bist, desto besser ist Patong für dich. Es gibt hier unzählige steinalte Geldsäcke, die mit süßen jungen Hüpfern im Arm rumlaufen und die beste Zeit ihres Greisenalters haben. Sie haben nämlich jede Illusion begraben, dass irgendjemand sie begehrt oder dass sie überhaupt nur wegen ihrer guten Manieren und ihrem Geld begehrenswert sind. Keiner von ihnen hat auch nur das kleinste Gefühl, dass sie »noch im Spiel« seien oder körperlich mit den jungen Kerlen mithalten könnten. Für sie ist es befriedigend genug, ein normaler, einfacher alter Knacker zu sein, der seine Süße großzügig für ihre angenehme (und auch orgastische) Anwesenheit entlohnt.

Viele der alten Typen haben wirklich Spaß hier, genauso wie ihre Ladys, denn beide Seiten wissen, wie der Hase läuft. Und die Thailadys haben sich nicht anstecken lassen von dem armseligen westlichen Jugendwahn, der so viele Leute glauben lässt, dass man sich beim ersten grauen Haar gleich in die Kiste legen kann. Man sieht hier viele Krüppel; Typen in Rollstühlen, Conterganopfer mittleren Alters, was auch immer – eine Thailady wird mit ihnen vögeln, weil deren Geld genauso gut ist wie von jedem anderen, und höchstwahrscheinlich haben diese Leute wegen ihrer Leidensgeschichte auch ein »gutes Herz«. Die Ladys, die sich um diese sexuell ausgestoßenen Typen aus dem Westen kümmern, machen durch ihre Gutmütigkeit auch ihren Buddha glücklich.

Eine Thailady hat kein Problem damit, dass alte Männer auf eine junge Pussy stehen, und es stört sie auch nicht, dass die Typen nach Thailand kommen, um sie hier zu bekommen; sie wissen nicht, dass die Kerle zuhause wahrscheinlich nie in den Genuss einer Pussy kommen. Die Frauen der älteren Farangs lieben es, sich alle möglichen unfairen Gründe einfallen zu lassen, um nicht die alten schrumpeligen Eier ihrer Männer kraulen zu müssen. Ich kann mich nicht an allzu viele der jungen Mädchen erinnern, mit denen ich das Vergnügen hatte, nicht mal an ihre Namen oder wie sie aussahen – weil sie alle so wunderbar gleich aussahen: lange glatte Haare, ein heiteres Gesicht mit vollen Lippen und großen Augen, ein knackiges Hinterteil und fantastische Brüste sowie große Füße.

Wenn man die Straße am Strand entlanglief, fand man in der Nähe der Post spätabends sehr viele Mädchen, die sich auf dem Platz vor dem Juwelier versammelten. Es waren Bordsteinschwalben, und sie hatten irgendwie etwas Gefährliches an sich. Eines Abends, als ich an den Mädchen vorbeiging, fiel mir eine von ihnen besonders auf. Ich dachte, warum nicht? Pornsuk, so komisch der Name für westliche Ohren auch klingen mag, ist einer der geläufigsten Frauennamen in Thailand. Ihr Gesicht und ihr Körper waren elfenartig. Sie hatte schmale Lippen, einen vielsagenden Blick und ein funkelndes Lächeln. Ihr Hinterteil war einfach umwerfend, und ich hatte das Gefühl, wie bei Nok wieder etwas Besonderes gefunden zu haben. Porn hatte krauses Haar und trug eher hippieartige, schmuddelige Klamotten (es war in Wirklichkeit ein Kleid) – im Gegensatz zu den üblichen Hotpants oder abgeschnittenen Jeans war es wirklich mal was Interessantes.

Und sie konnte Englisch! Jedenfalls genug für kopulative Konversation. Wir gingen zurück zu meinem Hotel, und sie blieb die ganze Nacht. Porn war wie Nok ebenfalls 23, hatte ein Baby, dessen Foto sie mir sofort zeigte, und kam aus Bangkok. Sie verachtete die »Reispflücker«, die die Bars überschwemmten, und sie würde sich niemals auf das Niveau jener Ladys herablassen. Tatsächlich passte sie nicht zu den klassischen Playmates aus den Bars. Porn hatte ein breites Lächeln mit schlechten, ungleichmäßigen Zähnen, und sie war, was die Franzosen jolie-laide nannten, also »nicht schön im klassischen Sinne«. Sie war definitiv ein Geschöpf der Nacht (ich mythologisiere wieder) – romantisch und wild, das plötzlich aus dem Nichts auftauchte. Sie war etwas Besonderes! Und sie ging ihrem Geschäft nach, weil sie Spaß daran hatte und nicht Trübsal blies.

Porn war keine Säuferin wie so viele andere Mädchen in den Bars. Sie strippte mit fröhlicher Hemmungslosigkeit, tanzte nackt herum mit ihrem wunderbaren Hintern und hielt mich hin. Sie sah sich in meinem Hotelzimmer um und hielt es für eine tolle Idee, gemeinsam zu duschen. Also stiegen wir unter die Dusche, und sie seifte mich ein wie eine Krankenpflegerin, während sie spielerisch zusah, wie ich eine Erektion bekam. Sie unterbrach unser gemeinsames Duschen und setzte sich tropfnass auf die Toilette. Ich sah ihr zu, wie sie pinkelte, und mit gleicher Gelassenheit kehrte sie wieder unter die Dusche zurück. Danach saß sie nackt und unbekümmert neben mir auf dem Bett, trank ein Bier und kicherte, als sie sich einen Film auf dem japanischen Pornokanal ansah. Es ging um einen komischen Typen, der eine brillentragende Frau von hinten vögelte, deren Kopf er dabei in die Toilette drückte. Diese verrückten Samurai! Porn fand das sichtlich amüsant und stellte lachend fest, dass die Frau immer noch ihre Brille trug.

Porn hatte eine wunderschöne, hellbraune und seidig glänzende Hautfarbe und einen völlig umwerfenden Arsch. Und dieses breite, allwissende, ja, fast elegante Grinsen! »Elegant« war nicht unbedingt ein Wort, das ich mit Thaifrauen in Verbindung brachte – bis jetzt. Als es um die Höhe der Geldsumme ging, sagte sie: »Wie du wollen.« Ich nannte ihr eine stattliche Summe – daher war es für sie klar, dass sie ihre Arbeit nicht schnell erledigen und zu einem anderen Job davonstürmen musste. Normalerweise lief es für sie natürlich anders. Immer wenn sie Geld brauchte, fuhr sie mit dem Bus nach Patong und arbeitete dort ein paar Wochen lang als Hure. Danach fuhr sie zurück nach Bangkok zu ihrer Mutter und/oder Schwester und verkaufte dort T-Shirts oder Nudeln. Oder was auch immer. Sie hatte auch einen Bruder, einen festen Freund, vielleicht auch zwei feste Freunde oder einen eifersüchtigen Exfreund … Das war die übliche komplizierte Thaifrauen-Seifenoper, die man eh nie ganz verstand. Diese Geschichten sind immer gleich und so langweilig, dass es eigentlich auch egal ist, wenn es Lügen wären – was sie meist auch sind.

Ich hatte ihr also eine großzügige Bezahlung zugeflüstert. Deshalb machte Porn auch alles, was ich wollte – gut, sie hätte es so oder so getan. Sie war, wovon ich mich selbst überzeugen ließ, wirklich begierig, ihr Können zu zeigen. So mancher Kunde fragt sich manchmal, wofür er eigentlich bezahlt, wenn er die ganze Arbeit selbst machen und sich abrackern muss, während sie gemütlich auf dem Rücken liegt. Nachdem ich Porn mein ganzes Repertoire akrobatischer Albernheiten gezeigt hatte, drang ich in sie ein, wobei sie vergnügt stöhnte. Sie wand und krümmte sich, und für mich war es perfekt, auch wenn sie nur so tat, als würde sie es genießen – das zeigte mir, dass sie verstand, für gutes Geld gute Leistung zu bringen. Ich hatte mir natürlich ein Kondom übergestreift; es war eines dieser beliebten Kondome mit Fruchtgeschmack aus dem Hause Durex. Sogar bei einer Frau, der man wohl ziemlich egal war, hatte man trotzdem dieses seltsame Verlangen herauszufinden, auf was sie stand, und dann machte man es. Porn – oder besser gesagt, ihr herrlicher Arsch – schien sogar auf ein paar leichte Klapse zu stehen. Und als ich an ihren Zehen lutschte, fing sie an zu kichern – »Chakaji!« – »Das kitzelt!«

Der Grund, warum ich das alles beschreibe, ist, dass ich mich wirklich an alles so genau erinnere. Kann sein, dass ich damals auch Ähnliches mit meinen Schönheiten aus den Bierbars erlebt habe, aber das kann ich mir eigentlich nicht vorstellen, weil sie eher schüchtern oder mürrisch gewesen waren: Bei ihnen war es das typische Rein-raus-Ding gewesen. Jedenfalls ist meine Erinnerung an jene Mädels verschwommen, und ich kann mich bei ihnen an überhaupt keine Details erinnern. Aber bei Porn war es ganz anders.

Am Morgen machten wir es noch mal, und danach zeigte Porn plötzlich, dass sie eine flinke und effiziente Thailady war. Während ich immer noch keuchend und schnaufend im Bett lag, war sie schon geduscht, angezogen und bereit zu gehen, wobei sie ihr verdientes Geld in ihr Portemonnaie steckte. Porn lehnte freundlich und dankend eine Einladung zum Frühstück ab und ging. Sie trug dasselbe unbegreifliche Lächeln, das alle diese Thaifrauen tragen: Egal, welch frevelhafte Begattung stattgefunden haben mochte, sie war auf einem anderen Planeten geschehen. Thailadys legen immer diese nervtötende Geschwindigkeit an den Tag. Nach dem Sex springen sie auf und sind bereit für die nächste Aufgabe. Sie bleiben nicht zum Kuscheln im Bett, wie es die Leute in der westlichen Welt tun. Wenn ein Job erledigt ist, sind sie gleich bereit für den nächsten. Was könnte auch einfacher sein?

Irgendein skandinavischer Gefühlsmensch hat sich mal bei mir darüber ausgelassen, dass die Telefonate zwischen ihm und seiner Liebsten immer so unbefriedigend seien. Sie legte einfach immer auf, ohne diese schnulzigen Verabschiedungsrituale wie »Ich liebe dich!«, »Bis später, Süßer!«, »Schmatzer für dich!« und so weiter, die manchmal länger dauern als das eigentliche Telefongespräch. Ich erklärte dem Typen, dass für die Lady das Telefongespräch beendet war, nicht länger existierte, Vergangenheit war, und dass sie sich ihrer nächsten Aufgabe widmete, wahrscheinlich einem Telefongespräch mit einem anderen Liebsten. Genauso war es auch mit den Thaifrauen, wenn sie mit Männern ins Bett gingen – sie sagten nicht »Gute Nacht«, sondern drehten sich nach dem Sex einfach um und schliefen ein.

Als Porn gerade gegangen war, kam mir der Gedanke, dass ich nicht mal wusste, wo ich sie erreichen konnte. Ich war irritiert, dass sie es mir nicht gesagt hatte, aber andersrum war sie vielleicht auch irritiert gewesen, dass ich nicht gefragt hatte. Ich machte mir selbst klar, dass es noch genügend andere Porns gab, und befand mich immer noch in der Phase zu glauben, dass ich jede Nacht eine andere haben müsste. Viele Typen verharren für immer in dieser Phase, und das ist auch nichts Schlechtes, für beide Parteien nicht. So bleibt alles auf einer geschäftlichen Ebene und schließt von vornherein jegliches Gefühl nach dem Motto »Aber sie ist anders als die anderen« aus, das sogar irgendwo tief im Herzen des härtesten Kerls schlummert. Aber da Patong nur ein kleiner Ort war, hoffte ich insgeheim, dass mir Porn noch mal irgendwo zufällig über den Weg lief ... Denn sie war anders als die anderen.

BARMÄDCHEN

Unter den thailändischen Vollzeit-»Midinetten« gibt es ein Klassensystem, wobei die Go-go-Girls (ihrer Meinung nach) an der Spitze stehen, da sie immerhin etwas tun, was man wohl als Arbeit bezeichnen könnte: Sie stehen dümmlich im Bikini auf einer Bühne und lassen ihre Körper kreisen. Die Bikinis dürfen sie laut Gesetz nicht ablegen, aber sie tun es natürlich trotzdem, besonders bei den Lesbenshows. Die Go-go-Girls zeigen auch Kunststückchen wie das Einführen von diversen Gegenständen in bestimmte Körperöffnungen.

Man zahlt ihnen sogar einen Lohn, allerdings müssen sie dafür auch einiges bieten können, beispielsweise zehn neue Kunststückchen im Monat. Die Go-go-Girls blicken missbilligend auf die Freiberuflerinnen in den Discos herab, welche wiederum auf die Bordsteinschwalben herabblicken. Alle zusammen blicken auf die Bardamen herab, mit denen die meisten Farangs letztendlich abziehen, weil diese Mädchen am einfachsten anzusprechen sind und im Barlicht am besten inspiziert werden können. Die Bardamen wiederum blicken herab auf Bordsteinschwalben und Freiberuflerinnen, weil sie nicht angestellt sind, und vor allem auf die Go-go-Tänzerinnen, weil sie unanständigerweise ihre unteren Körperregionen in der Öffentlichkeit zeigen, was in Thailand sehr verpönt ist.

Was Geschäft und Nachfrage betrifft, bietet das Bardamen-Szenario beiden Seiten eine gewisse Sicherheit, da jede Seite weiß, wo sie die andere finden kann – es sei denn, die Lady nimmt bei Tagesanbruch den Bus nach Irgendwo und kehrt nie zurück. Die Bardamen können ihre Kunden meistens abschätzen und gehen nicht einfach mit jedem mit, auch wenn es eigentlich von ihren Chefs verlangt wird. Wenn ein Typ zu betrunken oder anstößig ist, suchen die Ladys Schutz an der Bar oder auf den Örtlichkeiten. Eine Bordsteinschwalbe muss im Dunkeln eine schnelle Entscheidung treffen; allerdings wird der lüsterne Mann sie nicht wiederfinden können, sollte sie sich als Betrügerin herausstellen und sich mit seinem Geld aus dem Staub machen. In jeder Bar gibt es eine Mama-san, eine strenge Lady, die reifer und älter ist; ihre Aufgabe ist es, dafür zu sorgen, dass alles in Ordnung ist und bleibt. Das ist einer der wenigen Jobs in Thailand, bei dem man eine Dame über dreißig sieht und der mehr Verantwortung beinhaltet als bei einer Garküche. Dadurch, dass sie schon höheren Alters ist, ist sie bei Männern nicht gefragt, obwohl einige Typen es als machohaft betrachten, die »Mama-san klarzumachen«.

Die Mädchen sind streng genommen »Barhostessen«, deren Job es eigentlich ist, gelegentlich Drinks zu servieren. Meistens verbringen sie ihre Zeit jedoch mit Gästen, wenn sie nicht gerade versuchen, einem zu entfliehen. Ansonsten wechseln sie sich als Bedienung ab. In den Bars, die sich selbst als »Pub« bezeichnen, sind die Damen hinterm Tresen wirklich Vollzeitangestellte, obwohl sie natürlich auch mit dir ins Bett gehen; viele Farangs sehen es fälschlicherweise als Erfolgserlebnis an, wenn sie eine Barkeeperin »überzeugt« haben, sie ins Hotel zu begleiten. Allerdings ist das auch wesentlich schwieriger, als sich die Süße zu schnappen, die neben einem auf dem Stuhl sitzt.

Die Mädchen sind Angestellte der Bar, und manche Läden haben zwei oder drei Dutzend Ladys. Oftmals erhalten sie keinen Lohn, und wenn nur gelegentlich, um sich etwas zu essen kaufen zu können. Immerhin erhalten sie eine kostenlose Unterkunft in einer Hütte, in der sie übernachten, zusammen kochen und essen. Wenn die Mädchen erfolgreich sind, tun sie sich auch schon mal zusammen und mieten ihr eigenes Apartment, aber meistens ziehen sie es vor, in der Kommune zu leben, schlafen, tratschen und auf dem Boden zu essen – ganz wie zu Hause. Ein Fehler, den ein verliebter Farang gern begeht, ist, seinem Mädchen einen Batzen Geld zu schicken, damit sie sich ein Apartment für sich allein mieten kann, weg vom »Leid« des Barlebens, also ihren Freunden. Einsamkeit! Der Farang hätte ihr genauso gut einen Iglu am Nordpol anbieten können. Thais hassen es, allein zu sein, und die Bardamen halten zusammen und passen gegenseitig auf sich auf. Ein Mädchen, das allein in einem Apartment hockt, wird bei jedem Türklopfen zusammenzucken, weil höchstwahrscheinlich der Geist eines verlassenen Freundes vor der Tür steht, der sich wegen seines gebrochenen Herzens selbst abgemurkst hat.

Die Bardamen erhalten für ihre sexuellen Dienste Geld, das sie auch behalten können, obwohl der Pimp – sorry, der geniale Besitzer der Goldmine – sogenannte Barfines, also Bargebühren, kassiert. Wenn man eine Lady aus dem Etablissement entfernt, auch nur für kurze Zeit, werden ein paar hundert Baht als Barfine auf die Rechnung geschlagen. Das soll dem Barbesitzer als Kompensation für den Verlust der wertvollen Thekenkraft dienen. Da Prostitution in Thailand illegal ist, hat es den Barkeeper auch nicht zu interessieren, wenn sich ein Mädchen zu einer die ganze Nacht dauernden Runde Backgammon mit einem Gast entschließt. Die Barfines für die glamouröseren Go-go-Girls sind meist doppelt so hoch als normal. Die Gäste akzeptieren die Gebühren ohne Beschwerden; für die meisten sind sie nicht mehr als zum Beispiel eine übertretene Leihfrist in der Bibliothek.

Da Prostitution wie Glücksspiel in Thailand illegal ist, ist es klar, dass jede Stadt über geheime Bordelle und Spielhöllen verfügt, die von den Thaimännern besucht werden. Diese Etablissements werden oft mit der Duldung der örtlichen Polizeichefs, meistens gegen Bezahlung, geführt. In Phuket City brannte eine dieser Spelunken eines Abends bis auf die Grundmauern nieder – als Alternative zu Mord ist Brandstiftung eine sehr beliebte Art in Thailand, um geschäftliche Rivalitäten zu lösen. Zwölf Frauen kamen bei dem Brand ums Leben. Der Besitzer musste eine kleine Summe wegen Fahrlässigkeit zahlen, weil er seinen Laden nicht mit Feuerleitern ausgestattet hatte.

Natürlich sorgt eine Lady, die zwei oder drei Mal pro Abend mit einem Gast verschwindet, für gute Einnahmen durch die Bargebühr. Wenn nun ein heißersehnter alter Knacker kommt und das Mädchen gern für eine oder zwei Wochen für sich haben möchte, muss das Mädchen die Bargebühr für jeden Tag ihrer Abwesenheit an den Barbesitzer zahlen, sonst verliert sie ihren Platz in der Kommune. Wenn der alte Knacker es absolut ernst meint und sie sein Quietscheentchen für einen Monat oder gar für immer sein soll, wird das Mädchen wahrscheinlich den Schritt der »Kündigung« wagen – allerdings wird sie regelmäßig in der Bar vorbeischauen, um dem Besitzer zu zeigen, dass sie noch gesund und munter ist und weiterhin Interesse an einem Job hat, sollte ihr alter Knacker bald dahinschwinden.

Bars in Bangkok verfolgen das originelle Konzept der »Ehegebühr«: Wenn ein lustgesteuerter Betrunkener einem Mädchen einen Ring an den Finger steckt, verlangt der Barbesitzer um die 3000 US-Dollar für den Verlust ihrer einzigartigen Dienste. Das ist natürlich kompletter Unsinn, da eine Bardame ihren Arbeitsplatz auswählen kann und nicht an diese eine Bar gebunden ist. Die glückliche Ehefrau wird jedenfalls ihren neuen Ehemann nicht darüber aufklären, weil der Barbesitzer ihr einen Teil des Geldes abgibt. Dieses Geschäftsmodell findet man kaum anderswo; wahrscheinlich sind die Farangs in Bangkok einsamer oder einfach nur dämlicher.

Die Mädchen können tatsächlich von Bar zu Bar ziehen und tun es auch; die Konkurrenz ist groß, und es gibt auch die üblichen Intrigen. Es wird absolut nicht gern gesehen, wenn ein (ausländischer) Barbesitzer versucht, das Personal eines Konkurrenten abzuwerben. Außerdem sollte ein Barbesitzer nicht seine eigenen Mädchen testen, sonst drohen ihm Gehässigkeit, Eifersucht, Hass, Rache und Lebensgefahr durch zerschlagene Bierflaschen.

Bardamen sind auch die eifrigsten unter den Ladys, und ihre gepiepsten Anmachen übertönen fast das entsetzliche Gejammer von *Hotel California* von den Eagles – sollte dieser Song mal vom Aussterben bedroht sein, würde er definitiv in Patong und Pattaya weiterleben. Man könnte wetten, dass die meisten Thais eher *Hotel California* kennen als die seltsame, blecherne Nationalhymne Thailands, die jeden Tag pünktlich um sechs Uhr abends im Fernsehen gespielt wird – der wohl einzig zuverlässige Zeitmesser im ganzen Königreich.

In Patong und Pattaya gibt es unzählige »Pubs« mit leicht australisch-keltischen oder deutschen Namen wie Kangaroo, Blarney Stone, Ned Kelly oder Berliner Stube. Das sind alles Orte für richtige Schluckspechte, die sich dort Fußballübertragungen ansehen oder sich einfach nur besaufen wollen. Dort gibt es auch Bardamen, aber das ist nicht ihre einzige Funktion. Sobald man einen Barkomplex betreten hat, kann man allerdings nicht mehr so tun, als würde man alles andere außer Sex suchen. Bei den offenen Bars, den sogenannten »Box Bars«, stehen die Theken nebeneinander oder Rücken an Rücken, und oft weiß man gar nicht, in welcher Bar man sich gerade befindet – allerdings würde das auch keinen Unterschied machen. Die Benimmregeln werden hier strengstens eingehalten. Wenn man die Soi weiter hinunterläuft, rufen einem die Bardamen aus allen Bars mit enormer Lautstärke und schriller Stimme hinterher; hat man seinen Allerwertesten erst mal auf einen bestimmten Barhocker gesenkt, wird man nur von den Ladys aus dieser Bar angesprochen, ebenfalls mit enormer Lautstärke und schriller Stimme.

Man findet hier eine Bar neben die andere gedrängt, wie Autos, die auf eine Fähre warten. Blue Dollar, Blue Butterfly, Blue Note, Blue Lotus, Blue Parrot – hier dominiert die Farbe Blau. Es gibt eigentlich keinen Grund, warum man eine gewisse Bar einer anderen vorziehen sollte; während man mit gespielter Lässigkeit umherspaziert, bieten sich einem stets dieselben lautstarken Lockangebote und die Hartnäckigkeit der Ladys, die sich an deinem T-Shirt festkrallen, aber sie müssen dich loslassen, wenn du es geschafft hast, dich mehr als zwei Meter von ihrer Bar zurück in Richtung Straße zu schleppen. Gewöhnlich lässt man sich auf dem einen oder anderen Barhocker nieder, mehr oder weniger als verzweifelte Kapitulation. Es gibt auch deshalb keinen Grund, sich eine bestimmte Bar auszusuchen, weil die Mädels generell scharf aussehen. Egal ob du groß und schlank bist und dir das Bier hinunterkippst oder ob du pummelig bist, wenig Haare auf dem Kopf hast und dir das Bier hinunterkippst – sie wollen dich.

Wenn man zwölf Wochen auf einem Flugzeugträger verbracht hat, oder zwölf Stunden in einem Flugzeug, oder ein Leben lang irgendwo in der westlichen Welt, kommt man sich hier in Thailand vor, als wäre man gestorben und im Himmel angekommen. Die Thailady sieht nicht den blassen, protzigen, sexuell unterdrückten, egoistischen, Bier saufenden Idioten; sie sieht einen Geldbaum in voller Blüte. Aber wen stört's? Diese Mädchen sind so zauberhaft. Und ihr Lächeln erst! Wann hat man das letzte Mal eine schöne westliche Frau wirklich lächeln sehen? Hier kommt man sich vor wie in Hugh Hefners Playboy-Villa, umgeben von tausend Playmates.

»Das ist ein Riesenspaß«, sagte ein junger englischer Hengst zu mir, der bereit war, sich in den Sog der Box Bars zu stürzen, »aber im Grunde ist es doch nur verherrlichte Wichserei, nicht wahr?«

»Nun ja«, platzte es aus mir, der ich voller Lebensfreude war, heraus, »es ist schon ein wenig mehr als das …«

War es wirklich nur eine verherrlichte Wichserei? Im Gegensatz zu was? Einer nicht verherrlichten Wichserei? Lebenslanger Unterwerfung? Dass sich die Erde dreht? Wie viel des täglichen Ban-sing auf diesem Planeten ist statistisch gesehen etwas anderes als Masturbation mit Hilfe eines lebendigen Sexspielzeugs? In der thailändischen Barzone wissen alle Betreffenden wenigstens, was es ist. Nur die zahlreichen Verrückten aus der westlichen Welt nicht, die sich »verlieben«.

Meistens wird ein Farang ohne einen bestimmten Grund in eine Bar gedrängt, einfach nur um der Unentschlossenheit ein Ende zu setzen. Die Mädchen scharen sich um den Mann, und sie sind total aus dem Häuschen, so sehr freuen sie sich über seine Anwesenheit. Er spendiert einem der Mädchen einen »Lady-Drink«, dann einen weiteren für ihre Freundin, dann noch einen für eine andere Freundin. Jede von ihnen bekommt am Ende zwanzig Prozent des Preises eines »Lady-Drinks.«

Die Mädchen schlagen alberne Spielchen vor, zum Beispiel »Vier gewinnt« oder das Nagelspiel, bei dem Nägel in einen

Baumstumpf geschlagen werden; die Farangs treten gegen die Mädchen an, um herauszufinden, wer einen Nagel am schnellsten in den Baumstumpf schlagen kann. Bei diesem Spiel gewinnen die Bardamen immer, weil sie den ganzen Tag sowieso nichts anderes zu tun haben und in Ruhe ihren Hammerschlag perfektionieren können. Seltsamerweise sind diese Läden aber keine Neppbars. Bei diesen Spielchen wird nicht um Geld gespielt, die alkoholischen Getränke sind nicht gestreckt und sie kosten genauso viel wie in einer ganz normalen Bar.

Wenn man in Thailand viel Geld loswird, geschieht das nicht, weil man ausgeraubt wurde, sondern weil man sich ausnehmen lässt. In den Bars gibt es Schiffsglocken, die geläutet werden, wenn ein Farang voller Lust, voller Alkohol und mit Taschen voller Geld eine Runde Drinks für die ganze Bar ausgibt, weil er herausgefunden hat, dass die Ladys ihn unwiderstehlich finden, die vom Alter her seine Enkeltöchter sein könnten. In den Straßen voller Verlangen und Einsamkeit hört man diese Schiffsglocken ununterbrochen klingeln.

Wenn man die Dienste von ein und derselben Frau länger als zwei Tage am Stück in Anspruch genommen hat, bedeutet es, dass man nun ihr »Boyfriend« ist und sie mit zum Einkaufsbummel nehmen darf. Dabei kann man sich darauf gefasst machen, dass sie einen anbettelt, da sie glaubt, dass man in sie hoffnungslos verliebt ist. »Bitte, du mir kaufen Gold?« Gold ist das einzig Wahre, es lässt sich zu Geld machen. Alle Thailadys verfügen über ein umfassendes Wissen, was Karat und Goldpreis betrifft, und die vielen indischen Goldhändler betreiben einen lebhaften Handel mit Armringen und Halsketten. Diese Waren kann man innerhalb weniger Tage (oder Stunden) zum Laden zurückbringen, wobei ein Teil des Originalpreises einbehalten wird. Die Juweliere sind in Wirklichkeit Pfandleiher.

Die Thailadys wären wirklich sehr beleidigt, wenn man sie als Prostituierte bezeichnen würde. Wenn eines der Mädchen sich bereiterklärt, einen Farang für das passende Trinkgeld auf sein Hotelzimmer zu begleiten, bedeutet das nicht zwangsweise, dass Geschlechtsverkehr stattfinden muss. Wenn man der Parfümwolke einer hinreißenden Thailady folgt, ist es für die thailändischen Polizisten klar, dass sie mit dir eine Nacht voller aufregender Schachpartien verbringen wird. Was die Bezahlung am nächsten Morgen betrifft, wird sie nie einen festen Betrag von dir fordern. Sie wird schmollen und mit den Schultern zucken, bis der angebotene Betrag ihren Vorstellungen entspricht.

Viele ältere Farangs wollen wirklich nur die Gesellschaft einer Lady und keinen Sex. Andere wollen sich gleich die Klamotten vom Leib reißen und das volle Programm durchziehen. Diejenigen, die mit einem Herzschrittmacher ausgestattet sind, wählen meistens einen behutsamen Chak wao (»einen Drachen steigen lassen«), das heißt, sie lassen sich einen runterholen. Ob man nun die sexuelle Variante auswählt oder es sich zu zweit vor dem Fernseher gemütlich macht, liegt bei einem selbst. Eine Bardame wird einen guten Service bieten, da sie schließlich offiziell als Bedienung arbeitet. Man sollte sich nicht durch ihr entzückendes Lächeln zu dem Gedanken verführen lassen, dass es mehr als nur ein Service ist. Man sollte auch froh sein, wenn sie kein Kaugummi kaut oder fernsieht, während man ihren Service in Anspruch nimmt.

Es ist von Vorteil, wenn man flauschige Handtücher in seinem Hotelzimmer hat. Thailadys lieben Handtücher, Socken oder alles, was irgendwie flauschig ist – wie der riesige Kuschelbär, den man ihr beim Straßenhändler gekauft hat und den sie in ihre umfangreiche Sammlung aufnehmen kann. In ihren Kommunen sitzen und schlafen die Ladys auf dem Boden. Sollte es dort wirklich mal einen Stuhl geben, ist er für Besucher (also Farangs) reserviert, mit denen die Thailady mehr als zwei Tage verbracht hat und die somit den Status »Boyfriend« innehaben. Eine Bardame ist gegenüber einer Freiberuflerin oder einer Bordsteinschwalbe im Nachteil, weil diese meistens eine eigene Hütte für sich besitzen. Die Bardame kann mit einem Farang nur auf sein Hotelzimmer gehen. Wenn sich der Farang kurzfristig eine Auszeit von seiner

Gemahlin genommen hat, muss er sich um ein Zimmer in einem der Hotels kümmern, wo man ein Zimmer für zwei Stunden bekommt.

In Thailand blickt man auf die Ladys herab, aber nicht so wie Prostituierte in den westlichen Ländern betrachtet werden. Ihr Job ist im Gegensatz zu den westlichen Prostituierten kein Beruf und auch keine Wahl der Lebensweise – in einem Land, in dem es kein soziales Netz gibt. Eine Frau in der Rue St Denis oder am Hollywood Boulevard ist eine Prostituierte, so wie andere Leute Lehrer oder Buchhalter sind. Aber die Thailadys betrachten ihren Job nicht als Karriereschritt oder als etwas, das man eine gewisse Zeit lang macht, bis man den Weg aus der Armut gefunden hat. In Pattaya erzählte mir eine vollbusige Lady, die nur eine platonische Bekannte war (ich war damals »in einer Beziehung« und ging nur in die Bar, um mir geschmuggelte amerikanische Zigaretten zu kaufen), dass sie im Monat 4000 Baht verdiente plus Trinkgeld, Essen, Geschenke und vernarrte Freizeittaucher; zuvor hatte sie im Monat 4000 Baht für täglich zehn anstrengende Stunden in einer Aluminiumfabrik bekommen – nicht wirklich verlockend.

Ein Servicemädchen zu sein wird nicht als moralische Schändlichkeit betrachtet, sondern eher als etwas Unanständiges, und gleichzeitig als Tätigkeit von Leuten aus der Unterschicht. Ein Mädchen mit Tattoo, dem Zeichen einer Prostituierten, wird normalerweise keinen thailändischen Ehemann finden. Viele Mädchen erkennen das erst, wenn es zu spät ist. Heirat ist – wie zu viktorianischen Zeiten – ein Käufermarkt. Anständige Frauen betrachten die Servicemädchen genauso, wie in der westlichen Welt beispielsweise Kloputzer betrachtet werden: Jeder muss sich selbst um seinen Lebensunterhalt kümmern, aber die Drecksarbeit sollen gefälligst andere machen. Es sei denn, man ist zufälligerweise Kloputzer.

DAS HERZ DER FINSTERNIS

Es ist sehr angenehm, dass die Stammgäste der Soi Saen Sabai, in deren Mitte Henrys Bar liegt, alles andere als gleich sind. Die biersaufenden Touristen kommen meist nicht so weit oder wissen nicht, dass es diese Straße gibt. Es gibt hier ein vielseitiges Gemisch von Betrunkenen, Bardamen, Ladyboys und ihren Kunden, chinesischen Wahrsagerinnen (die Ureinwohner Phukets sowie einiger andere Städte an der Westküste Thailands sind größtenteils Chinesen), Bettlern ohne Arme und Beine auf Rollbrettern, blinden Bettlern, die näselnd thailändische Volkslieder singen (denen man Geld gibt, damit sie schnell wieder verschwinden), Blumenverkäufern, Zigarettenhändlern und Anbietern von Glücksbringern.

Ich musste immer vor einer bereits etwas sehr reifen chinesischen Lady weglaufen, die auf unerklärliche Weise total scharf auf mich war und mir immer hinterherrief: »Warum du nicht kommen und schlafen mit mir? Ich wollen dich ficken! Umsonst! Kein Geld!« In Henrys Bar ging es ähnlich zu. In der Straße hört man ständig das Donnern der großen Motorräder, die proportional umgekehrt zum IQ oder der Penisgröße der Fahrer waren. Die Fahrzeuge wurden immer für enorme Summen von tätowierten Trotteln gemietet, die in ihrem Heimatland gewöhnlich mit dem Bus zur Arbeit fahren – oder selbst den Bus lenken.

Die Straße neben der Soi Saen Sabai ist nur für Thais. Eines Abends hörte ich, wie dort ein Aufruhr stattfand; irgendein Idiot hatte sich ein Messer gekauft und war der Meinung, in einem Billardsalon seine Martial-Arts-Künste der anwesenden Menge vorführen zu müssen. Da er völlig betrunken umherwirbelte, schlitzte er aus Versehen einem anderen Typen das Hemd auf. Der Geschädigte ging nach Hause, holte sich sein Moped und seine Schrotflinte und kehrte zur Bar zurück, um den Typen mit dem Messer ins Jenseits zu befördern. Der schießwütige Mann wollte – ganz traditionell – mit seinem Moped fliehen, wurde aber zwei Straßen weiter von der Polizei gefasst.

Auf der anderen Seite gibt es den Soi Sunset, das Herz der Finsternis. Das ist Dantes Inferno, das Tal der Gefallenen, die Lustmeile der Loser. Hier treiben sich die Legionen der Verdammten herum, denen, nachdem die gewöhnlichen Bars geschlossen haben, nur diese Straße bleibt. Hier konkurrieren etwa zwei Dutzend völlig überfüllte Bars und Discos miteinander; bei ohrenbetäubender Musik stolpern die Gäste betrunken umher, weil sie wehmütig versuchen zu tanzen, oder sie trinken einfach nur und grinsen entsetzlich vor sich hin, ohne mit anderen in Blickkontakt zu geraten.

In diesen Bars sind die Mädchen alle Freiberufler, was bedeutet, dass es keine Bargebühr gibt. Hier ist die falsche Heiterkeit der Box Bars nicht zu finden, keine blöden Spielchen, bei denen man Nägel in einen Baumstupf schlagen oder eine unverständliche Version von Mahjongg spielen muss. Keiner prahlt hier mit seiner neuen Braut im Arm, keiner hält sich hier den Bauch vor Lachen, keiner tut so, als würde er sich auf den unzähligen, lautlosen Fernsehgeräten Fußball ansehen.

Hier auf dem Soi Sunset gibt es keine glotzenden Hetero-Pärchen, tatsächlich gibt es hier sogar überhaupt keine Farang-Frauen. Niemand gibt hier vor, Spaß zu haben ... niemand gibt überhaupt irgendwas vor – wenn man auf dem Soi Sunset rumhängt, gibt es niemanden außer sich selbst, dem man die Schuld daran geben kann. Wenn man einen Bekannten erblickt, kann man nicht schwach lächeln und sagen, dass man Freude an dem Spektakel habe oder gerade nur auf dem Weg zum Bäcker sei. Der Soi Sunset kann nicht zufällig auf dem Weg zum Bäcker liegen, weil es eine Sackgasse ist. Hier lungern die Eigenbrötler rum, die Loser, die Besoffenen und Weggetretenen, diejenigen, die vielleicht früher mal jemand waren oder nie jemand sein werden, diejenigen, die sich zu sehr schämen, ein Mädchen nur für eine ganz, ganz schnelle Nummer mit auf ihr Zimmer zu nehmen. Das Stundenhotel in der Nähe von Henrys Bar hat 24 Stunden am Tag geöffnet, und davor stehen sie alle pärchenweise, entweder dumm aus der Wäsche guckend oder einfach nur erschöpft, und sie warten darauf, dass andere Pärchen aus dem Hotel kommen – entweder dumm aus der Wäsche guckend oder einfach nur erschöpft – und eines der heiß begehrten Zimmer freimachen.

Nur fünf Minuten Wartezeit, so redet der Junge vor dem Hotel auf die Pärchen ein, und eigentlich sind es nur vier Minuten, wie mir mal eine herrliche Lady mit einsilbigem Namen verriet, während wir auf ein freies Zimmer warteten. Und sie hatte recht, wir mussten viereinhalb Minuten warten. Meine Güte, die Zimmermädchen arbeiten dort wirklich schnell. Ein Zimmer wird dort in kürzester Zeit gereinigt, und man betritt ein blitzsauberes Hotelzimmer, das sogar für ein frisch vermähltes Ehepaar gut genug wäre – abgesehen davon, dass das Bett nur aus Matratze und Bettlaken besteht und der Raum von lauter Rockmusik aus der Nachbarschaft erschüttert wird.

In dem Hotel steigen tatsächlich Touristen ab, sie haben ihr Zimmer von weit, weit weg gebucht und erfahren meist erst in letzter Sekunde, wofür ihr Zimmer normalerweise gebraucht wird. Man sieht sie, wie sie von einem netten Abendessen zurückkehren und leicht verwirrt dreinblicken, während sie sich ihren Weg zu ihrem Zimmer durch die Unmengen von Ladys mit einsilbigem Namen und ihren Liebhabern bahnen. In diesem Stundenhotel bekommt garantiert niemand ein Auge zu, da das Herz der Finsternis bis zum Sonnenaufgang laut schlägt.

Henrys Bar ist ein ruhiger Hafen inmitten dieses ganzen Trubels, und man kann an seinem runden Tisch der Verdammnis seine Drinks genießen, sich mal für ein bis zwei Stunden (oder eine Minute) ins Herz der Finsternis begeben, eines der Zimmer im Stundenhotel für viereinhalb Minuten Spaß mieten und, nachdem man sich mit dem auserwählten Fräulein vergnügt hat, wieder zurück zum runden Tisch kehren. Dort gönnt man sich ein weiteres Bier und tut so, als wäre man nur eben um den Block gelaufen.

Die Lady, mit der man sich vergnügt hat, wird sofort wieder verschwinden, zurück in dem ohrenbetäubenden Lärm und dem stinkenden Albtraum namens Soi Sunset. Dort wird sie sich wieder anbieten für viereinhalb Minuten Spaß mit einem angetrunkenen, einsamen Gespenst. Diese viereinhalb Minuten laufen so ab: Sie zieht ihre herrliche Unterwäsche aus, also den Wonderbra und die beiden Höschen im Militärpolizeistil – sie trägt immer zwei, als wollte sie auf diese Weise die Kakerlaken von sich fernhalten –, und man selbst ist natürlich geduscht. Wenn sie ein braves Mädchen ist, rubbelt sie leicht an deinen Genitalien und inspiziert sie, um sicherzugehen, dass nichts Unhygienisches zu finden ist.

Dann liegt man einfach da, nackt wie ein gerade geschlüpfter Vogel, und man windet sich und stöhnt vor simulierter Lust. Sie ist wie man selbst einfach viel zu müde (oder betrunken oder beides), um noch etwas anderes als das Ritual hinter sich zu bringen. Wenigstens hat sie dieselben Absichten wie man selbst! Man möchte einfach nur so schnell wie möglich seinen Hintern wieder aus dem Laden bewegen, aber man fühlt sich verpflichtet, eine Show abzuziehen und generell die männliche Ehre aufrechtzuerhalten.

Zu hoffen oder sich zu wünschen, dass man sie näher kennenlernt, ist sinnlos, aber vielleicht es das, was den Nervenkitzel ausmacht. Wenn man Glück hat, kann sie ein wenig Englisch, und man erfährt, mit wem man es beim Sex zu tun hat. Es sind immer dieselben englischen Sätze: Ja, sie hat zwei Babys, ja, sie arbeitet in einem Beautysalon und schickt Geld zu ihrer Mutter in Reisfeldhausen; nein, sie hat keinen festen Freund, weder Farang noch Thai – und nein, sie mag Thaimänner nicht, weil sie alle bloß Schweine sind.

Man verkneift sich das Lachen, sie verkneift sich das Lachen. Diese rituellen einleitenden Worte gehören einfach dazu, wie Vorspiel zum Orgasmus. Und während man zum Gummi greift – mit Erdbeergeschmack, ein Spontankauf in betrunkenem Zustand –, lacht die Lady über den verrückten Humor des Farangs, als hätte sie nie von so einem neckischen Spielzeug gehört!

Danach duscht man und zieht sich hastig wieder an, wie ein Schuljunge, der zu spät zur Schule kommt. Keine Umarmung zum Abschied. Man hetzt aus der Tür, während das Zimmermädchen schon bereitsteht, um die Kammer der Leidenschaft für die nächste Runde zu säubern.

Man verlässt das Hotel und ist in etwa zufrieden, nachdem man seine Lust befriedigt hat. Man erinnert sich kaum an sie, und andersrum ist es genauso. Gott sei Dank für das Herz der Finsternis! Es ist nicht möglich, sich innerhalb von viereinhalb Minuten zu verlieben. Oder? Der französische Schriftsteller Flaubert behauptete, dass ein Mann nicht wirklich gelebt habe, wenn er nicht aus einem Bordell bei Sonnenaufgang gestolpert ist und den Wunsch verspürt hat, sich in den nächsten Fluss zu stürzen.

SPASS

Die Worte, die in Thailand am häufigsten benutzt werden, sind »jai-di« (gutes Herz), »sou-ai« (schön) und »sanuk« (Spaß). Thais haben ihren »sanuk« mit Dingen, die anderswo als kriminell, lebensgefährlich oder einfach durchgeknallt betrachtet werden. Dennoch ist Spaß genau der Grund, warum die Fremden herkommen.

In den Monaten, in denen ich am runden Tisch in Henrys Bar abhing, hörte ich mir die besten Geschichten an. Sie sind Beweis dafür, dass sich alle Farangs, die in Thailand geblieben sind, von den Frauen haben verwirren lassen. Gelegentlich wird auch mal über Sport geredet, aber meistens geht es um Sex oder, wenn man so will, um Beziehungen. Das konnte man jedenfalls über die Stammgäste sagen. Es gab auch Gäste, die nur hin und wieder mal in der Kneipe abhingen; sie wohnten nicht in Patong und waren eher spießig. Diese Typen parkten ihren dicken Mercedes immer prahlerisch vor der Bar, sahen ständig auf die Uhr und machten den Eindruck, dass sie wegen »Business Meetings« hier waren.

Am häufigsten redete man hier über Thailadys – Käuflichkeit, herzensbrecherische Schönheit und Unwiderstehlichkeit. Atemberaubende Geschichten über sexuelle Perversionen wurden so beiläufig ausgetauscht wie Fußballergebnisse. In der Kneipe zu Hause diskutieren die Männer über die kürzlich geschossenen Tore, hier diskutieren sie über den jüngsten Orgasmus. Sie sind ganz wild darauf, sich darüber auszutauschen, wie sie verarscht und ausgeraubt wurden, wie sie ein Mädchen geheiratet haben, das bereits vermählt war oder wie sie ihre Bar/ihr Haus/ihr Auto verloren haben, weil die Papiere alle auf den Namen der thailändischen Ehefrau ausgestellt waren – die Männer hier sind wie Soldaten, die sich gegenseitig ihre Narben aus dem Krieg zeigen. Aber trotzdem wollen sie immer mehr.

Der leise sprechende Kevin aus England war gerade mit einer schwangeren neuen Thailady zurückgekommen. Seine frühere Thai-Ehefrau hatte ihn in England geheiratet, wo sie eine absolut elegante Frau war. In Patong kehrte sich dieses Bild aber komplett um. Kevins Waschsalon ein paar Häuser die Straße hinunter wurde von der örtlichen Mafia übernommen. Kevin wollte aber gewisse Papiere nicht abtreten; ein Streit brach aus, die Cops folgten ihm in Henrys Bar und forderten diese Papiere, die er im WC hinter dem Spiegel versteckt hatte. Die Cops durchsuchten ihn von oben bis unten, konnten aber keine Papiere finden; es kam ihnen nicht in den Sinn, dass der erste Ort, an dem ein Engländer etwas verstecken würde, die Toilette war. Die Cops hatten die Nase voll von der ganzen Angelegenheit und warnten Kevin, die Ruhe in Patong nicht noch einmal zu stören. Aber Kevin bekam seinen Waschsalon nicht zurück. Jetzt hatte er sich ein Haus irgendwo oben im Norden gebaut und hatte eine vernünftige Frau an seiner Seite. Jetzt war alles anders, und natürlich war auch sie anders als die anderen. Thailand war immer noch sein Zuhause.

»Nirgendwo ist es besser als hier«, sagte er begeistert.

Es gibt eine diffuse und eher tröstliche Unklarheit, was die Geschichten über die Ausländer betrifft, die im Suff erzählt werden. Man hat irgendwie den Eindruck, dass man eine wertvolle Information erhalten hat, aber nicht genau weiß, was man damit anfangen soll.

»Meint ihr den Typen aus Schweden, der die Bar in Soi Katoey gekauft und mit dieser Frau mit den großen Titten zusammengelebt hat? Ich meine die Frau aus der Soi Gonzo. Ist sie nicht vor drei Jahren mit seinem BMW und seinen Kreditkarten abgehauen? Und sitzt sie nicht in Chiang Mai im Knast, weil sie einen Norweger umgebracht hat?«

»Ja, richtig. Aber der Typ kam nicht aus Schweden, sondern aus der Schweiz oder vielleicht auch Australien.«

»Sie hatte keine großen Titten – du denkst sicherlich an die mit den langen Beinen.«

»Und er war kein Norweger.«

»Der Typ, den sie umgebracht hat?«

»Ich dachte, er hätte eine neue Bar eröffnet – die Blue Pussy Bar in der Soi Eric, weißte?«

»Nein, das war ein Franzose. Aber nicht der, dem das Schwimmbad gehört, sondern dem früher das St.-Etienne-Restaurant gehörte, bevor er es an den ahnungslosen Peter verkauft hat.«

»Sie hat ihn nicht umgebracht, aber sie ist mit seinem BMW abgehauen.«

»Nein, es war ein Shogun. Sie hat ihn zu Schrott gefahren.«

»Und er hatte keine Bar, er hatte ein Restaurant am Strand.«

»Wer, der ahnungslose Peter? Oder der Typ, den sie in Chiang Rai umgebracht hat?«

»Nein, der Typ, der nicht aus Schweden kam.«

»Es war Chiang Mai, nicht Chiang Rai.«

»Nachdem sie mit dem Shogun gegen einen Baum gefahren war, wurde sie verhaftet, weil sie betrunken Auto gefahren war.«

»Wie kann man in Chiang Mai ein Restaurant am Strand haben, wenn die Stadt im Landesinneren liegt?«

»Du denkst sicherlich an den anderen Typen, der den belgischen Delikatessenladen hatte.«

»Wer jetzt, den sie umgebracht hat oder dem sie den Wagen geklaut hat?«

»Welcher andere? Der Schweizer?«

»Nein, das war eine andere Frau. Aus dem Massagesalon gegenüber vom Holiday Inn. Sie hat den Typen aus Finnland abgestochen, dem die Turtle's Neck Bar in der Soi Bangla gehört hat ...«

»Ah, jetzt erinnere ich mich.«

Ein eindeutiges Ergebnis wird meistens mit diesem Satz eingeleitet: »Ich habe ihn letztens in der Soi Bangla gesehen. Mit Günthers Exfreundin.«

Einsichtiges Nicken von allen Seiten wegen träger Unbegreiflichkeit.

Die Leute fragten sich, wo Squeeze abgeblieben war. Er war ein Australier mittleren Alters mit legendären sexuellen Heldentaten und sexuellem Appetit. Er war bereits früh aus der australischen Armee ausgetreten und nach Thailand ausgewandert. Man nannte ihn Squeeze, weil er darauf stand, sich beim Sex mit zwei Frauen zu vergnügen, wobei er sich liebend gern zwischen die beiden quetschte.

Squeeze stand auch auf Fellatio. Um die Mädchen dazu zu bringen, »die Kids zu schlucken«, wie er es nannte, überzeugte er sie immer, dass diese »Nahrungsaufnahme« ihre Haut heller machen würde. Angeblich war Squeeze sehr wohlhabend und hatte wohl einige Geldbündel unter der Matratze. Außerdem trug er Seidenunterwäsche mit Monogramm. Da Squeeze seit geraumer Zeit nicht mehr gesichtet worden war, vermutete man, dass er bei seinen sexuellen Experimenten zwischen zwei Frauen erstickt war. Henry behauptete, dass Squeeze nicht sterben würde, ohne seine Rechnung in Henrys Bar zu bezahlen. Wie alle reichen Leute fand auch Squeeze, dass es ungehörig war, in der Öffentlichkeit bar zu zahlen, und so ließ er überall anschreiben. Vielleicht war er gar nicht reich und ließ nur anschreiben, damit jeder ihn für wohlhabend hielt; wahrscheinlich hatte er sich jetzt einfach nur aus dem Staub gemacht. Die Squeeze-Angelegenheit wurde auf Eis gelegt, allerdings kam sie in trägen Momenten wieder auf.

»Ich frag mich, wo der alte Squeeze abgeblieben ist?«

»Du meinst, wo in der Hölle?«, pflegte der fluchende Douglas zu sagen.

Ich fand, dass es Schlimmeres gab, als von zwei nackten Frauen zu Tode gequetscht zu werden und nannte in diesem Zusammenhang den verstorbenen französischen Präsidenten Félix Faure, der an einem Herzinfarkt gestorben war, während ihm seine Mätresse, Mms Steinheil, einen geblasen hatte.

»Froschfresser«, sagte der fluchende Douglas. »Ich hasse diese Scheißtypen. Sie bestellen sich ein Bier mit vier Strohhalmen, und die Strohhalme behalten sie und stecken sie sich in ihre Ärsche.«

Der fluchende Douglas war Diabetiker, der sich selbst Insulin spritzen musste und deshalb gelegentlich von der Polizei geschnappt wurde, weil die Cops ihn für einen Junkie hielten. Er erklärte uns, dass auch »die warmen Brüder in Sydney« bei ihren homosexuellen Orgien immer das »Felching« praktizieren würden. »Die Briten stehen auch darauf, sich die Wichse mit dem Strohhalm aus ihren Ärschen zu saugen«, versicherte er uns.

Da ich wusste, dass der fluchende Douglas aus dem Westen Australiens stammte, sagte ich sarkastisch, dass die Leute in Perth wohl rechtschaffener waren als die im gottlosen Sydney.

»Scheiß Perth! Das ist noch schlimmer!«

Es stellte sich irgendwann raus, dass der fluchende Douglas nicht mal vom australischen Festland stammte, sondern auf irgendeiner kleinen Insel an der Westküste geboren wurde.

»Neuguinea«, vermutete Zwei-Tonnen-Tony.

Gerry, der korpulente Dubliner, dem der Irish Pub an der Promenadenstraße gehörte, nahm an, dass man bei Kristin Massage ein Tussi-Sandwich bekommen könnte, wenn man viel Geld locker machen würde.

»Nicht dass ich es selbst schon mal ausprobiert hätte, wohlgemerkt!«, fügte er schnell hinzu. »Ich war mal in der Bar«, erklärte er vorsichtig, »nur um sie mir mal anzuschauen. Man geht in diesen Raum und sieht die ganzen Ladys mit Nummern auf ihren Kitteln, die hinter einer großen Glasscheibe sitzen. Man wählt eine Nummer aus, geht mit ihr in ein klimatisiertes Hotelzimmer, und sie besorgt es dir, hundertprozentig. Die Leute sagen, dass man hinterher das Gefühl hat, ein völlig neuer Mann zu sein.«

»Sir Mervyn fühlt sich immer wie ein neuer Mann.«

Sir Mervyn wohnte, weil er so geizig war, in einem billigen Gasthaus in einer Straße, die Vaselin-Gasse genannt wurde und in der auch die meisten Schwulen wohnten.

»Amerikaner gehen dorthin, um sich Bananen in den Arsch schieben zu lassen«, behauptete der fluchende Douglas.

»Du meinst, in die Vaselin-Gasse?«

»Nein, zur Kristin Massage.«

Der fluchende Douglas war offensichtlich ein Experte auf dem analen Gebiet, und ich hielt meine Fachkenntnis eher für bescheiden. Dennoch spürte ich, dass ich mich durch meine Anmerkung zu Félix Faure als lernbegierigen Mann und mich somit zu einem von ihnen bekannt hatte. Niemand gibt jemals zu, die übermäßig teure Kristin Massage in Anspruch zu nehmen, aber jeder kennt jemanden, der wiederum jemanden kennt, der mal dort war. Der Name fällt ständig, als sei es das Allerheiligste: »Die Kristin Massage ist immer geöffnet« – »Ich hätte fast Lust, mal zur Kristin Massage zu gehen« – »Eines Tages werde ich ...« – und so weiter. Ich stellte die Kristin Massage bei meinen Planungen erst einmal zurück. Aber eines Tages ...

Pat aus Devon, äußerst lebhaft und um die vierzig, eröffnete ein schickes kleines Gasthaus mit Restaurant, das ein paar Meter von Henrys Bar entfernt lag. Sie war eine Meisterköchin und hatte Großes vor, indem sie jeden Tag ein neues Menü auf der Karte stehen hatte – zum Beispiel Ente mit wildem Reis und Kräutern oder so –, um die Gourmets in Patong anzusprechen. Ihr Ehemann schuftete als Ingenieur in Saudi-Arabien, und sie hatte das staubige Königreich für Thailand verlassen, um bei ihrem Sohn Leon oder Alphonse (oder irgendeinem anderen dieser seltsamen Namen) sein zu können, der mit seiner Thaifrau eine Bar in Bangkok betrieb.

Gleichzeitig blieb ihre Tochter, eine alleinerziehende Mutter, in dem kleinen, eleganten Familienhäuschen auf dem Lande bei Plymouth und zog ihren Sohn groß; sie musste sich anscheinend ohne jegliche Hilfe durchschlagen, und wer der Vater des Kindes war, wusste auch keiner. Irgendwann mal kam die ganze Familie zu Besuch: der Mann, eine nette, aber eher verwirrte Seele, der Barkeeper-Sohn, liebenswürdig versoffen und gewaltbereit, sowie die Tochter, ein Vamp mit einem Faible für Pornoromane. Da war auch noch Pats Mutter, eine gute alte Seele im Rollstuhl, die sehr angewidert von den Nutten draußen auf der Straße war; manchmal hielten sie sich auch in dem Gasthaus ihrer Tochter auf, zusammen mit den schwedischen Bernts.

»Warum bezahlen sie die Frauen?«, jammerte Pats Mutter verständnislos.

»Nun ja, sie arbeiten nicht gern für lau«, antwortete ich und trug damit noch mehr zu ihrer Verständnislosigkeit bei.

Ich hing öfters in Pats Restaurant herum, weil sie eine nette Gesellschaft war, und da ich ihre Herkunft kannte, erzählte ich immer Witze über Plymouth mit dem passenden Plymouth-Akzent. Natürlich kursierten in Patong sofort die unwahren Gerüchte, dass Pat und ich was miteinander hätten. Ebenfalls eine regelmäßige Besucherin in Pats Restaurant war eine junge Lesbe aus Yorkshire namens Dilys, weil ihre Lebensgefährtin Noot in Pats Restaurant als Bedienung arbeitete. Da Dilys sehr eifersüchtig war, konnte sie so ein Auge auf ihre Liebste werfen, und sie hatte auch ihre Gründe: Noot war genauso eine Lesbe, wie sie die Königin von Saba war, und sie flirtete heftig mit den männlichen Gästen. Es kam auch schon mal vor, dass sie sich mit einem von ihnen auf die Toilette für eine schnelle Nummer zurückzog. Auch Pat steckte in dem unglücklichen Dilemma, das viele Hotelbesitzer in Thailand früher oder später ereilte.

Sie alle zogen Horden von gelegentlich auch gern mal unangenehm riechenden Versagern an, die ein Zimmer mieteten, aber es nicht bezahlen konnten. Sie hielten die Hoteliers mit Versprechen hin, dass ganz bald ein (frei erfundener) Scheck ankommen würde, mit dem sie die Rechnungen bezahlen wollten. Die Gammler hatten kein Geld, um abzureisen, und die Hoteliers konnten es sich nicht leisten, die Typen rauszuschmeißen – für den (unwahrscheinlichen) Fall, dass jener ominöse Scheck doch noch eintraf. Der clevere Trevor war einer dieser Typen, der groß in die Computerbranche einsteigen wollte und lauthals seine Pläne in irgendeiner miesen Spelunke offenlegte – der übliche Blödsinn –, während er mit seiner Thaifreundin eines der Hotelzimmer belegte, sie darin vögelte oder verprügelte und sich von Bier und trockenem Brot ernährte.

Dilys besaß ein Haus die Straße hinauf und hatte sich mit Batik-T-Shirts selbstständig gemacht. Ihre Anwesenheit sorgte wiederum dafür, dass auch der faszinierende Frank, ein Norweger, ständig im Restaurant auftauchte, weil er scharf auf Dilys war. Frank hatte ebenfalls ein Haus am Ende der Straße sowie ein Haus in Norwegen, und er zeigte jedem sein Fotoalbum, in dem er sorgfältig die Entstehung seiner Hütte an irgendeinem weiten Fjord dokumentiert hatte. Jedes Mal, wenn eine neue Holzplanke ans Haus genagelt worden war, hatte er ein Foto gemacht, und er schilderte gern sehr detailliert die alte Kunst des norwegischen Häuserbaus. Angeblich war er Fischer und zog zuhause »verdammt fette Garnelen« aus dem Meer. In Wahrheit war er natürlich kein Fischer, sondern Steward bei einer Fluggesellschaft. Er war eigentlich auch kein Norweger, denn die wahren Norweger konnten ihn nicht verstehen, wenn er etwas sagte. Er kam nicht direkt aus Norwegen, sondern von der arktischen Insel Spitzbergen. Frank erzählte einem ständig irgendwas und langweilte einen damit zu Tode, während er Dilys, der Lesbe, anzügliche Blicke zuwarf. Er ignorierte die glamouröse Noot einfach, die gern ihre Höschen in Sekundenschnelle fallen ließ. Keiner brachte es übers Herz, Frank davon in Kenntnis zu setzen, dass Dilys lesbisch war und er somit nie eine Chance bei ihr haben würde. Eines Tages sagte ich es ihm.

»Nein, das stimmt nicht«, sagte er. »Ich weiß es. Sie steht auf mich.«

Ich war anderer Meinung.

»Na gut, dann tut sie nur so, als wäre sie lesbisch – um mich eifersüchtig zu machen.«

Tatsächlich lag der faszinierende Frank – abgesehen von dem Teil, dass Dilys auf ihn stand – gar nicht so falsch. Dilys erholte sich gerade von einer gescheiterten Ehe, und nachdem sie sich intensiv mit Literatur von Hardcore-Feministinnen auseinandergesetzt hatte, hatte sie sich dazu entschlossen, lesbisch zu werden.

»Was diese Schlampe braucht, ist eine ordentliche Fleischpeitsche in ihrer Möse«, lautete das Urteil vom fluchenden Douglas.

Für Dilys war es frustrierend, dass Noot ihre Beziehung nicht ernst nahm – dass sie sich nicht wie eine Lesbe verhielt. Und welche Zärtlichkeiten sie auch immer austauschten, Noot machte es wie jede gute Thainutte nur wegen des Geldes. Das Ganze war bloß eine Vortäuschung, die auf einer Vortäuschung aufbaute. Das ist Thailand! Da Pat irgendwann enttäuscht von der Reaktion auf ihre Cuisine (sprich: es gab keine Reaktion) war, bot sie keinen Plat du jour mehr an und fing an, Fleischpasteten herzustellen. Diese waren auf Anhieb ein so großer Erfolg, dass sie auch andere Bars damit belieferte. Schließlich gab sie das Gasthaus und auch das Restaurant ganz auf und verdiente ihren Lebensunterhalt mit Fleischpasteten.

Einige Zeit später, als ich mal wieder in Henrys Bar saß, kam der faszinierende Frank reingetrudelt, ich hatte ihn monatelang nicht gesehen. Ich saß an derselben Stelle am runden Tisch der Verdammnis, an der ich auch bei seinem letzten Besuch gesessen hatte. Damals hatte Frank uns mit seiner Erklärung unterhalten, warum norwegische Streichhölzer viel besser als schwedische seien.

»Hast du die Bar gar nicht verlassen, seitdem ich das letzte Mal hier war?«, fragte er.

»Ja, Frank. Ich hätte diese geistreiche Frage nicht besser formulieren können.«

»Findest du nicht, dass das Gehirn nach einer langen Zeit in Thailand träge wird?«

»Ja, Frank, eindeutig.«

Ich hatte damals schon seit Monaten mehr oder weniger unbekümmert die Dienste von Ladys mit Playmate-Klasse in Anspruch genommen. Ich hörte immer öfter, wie die Ladys in der Soi Bangla mir »Darling!« hinterherriefen, was mir unangenehm war. War es diese hier, die ich gehabt hatte? Oder war es eine, die nur wollte, dass ich sie nahm? Oder war es die Freundin von einer, die ich schon gehabt hatte? Eines Abends nahm ich aus Langeweile ein Mädchen mit ins Hotel, eigentlich eher aus Pflichtgefühl als aus irgendeinem anderen Grund – schließlich war ich hier, um »Spaß« zu haben, oder etwa nicht? Sie war eine junge Lady, die gerade erst mit dem Bus aus dem Heimatdorf angekommen war, und sie bot mir die komplette schüchterne Schulmädchen-Nummer – sie verschloss die Badezimmertür, wenn sie allein duschte, und knipste das Licht aus, bevor sie sich auszog. Sie wickelte sich erst in ein Handtuch, dann kam sie zu mir ins Bett. Ich nahm ihr das Handtuch wieder ab, aber sie fing an zu meckern und wickelte sich wieder darin ein. Dieses Spielchen ging noch eine Weile so weiter, und irgendwann hatte ich keine Lust mehr. »Ist sie ein Barmädchen oder nicht?«, dachte ich gereizt. Was glaubte sie, warum sie hier war? Ich gab ihr ein wenig Geld und sagte ihr freundlich, dass ich nicht in Stimmung sei. Sie verließ mein Zimmer, schüchtern und gleichgültig. Viele Farangs haben diese Erfahrung gemacht und sich (und das Mädchen) gefragt, was so ein schüchternes Mädchen in einer Bar zu suchen hat. Die armen Dinger, sie werden von der Not dazu gezwungen und meistens von ihren Eltern in diesen Strudel geworfen.

Es war drei Uhr morgens. Ich war niedergeschlagen, weil dies mein erstes unbefriedigendes Erlebnis gewesen war. Ich wanderte durch die Seitenstraßen der Soi Bangla. Die Discos lärmten im Herzen der Finsternis vor sich hin, und die bisher noch nicht gevögelten Bardamen klapperten einen Laden nach dem anderen ab. Die Garküchen dampften, die Mädchen kicherten, und die Bierbäuche tanzten den Boogaloo mit einem Heineken in der Hand. Jeder hatte anscheinend viel Spaß, nur ich nicht. Sollte ich mich nochmals auf die Soi Albtraum begeben und nochmals mein Glück versuchen? Nein! Ich wollte keinen Spaß! Spaß ist scheiße! Ich wünschte, ich wüsste, wo diese verdammte Porn steckte. Plötzlich hörte ich jemanden meinen Namen rufen. Es war Porn, sie saß mit einem Teller Nudeln in einer Ecke und schimmerte wie ein heller Stern in der Nacht. Ich nahm sie am Arm und zog sie ohne Worte zu meinem Hotel. Rolf, der gerade in seiner Open-Air-Bar seinen x-ten Schlummertrunk zu sich nahm und schon total neben sich stand, nickte mir mit wehmütigem Neid zu. Porn fragte mich, warum ich lachte. Ich sagte nur: »Gott sei Dank!«

AU REVOIR, PORN

Ich schlief in den nächsten Nächten ausschließlich mit Porn. Tagsüber zog sie immer allein los, um zweifellos noch andere Kunden zu bedienen; sie stand nicht darauf, im Arm eines Farangs durch die Gegend zu laufen, so wie manche Bardamen es taten. Mir war es egal, solange ich meine rauen Farang-Finger über diesen herrlichen Hintern streifen lassen konnte, während sie im Mondlicht neben mir schlief und mich im Würgegriff festhielt. Sie tat einfach alles für mich; als ich ihr vorschlug, sich unten herum zu rasieren, damit ihre Verehrer nicht ständig Haare im Mund hatten, ging sie ins Badezimmer und kam völlig glattrasiert wieder raus. Am nächsten Abend kam sie zu mir und trug sogar einen Tanga mit offenem Schritt sowie Netzstrumpfhosen. Thailand, Heimat der schüchternen Bescheidenheit! Meine Anbetung kannte keine Grenzen. Ich wusste, dass ich sie mittlerweile gut kannte; ich wusste Bescheid über ihre kleinen Marotten und Schwächen. Sie wusste anscheinend auch sehr gut über mich Bescheid …

Wie einige andere Thailadys verstand auch Porn mehr Englisch, als sie vorgab. Wenn eine unangenehme Frage gestellt wurde, lautete die rettende Antwort meistens: »Ich nicht verstehen!« Natürlich erschien einem dieses zuerst – wie alles andere bei den Thailadys – entzückend und neckisch. Wie herzlich man doch über diese Missverständnisse lachen kann! Als sie sagte, dass ich nett sei, nicht so wie Ski, war ich zuerst verdutzt und dachte, sie meinte, dass irgend so ein Farang-Schwein auf ihr Wasserski gefahren sei oder so was. Irgendwann kamen wir wieder auf Ski zu sprechen, nur dieses Mal blickte sie sehr düster drein, als ich nachhakte, und sagte kopfschüttelnd: »Ich nicht mehr sagen!« Es dämmerte mir, dass Ski eine Person war – ein Norweger oder Schweizer, irgendjemand aus schneereichen Gebieten. Offensichtlich war Ski in sexueller Hinsicht sehr unkonventionell gewesen. Ich kaufte Porn Halsketten, die traditionelle gefälschte Uhr (sie hatte natürlich bereits Hunderte davon) und lud sie in Restaurants ein. Sollte das etwa »Liebe« sein? Irgendwie machte ich mir selbst vor, dass sie – wenigstens ein kleines bisschen – in meiner Macht stand. Oder was noch köstlicher war, dass sie es genoss, mich in ihrer Macht zu haben. Ich träumte davon, dass Porn mir gehörte. Porn war großartig, und ich bin sicher, dass sie es immer noch ist. Aber sie hat mich mit ihren schiefen Zähnen und ihrer Schönheit schnell und schmerzlos wieder vom »Aber sie ist anders«-Denken und diesen typischen Leiden der romantischen Farang-Herzen geheilt. Sie musste zurück nach Bangkok und einer dubiosen Mission nachgehen, bei der es um Nudeln oder T-Shirts und zweifellos um einen ihrer Boyfriends ging. Ich ließ mir ihre Telefonnummer und Adresse geben.

Als ich zum ersten Mal den Rotlichtbezirk Patpong in Bangkok besuchte, entdeckte ich in unmittelbarer Nähe auf der Silom Road eine Filiale eines sehr bekannten britischen Kaufhauses, das man in Großbritannien in jeder Einkaufsstraße findet. Was machten die hier in Thailand? Als ich die *Bangkok Post* durchblätterte (ja, ich gehörte schon gleich zu den Ortskundigen!), stieß ich auf ein Interview mit Schlipsträgern aus Europa, deren Supermarktkette beschlossen hatte, dass die Zeit reif für eine Expansion in Asien war. Thailand sollte dabei im Mittelpunkt stehen. Aber es ging nur um Einzelhandel, keiner wollte irgendwas in Thailand herstellen. In Malaysia sieht man riesige Fabriken von Siemens, Bosch oder anderen. Sogar die thailändischen Zigaretten kommen aus Malaysia.

Zugegeben, die Thais geben viel Geld aus, und Thailand ist relativ stabil, was auch daran liegt, dass Milliarden von sexhungrigen Typen aus aller Welt herkommen, um ihr Geld hier zu lassen. Aber was ist mit Hongkong, Singapur oder Taiwan, die alle stinkreich sind? Oder Japan? Thailand soll der Mittelpunkt Asiens sein? Der Kern für den asiatischen Einzelhandel? Der Vorstandschef des Supermarkts war damals nach Thailand gereist und prognostizierte die Eröffnung von über hundert Geschäften innerhalb von zwei Jahren. Und bis dahin sollte die Kette bereits Profit machen! In Wirklichkeit war Thailand nicht das Zentrum ihrer asiatischen Aktivitäten, sondern ihre einzige asiatische Aktivität. Der Vorstandschef dachte offen darüber nach, »vielleicht« eine Filiale in Japan zu eröffnen. Ich sah mir sein strahlendes Gesicht an und dachte: Ich weiß schon, was du vorhast, Freundchen …

Diese ganzen pathetischen Schlipsträger, die in ihrem nasskalten Heimatland hocken und über Tabellen und Kalkulationen brüten, kommen irgendwann auf die absolut logische Schlussfolgerung, dass das marode alte Königreich des ewigen Lächelns der perfekte Ort ist, um Geschäfte zu machen! In Wirklichkeit denken sie alle nur an eine einzige Sache – knackige, dunkelhäutige Mädchen. Thailand ist genau der richtige Ort, um auf eine untersuchende Mission auf höchstem Niveau zu gehen. Ein paar Jahre später kündigte das Unternehmen ganz kleinlaut an, dass seine Filialen in Thailand größtenteils geschlossen werden sollten.

Als ich eines Abends in Henrys Bar saß und mir bis zum Morgengrauen ein paar Drinks genehmigte, unterhielt ich mich mit Gino, einem lässigen Australier aus Fremantle, der dann und wann eine Woche in Patong verbrachte, um ein wenig Golf zu spielen und Sex zu haben – also nichts Anstrengendes. Er erzählte mir von dem Aufruhr der aufgebrachten Männer in Fremantle, als die hungrige US-Navy in der Stadt war; die Ausschreitungen führten dazu, dass die US-Matrosen nicht an Land gehen durften. Gino und ich waren der Meinung, dass es in Thailand so viel besser war, wo die Typen ihre Freundinnen losschickten, damit sie mit wem auch immer schliefen und dafür Bares mit nach Hause brachten. Ich schwärmte immer noch davon, wie fantastisch die Thailadys waren und welch wundervollen Dinge man mit ihnen im Bett tun konnte.

»Ja, das stimmt«, sagte Gino, »aber willst du nicht manchmal auch einfach nur eine Pause machen und kurz für eine Zigarette vor die Tür gehen?«

Meine Stunde der Wahrheit.

»Du hast recht«, keuchte ich erschrocken. »Du hast absolut recht!«

Gino erzählte mir von der Zeit, als ihn ein Freund darum gebeten hatte, »auf die Gattin aufzupassen«, weil Ginos Freund einige Wochen auf Reisen gehen sollte. Seine Frau war eine knackige Thailady, absolut heiß und anscheinend willig, aber Gino hielt sich an den Sittenkodex unter Freunden und ließ sie unbefleckt. Als sein Freund zurückkehrte, gab es eine laute Auseinandersetzung, und beide wandten sich gegen Gino. »Was bist du denn für ein Freund? Zwei verdammte Wochen, und du hast es ihr nicht einmal besorgt?!« Es stellte sich heraus, dass sie eine Nutte aus den Pubs in Kalgoorlie war. Gino fühlte sich gekränkt, und ich war auch der Meinung, dass diese Art von australischer Freundschaft ein bisschen zu weit ging.

Ich ging wieder häufiger in die Box Bars, und in einer davon traf ich auf Wing. Zu der Zeit war ich ständig mit Jimmy unterwegs, einem US-Navy-Offizier von der *USS Winnebago* oder so ähnlich, dessen fünfzehn Dienstjahre in der Navy sich dem Ende zuneigten. Heute verdient er viel Geld, indem er Autos der Marke Ford an die Ford-Hungrigen in San Diego verkauft. Jimmy hatte schon zwei Ehen mit Philippinerinnen hinter sich, war schon in jeder Girly-Bar der Welt, hielt das Leben für eine einzige Party und war der Meinung, dass »wir« (die Amerikaner) alle vernichten sollten. Er stand auf die Nagel-und-Hammer-Spiele, auf Vier gewinnt und den Spaß in den Bars. An seiner Seite war eine süße Thailady namens Chew, und anstatt sie mit in sein Hotelzimmer zu nehmen, schleppte er sie von Bar zu Bar, um mit ihr zu feiern. Ich ließ mich auch von ihm mitschleppen, weil Jimmy es erfrischend fand, jemanden bei sich zu haben, der englisch sprechen konnte.

Chew war ein wirklich süßes Ding, und Jimmy beschrieb ihre sexuellen Abenteuer so bildhaft und detailliert, dass man es gar nicht unbedingt wissen wollte. Nach nur einer gemeinsamen Nacht war Chew für Jimmy bereits was »Besonderes«. Er flog zurück nach San Diego, um sich seine hohe Abfindung bei der Navy abzuholen, und irgendwann erhielt ich diese wirklich traurigen

Briefe von meinem durch und durch amerikanischen Kumpel. Er war einsam und sehnte sich so sehr nach seiner Süßen, seiner kleinen Chew, die er so sehr liebte. Er schickte mir Geld und bat mich darum, für sie ein Haus zu mieten und ihr genügend Geld zu geben, damit sie keusch bleiben konnte und sich nicht mit Sex ihren Lebensunterhalt verdienen musste. Jimmy schickte Fotos und eine Nachricht an Chew mit, die ich ihr übergeben sollte, damit sie immer an ihre einzig wahre Liebe dachte; Jimmy wollte sich in der Zwischenzeit um ein US-Visum für Chew kümmern, damit sie ihn heiraten konnte ...

Pflichtbewusst ging ich zu Chews Bar und gab ihr die Fotos und die Nachricht. Sie lächelte nur verlegen und konnte sich anhand der Fotografien entfernt an Jimmy erinnern. Ich schrieb Jimmy einige Male, und jeder Brief war weniger diplomatisch als der vorherige. Ich fragte ihn schließlich offen, ob er den totalen Knall oder zu viel mexikanisches Dope geraucht habe; ob er nicht merkte, dass er in Kalifornien und somit von unzähligen prallen *Baywatch*-Nixen umgeben war? Seine Chew war und blieb nun mal eine Bardame, die vor Jimmys Ankunft bereits die halbe US-Navy unterhalten hatte, und nachdem Jimmy abgereist war, hatte sie sich die andere Hälfte vorgenommen. Schließlich konnte ich ihn überzeugen, und er dankte mir für meine offenen, brutalen Worte. Er hatte eine Bar für Singles in San Diego entdeckt, in der er die sexuellen Vorteile von einigen anderen – amerikanisierten – Thailadys ausschöpfte.

»Ich komme jetzt damit klar; ich weiß, wie verschroben sie alle sind ...«

Aber das passierte alles erst später. Ich war jetzt etwa sechs Monate in Thailand und fing an, mit Wing als meiner Konkubine, meiner »kleinen Ehefrau«, zusammenzuwohnen. Als ich sie in der Bar zum ersten Mal sah, war sie gerade damit beschäftigt, einen Typen mit Goldketten um den Hals abzuwimmeln; Jimmy amüsierte sich mit dem Hammer-und-Nagel-Spiel. Ich beobachtete sie, machte dabei einen auf James Bond und wartete darauf,

dass sie den goldbehangenen Typen endlich loswurde. Und tatsächlich! Ich gratulierte mir selbst zu meinen fantastischen tele-
pathischen und verführerischen Künsten. Wing war älter als die
anderen Mädchen, und sie hatte nicht diesen typischen unbedach-
ten T-Shirt-Look, auf den 19-Jährige stehen. Sie war todschick
angezogen – europäisch elegant, also viel zu gut für diese verlot-
terte Box Bar ...

Sie war anders!

Ich nahm sie mit auf mein Hotelzimmer, und sie machte mit
mir, was einer Vergewaltigung nahekam. Danach legte sie sich
hin und schlief neben mir ein; sie schlief lange, fast bis in die
Mittagsstunden. Ich war verzaubert! Das war das echte Thailand!
Sie war nicht irgend so ein Häschen, das in Discos gehen und tanzen wollte, sondern unter der dicken Schicht Schminke ein solides
Mädchen vom Lande. Sie wollte nichts weiter als die ganze Zeit
essen und sich danach einem 24-stündigen Nickerchen widmen,
was mir wertvolle Zeit gab, um ein Buch zu lesen. Aber Wing war
äußerst befriedigend – sie stand auf alles, was ich auch mochte,
gerade weil ich es mochte!

»Wie du wollen! Du happy, Wing happy!« Es gibt Schlimmeres
als diese Worte aus dem Mund einer Frau zu hören. Wing blieb
also die nächsten Tage bei mir, bis ich für kurze Zeit zurück nach
London fliegen musste. Zur selben Zeit mietete ich mir in Patong
ein Apartment und flog nach Europa, mit den Schlüsseln zu meinem neuen Zuhause in der Tasche. Wing war definitiv eine Möglichkeit, was meinen Wunsch nach einer Konkubine betraf, aber
ich hatte auch Pläne bezüglich Porn ... ich war völlig verrückt vor
lauter Egoismus und hielt mich für den absoluten König: Ich hatte
zwei begierige Frauen zur Auswahl, meine Spielzeuge, mit denen
ich tun konnte, was ich wollte! Man möchte immer gern auf zwei
Hochzeiten tanzen, aber trotzdem – obwohl man sich in Patong
mit ganz viel Geld jede Nacht mit einer anderen Einsilbigen vergnügen kann – verspürt man immer noch den Drang, sich mit
nur einer einzigen zu binden; eine, die schnell lernt, wie man sein

Frühstück haben möchte. Macht! Natürlich gehört einem auch die ganze Stadt, wenn man zusätzlich noch gewisse »Extras« haben möchte ... ach, das männliche Ego.

Zum Glück stieß mich Porn freundlich und effizient wieder von meinem hohen Ross, als wir uns in Bangkok trafen, auf meinem Weg nach London. Wir machten alles, was sie wollte – ohne das feuchte, unbeholfene Knutschen, was mir ganz recht war. Thais küssen sich nicht, sie halten es für unhygienisch. Stattdessen riechen sie gegenseitig an ihren Haaren und sagen »hom«, was so viel wie »wohlriechend« bedeutet. Eine Thailady, die küsst, hat es sich von amerikanischen Filmen abgeguckt, um die Neandertaler unter ihren Kunden zu erfreuen – oder sie haben es von ebendiesen Neandertalern gelernt.

Mit zitternder Stimme lud ich sie ein, mit mir in mein neues Apartment zu ziehen und sagte ihr, dass ich mich auch um ihre kleine Tochter und so weiter kümmern würde ... ich zeigte mich von meiner nobelsten Seite.

»Nein! Ha ha! – Ich würden mich langweilen zu Tode!«, sagte Porn.

Als sie schlafend neben mir lag, war ich ihr verdammt dankbar. Hatte ich mich wirklich so zum Affen gemacht und ihr diese typischen Farang-Sachen gesagt? Hatte ich wirklich von Liebe und diesem ganzen Zeug gesprochen? Ja, das hatte ich wohl. Und Porn, gesegnet sei ihr ehrliches kleines Herz und ihr seidiger, wackelnder Arsch, hatte nicht das gemacht, was ein Mädchen aus Patong normalerweise getan hätte: mit dir zusammenziehen, dein Konto melken, danach wieder ausziehen. Aber Porn hatte Klasse, sie war ein Mädchen aus Bangkok. Etwas später, nachdem ich aus London wieder zurückgekehrt war, zog Wing bei mir ein. Besser gesagt, sie zog mehr oder weniger nicht wieder aus. Es gab keine Liebeserklärungen mit zitternder Stimme, nichts Inniges – nur Frühstück, Klamotten waschen, ein wenig sexuelle Gymnastik und viel Schlaf. Ein ewiger Sommer, und das Leben war mühelos. Außerdem hatte Wing auch einen fantastischen Hintern.

Als ich in London war, erklärte ich meinen Bekannten, dass ich nach Thailand umziehen wollte. London war voller wunderschöner, aber sonderbar schwerfälliger Frauen. Ich hatte das Gefühl, dass sie niemals lächelten.

»Warum zum Teufel willst du da leben?«, fragte der Besitzer meiner Stammkneipe.

»Warum zum Teufel willst du hier leben?«, fragte ich zurück.

Jeder, der in seiner Heimat bleibt, sagt immer dasselbe: die enorme Fassungslosigkeit und das Unverständnis der Familie und Freunde, die man einfach so verlassen würde, um sich dort niederzulassen, wo es warm, günstig und sexy ist. Wie verantwortungslos! Ich könnte mir vorstellen, dass sich Kolumbus dasselbe anhören musste, als er sich auf den falschen Weg nach Indien aufmachte. Aber wenn man mal nicht so engstirnig denkt, ist es einfach, sich von den familiären Zwängen und all diesem Krimskrams zu befreien. Man muss es einfach nur tun. Ich nahm mir gar nicht erst die Zeit, um darüber nachdenken zu können – fünf Tage später war ich wieder zurück in Patong. Endlich wieder zu Hause!

WING

Ich fand Wing in der Box Bar, und sie wartete sogar schon auf mich! Ich hatte einen Jetlag, aber dennoch funkelnde Augen.

»Ich haben Glück«, sagte sie und fügte hinzu, dass sie sich kurz zuvor an diesem Nachmittag von einem Australier verabschiedet hatte, der ihr wie üblich ewige Liebe geschworen hatte. Sie zeigte mir ein Foto des Typen.

»Er haben Firma, viel Geld«, sagte sie fröhlich.

Charmant unschuldig, wie sie ihrem neuen Bauernburschen ein Foto von dem gerade abgereisten Bauernburschen zeigte.

»Australien sein wie Amerika?«, fragte Wing.

»Nein«, antwortete ich, »nicht wie Amerika – lange Reise übers Meer.« Sie runzelte die Stirn, deshalb versuchte ich es mit Zeichensprache, was so viel bedeutete wie: »Ja, es ist fast wie Amerika.«

Ich war jedenfalls nicht mehr der leidenschaftliche Farang, ich war Joe Cool. Wing konnte sich einfach jemanden aussuchen – hey, also konnte ich es auch. Deshalb kam sie mit in mein neues Apartment und fing sofort mit gründlicher Hausarbeit an; sie packte meine Sachen aus, machte sauber, und ich hatte sofort das Gefühl, dass sie schon bei mir wohnte. Vor allem, als wir von einer Einkaufstour zurückkamen und Dinge gekauft hatten, die in meinem Haushalt nicht fehlen durften, wie etwa Nagellack, Shampoo und Hautaufheller. Sie blieb bei mir, so glaube ich, weil es keinem von uns beiden in den Sinn kam, dass sie etwas anderes tun sollte.

Wing äußerte sich nicht dazu, dass ich erst um sieben Uhr morgens nach Hause kam, deshalb hielt ich es auch nicht angebracht, sie auf ihre Rückkehr zur selben Zeit anzusprechen. Sie beschwerte sich jedenfalls nie über zu wenig Geld …

Es war tatsächlich eher amüsant, mit einer berufstätigen Frau zusammenzuleben, die mir die Peinlichkeit ersparen wollte, irgendein Trottel zu sein, der sie mit Geld zuwarf. Stattdessen ging sie selber los und verdiente sich ihren Lebensunterhalt. Was war ich doch für ein glücklicher Kerl … das war ich tatsächlich. Für

Wing war es nur Arbeit. Sie hätte mich jederzeit für einen reichen deutschen Günther verlassen können, aber sie tat es nicht. Nach einer Weile erkannte sie mein makabres, nicht unbedingt seriös gemeintes Interesse an ihren verschiedenen Kunden, und hin und wieder rückte sie mit einem Detail heraus: »Ich haben deutschen Mann, ich haben belgischen Mann.« Mir widmete sie sich nur ein paar Sekunden, und ich musste mich damit zufrieden geben, dass jemand sie zuvor schon gevögelt hatte. Ich kam mir vor wie ein Zuhälter, weil ich auch von ihren unmoralischen Verdiensten lebte. Ich legte diese bestimmte Arroganz eines Besitzers an den Tag, als ich Wing »zur Arbeit« schickte.

Ihr gefiel der Glamour und der Krach der Box Bar, außerdem stand sie auf diese dämlichen Spiele und tratschte gern mit ihren Freundinnen. Vielleicht hatte sie auch Glück (nach pflichtbewussten Gebeten zu Buddha) und verdiente sich den einen oder anderen Farang-Geldschein. Wing musste zwei Töchter versorgen, die in Nong Kai wohnten, an der Grenze zu Laos. Wing sprach auch laotisch, wie fast alle Leute in Nong Kai, und das war ihr sehr peinlich; die Sprache war ein entfernter Dialekt des Thailändischen, und es hörte sich für Thai-Ohren ungewohnt und plump an. Dadurch, dass Wing Spaß an ihrer Arbeit hatte, bekam ich die gleichermaßen arrogante Bestätigung, dass sie bei mir blieb, weil sie es wollte, nicht weil ich ihr Geldbaum war. Sie erzählte keine Geschichten über haarsträubende fernöstliche Orgien, keine ausschweifenden Exzesse mit irgendwelchen Pornostar-Hengsten. Die Qualen der Eifersucht brauchte ich nicht kennenzulernen.

Wing bestand darauf, dass ich entscheiden konnte, ob ich eine Mia noi, eine »kleine Ehefrau«, an meiner Seite haben wollte; viele Männer hatten eine Mia noi, und viele Thaifrauen nahmen an, dass auch ich eine hatte. Immer wenn Wing neckisch fragte, wo ich mich bis sieben Uhr morgens herumgetrieben hatte, reichte ein gemurmeltes »Henrys Bar«, um sie zufrieden zu stellen. Thais sind sehr neugierig, und anstatt »Hallo« zu sagen, fragen sie zuerst: »Wohin du gehen?« Und natürlich erwarten sie, dass man antwortet. Deshalb sagt man »Supermarkt« oder so was. Die Thailadys in den Bars fragen einen Farang über seine »kleine Ehefrau« aus, weil sie wissen wollen, wie viel Geld er für sie ausgegeben hat. Wenn man so dämlich ist und zugibt, dass man noch eine andere Frau bezahlt hat, wird jene Thailady einen Bonus verlangen.

Die Monate vergingen, und Wing und ich kamen gut miteinander aus. Sie nahm ein paar Mal eine Auszeit, etwa eine Woche lang, und erzählte mir irgendeine unglaubliche Geschichte, dass sie ihre Familie besuchen musste oder so was. Ich beschwerte mich nicht bei ihr, und sie kam pünktlich wieder zurück. Ich sagte dann immer zu ihr, dass ich sie so sehr vermisst hätte, dass ich von meiner gewaltigen Potenz gezwungen wurde, »schnelle Nummer mit anderer Lady« zu haben oder mir sogar in der Zeit ihrer Abwesenheit eine andere kleine Ehefrau zuzulegen. Das war für sie okay, solange ich »nicht haben gebrochen Herz« ... und »benutzen Kondom«.

Ein dummer Farang jammert, wenn seine Thaifreundin ihn belügt. Was soll der Verdruss? Sie wird sowieso tun und lassen, was sie will, egal was man sagt oder wie viel man ihr gibt. In Wirklichkeit macht sie einem noch ein Kompliment, indem sie lügt und man somit sein Gesicht wahrt. Man könnte das Kompliment genauso gut erwidern. Im Gegensatz zu unserer Kultur ist es ungeheuchelte Heuchelei. Wing erzählte mir nüchtern, wie sie zu einer Nutte wurde, und ich stellte fest, dass diese Geschichte stimmte. Ihr Mann war an Krebs gestorben, und sie hatte ihn bis zu seinem Tod gepflegt, wobei ihr Geld für die Medikamente draufging. Als ihr Mann starb, war sie absolut pleite, deshalb musste sie den Weg der Prostitution wählen. Zuerst war sie sehr schüchtern, konnte sich aber immer mehr daran gewöhnen. Ich schämte mich ziemlich, als ich ihre Geschichte hörte.

Nach einer Weile hatten wir uns darauf verständigt, dass Wing sich keine Geschichten mehr ausdenken musste, wenn sie ein paar Tage am Stück wegblieb. Ich zog es sogar vor, wenn sie mir sagte, dass sie irgendeinen Günther »kennengelernt« hatte. Ihr gefiel es, harmlosen Typen ihren Urlaub zu versüßen; sie nahmen Wing mit auf die malerische Ko Samui oder Ko Phi Phi, die James-Bond-Insel. Wenn sie mit einem Typen ein paar Tage verbrachte, log sie ihn an, dass sie zwischendurch ein paar Freundinnen besuchen müsse.

In Wirklichkeit kam sie zu mir, kochte mir mein Essen, brachte das Apartment auf Vordermann und überprüfte (wie ich annahm), ob ich eine andere Frau bei mir wohnen hatte. Sie kaufte mein Essen, meine Getränke, die Tageszeitung – ich musste nicht mal das Haus verlassen. Sie kam auch zum Ficken. Farangs vermuten immer, dass ihre Thailady heimlich irgendwo einen Thai-Boyfriend durchfüttert. Ich erkannte mit Schrecken, dass ich selbst zu einem Thai-Boyfriend geworden war.

Ich besorgte mir irgendwann, als Wing zwei Wochen am Stück unterwegs war, eine andere Mia noi, eine Freiberuflerin namens Suk. Ich hatte sie auf der Straße kennengelernt (keine Bargebühren!), und sie zog bei mir ein. Pünktlich am Tag bevor Wing zurückkehrte, verließ Suk wieder mein Apartment; sie wollte meiner eigentlichen kleinen Ehefrau nicht über den Weg laufen, weil es sonst wohl einen kleinen Boxkampf gegeben hätte.

Suk war großartig, eine heiße 27-jährige Braut, die nymphomanisch veranlagt und generell ziemlich verrückt war. Ihren Namen Pornsuk hatte sie nicht auf die erste Silbe »Porn« gekürzt, sondern auf die zweite »Suk«, was ich recht gewitzt fand. Sie war groß und sehr schlank, und sie hatte einen prallen Arsch, eine schmale Taille und harte, spitze Brüste. Suk wohnte in irgendeinem kleinen Apartment, was sie ein Vermögen kostete, deshalb, so erklärte sie mir, sei sie immer abgebrannt. Suk ging »zur Arbeit«, wenn sie in der richtigen Stimmung war und hatte nicht die geringste Ahnung, wie viel sie im Monat verdiente, geschweige denn was sie mit ihrem Leben anfangen sollte. Sie trank alkoholische Getränke, wenn sie welche angeboten bekam, aber sie nahm keine Drogen. Sie stand auf den japanischen Pornokanal, aber beschwerte sich, dass die schmutzigen Szenen vom thailändischen Fernsehen zensiert wurden (»Bullshit!«). Sie machte mir auch fröhlich deutlich, dass sie gern »alle Löcher« beim Sex benutzte – »kein Bullshit!« ...

Suk besaß wie üblich Säcke voller Briefe von italienischen, deutschen oder schwedischen Männern, die sie alle heiraten und mit ins frostige, aber glamouröse Europa nehmen wollten. Sie konnte sich nicht entscheiden: Meinten die Typen es ernst oder redeten sie nur Bullshit? Waren sie insgeheim nur Typen, die auf der Suche nach schnellem und günstigem Sex waren – eine Spezies, die sie auf seltsame Weise irgendwie anzog? Es war so verwirrend, eine »sexy Lady« zu sein ... Als ich Suk kennenlernte, schlug ich vor, gemeinsam durch einige Bars zu ziehen, und wollte zuerst in Gerrys Irish Pub gehen. Sie verzog schrecklich angeekelt das Gesicht und schrie: »Irish Bar! Nein!«, wobei sie nebenbei mit ihrer Hand eine Messerstecherei andeutete.

Ich erkannte, dass sie »Alice Bar« verstanden hatte, und wie ich bereits erwähnt hatte, stand Alice damals unter Hausarrest, weil sie angeblich ihren Lover dazu gebracht hatte, sich vierzig Mal ein Messer in den Bauch zu rammen. Im Scherz sagte ich, dass ich hoffte, dass Suk mich nicht auch in den Tod treiben würde.

»Nein, nein!«, versicherte sie mir todernst und tätschelte dabei meine Hand. »Ich nicht töten.«

Sie sagte es in einer Weise, als würde sie mir erklären, dass sie Weißwein lieber als Rotwein mochte: Es wäre ganz normal, mich umzubringen, aber sie hat sich einfach dazu entschlossen, es nicht zu tun. Suk hatte Köpfchen und konnte recht gut amerikanisches Englisch sprechen; sie hatte es von Matrosen gelernt, die sie in der Banana Disco aufgegabelt hatte. Als sie meine Wohnung betrat, ging sie zuerst direkt in die Küche und stellte alles um, sogar alles, was sich im Kühlschrank befand. Alles erhielt einen neuen Platz und wurde von A nach B geschoben.

Nachdem Suk festgestellt hatte, dass Wing aus dem Isaan stammte, ließ sie mich wissen, dass Frauen aus dem Isaan absolut schlampig bei der Hausarbeit seien und dass sie selbst aus Bangkok stammte. Im Schlafzimmer nahm sie den Kalender mit dem Porträt des Königs vom Kopfende des Bettes und stellte ihn ans Fußende. In Thailand ist es ein gravierendes Zeichen von Respektlosigkeit, seine Füße auf eine andere Person zu richten, besonders auf eine angesehene. Ich nahm an, dass es sogar noch respektloser war, ihn auf meinen Arsch blicken zu lassen, wie er sich beim Sex auf und ab bewegte.

Suk und ich verbrachten zwei angenehme Wochen miteinander, dann verließ sie mein Apartment und war ein wenig reicher. Ich traf mich mit ihr danach noch einige Male, unter anderem in ihrer Wohnung, die die Größe eines Schuhkartons hatte. Dennoch wollte ich nicht, dass sie den Status der kleinen Ehefrau wieder aufnahm – und sie wollte es auch nicht, da sie diese Dinge als Bullshit abtat. Als Wing zurückkehrte und mich verhörte, gab ich sogar zu, dass ich in ihrer Abwesenheit eine andere kleine Ehefrau hatte, da Suks Belagerung der Küche einfach offensichtlich war.

Wing sagte mir, dass sie dieses Mal nicht in Ko Samui oder so gewesen sei, sondern in Deutschland! Sie wollte Europa immer schon mal sehen und nahm das Angebot eines Günther, Michael, Heinz oder Joachim an, mit ihm zusammen ein paar Tage in den Dünen und Kiefernwäldern irgendwo in Schleswig-Holstein zu verbringen. Sie hatte Angst, dass ich vielleicht wütend deswegen sein würde, gesegnet sei ihr Herz, deshalb überzeugte ich sie vom Gegenteil mit ausgiebiger liebevoller Behandlung.

Danach zeigte sie mir ihre Urlaubsfotos, wodurch ich ein wenig Heimweh nach dem guten alten Europa bekam. Es gab ein ergreifendes Foto von Wing, dem tapferen Mädchen, wie sie ganz allein an einem weiten Sandstrand steht und auf die graue Ostsee hinausblickt. Man konnte fast die Dünen, den Strandhafer und die salzige Gischt riechen ... Es machte mich traurig, und ich wünschte, dass ich auch so viele Reichtümer wie ein deutscher Günther besäße, um Wing glücklich machen zu können. Man sieht die Thais gern an, riecht ihr wundervolles Essen, vergöttert die großartige Schönheit der Ladys, und trotzdem sind die Thais auf ihre eigene, seltsame Art glücklicher, als man es jemals sein wird. Es tut einem im Herzen weh, dass man nie einer von ihnen sein wird. Es ist einfach, hier in Thailand Heimweh zu bekommen, aber gleichzeitig ist dieses Land das einzige, das ich kenne, nach dem man Heimweh bekommt, obwohl man immer noch hier ist.

Wie gewohnt, kehrte Wing zur Mia noi-Prozedur zurück und flitzte in die Küche. Sie räumte wieder alles zurück von B nach A und entfernte jede Spur von Suk aus dem Apartment. Als ich erzählte, dass Suk aus Bangkok kam, machte mir Wing klar, dass alle Frauen aus Bangkok absolut liederliche Hausfrauen seien.

Weder Wing noch Suk zeigten auch nur das kleinste Interesse daran, welchen gymnastischen Übungen ich mich mit der jeweils anderen Frau gewidmet hatte. Es gab keine Fragen wie: »War sie schöner als ich?« oder »Wie knackig war ihr Arsch?« Eine Thailady akzeptiert, dass andere Frauen auch liebenswert sind, und sie kümmert es nicht. Sie sorgt sich einzig und allein nur um ihre eigene Schönheit, ihren eigenen Arsch. Es war für Wing absolut normal, dass ich während ihrer Abwesenheit einen Ersatz brauchte, der sich um mich kümmerte. Beide Ladys waren besorgt, dass ich nicht ausreichend gefüttert und versorgt wurde.

Allerdings ist diese fehlende Eifersucht bei Thaifrauen weit entfernt von der Normalität. Penisabtrennungen im Schlaf sind ein bekanntes Phänomen unter streunenden Thaimännern. Das passierte zum Beispiel einem unglücklichen Polizeichef in Bangkok, dem seine überaus liebevolle Gattin Schlafmittel in die Suppe rührte und sein bestes Stück abschnitt, während er schlief. Als er unter höllischen Schmerzen erwachte, fuhr er schnurstracks ins nächste Krankenhaus, wo man bestens über das Abtrennen und auch das Annähen Bescheid weiß (man frage nur die Ladyboys). Seine Kollegen von der Polizei quetschten unterdessen seine Gattin aus, wo sie das abgetrennte Stück Fleisch entsorgt habe, das die Ärzte offensichtlich brauchten. Die Frau verriet allerdings nichts und schaute immer wieder auf die Uhr. Nach genau drei Stunden fing sie fies an zu grinsen und rückte mit der Sprache raus. Sie verriet den Polizisten, in welchen Mülleimer sie das beste Stück ihres Mannes geworfen hatte, wo die Beamten es schließlich auch fanden. Aber zu diesem Zeitpunkt war es bereits zu spät. Die Ehefrau wusste, dass es nach drei Stunden unmöglich war, das abgeschnittene Teil wieder anzunähen.

Da ich gerade bei unangenehmen Vorfällen bin, sollte ich vielleicht noch ein anderes Szenario erwähnen, und zwar die jährliche Wasserschlacht zum thailändischen Neujahrsfest Songkran im April. Die Feierlichkeiten dauerten ursprünglich etwa zwei Tage und waren eine religiöse Zeremonie, womit die Menschen den großen Regen herbeirufen wollten. Sie kippten kleine Wassermengen aus Bechern über Familienmitglieder und Freunde, und alles lief sehr andächtig und nett ab. Ich durfte einmal in den Genuss von Songkran kommen, als Wing mich quer durch die Stadt schleppte und ich von ihren kichernden und »wai« rufenden Freundinnen gehörig nass gespritzt wurde. Es war ganz nett, wenn man es von der traditionellen Seite betrachtete. Allerdings war es der Tag vor dem offiziellen Beginn des Festes. Heutzutage ziehen sich die Feierlichkeiten über eine Woche hin (in Pattaya sind es sogar neun grausame Tage) und sind zu einer regelrechten Wasserschlacht verkommen. In den Straßen sieht man nur scheußlich tätowierte hellhäutige Menschen, und sie haben zwölf Stunden lang in einem Flugzeug gehockt, nur um irgendwelche Leute mit einem gehörigen Wasserstrahl aus ihren Pumpguns von den Fahrrädern zu schießen und jedem nur schlechte Laune zu machen.

Thai-Hooligans patrouillieren mit ihren Pick-ups durch die Straßen, und auf den Ladeflächen befinden sich riesige Wasserbehälter und Schläuche, mit denen sie die Unglückseligen nass spritzen. Es ist egal, ob sich darunter eine Mutter befindet, die ihr Baby ins Krankenhaus bringen will – beide bekommen die volle Ladung ab. Außerdem werfen die Hooligans auch Beutel mit weißem Puder auf ihre Opfer. Die ganze Sache ist beängstigend und läuft immer völlig aus dem Ruder. Jeder ist total besoffen, und in jener Woche kommen Jahr für Jahr um die tausend Menschen zu Tode durch Verkehrsunfälle oder auch Messerstechereien. Vor ein paar Jahren stand ein Polizist einem Hooligan gegenüber, der eine gigantische Wasserpistole in den Händen hielt. Der Polizist trug sein Baby auf dem Arm und forderte den Hooligan auf, zurückzuweichen. Dieser schoss eine Ladung Wasser auf den Polizisten ab, worauf der Polizist ihn erschoss. Das nachfolgende Urteil: berechtigte Notwehr.

Wing und ich sahen mal, wie ein junger Mann in schwarzem Anzug patschnass gespritzt wurde – »Mai pen rai! Sanuk!« –, der daraufhin auf die Schützen einprügelte. Wing stand natürlich auf der Seite der Hooligans. Songkran bringt einen dazu, die Thais zu hassen – und die hellhäutigen Leute noch mehr. In diesen Tagen bekommt man das Gefühl, dass Thailand völlig unkultiviert ist. Aber wenn man wieder in seine Heimat zurückkehrt und dort den Horror des täglichen westlichen Lebens sieht, denkt man: Wir müssen gerade reden! Reality-Fernsehshows, Schulden, Fettleibigkeit, Gammelfleisch, blindwütige Morde, durchgeknallte Typen auf den Straßen und Trash-Talkshows überall.

Haben wir Materialismus, Gier, Hass und Dummheit nach Thailand gebracht? Nein, das wohl nicht. Boshaftigkeit und Dummheit sind nicht nur den weißen Menschen vorbehalten. »Songkran ist ein Riesenspaß!«, kreischen die hellhäutigen Schwachköpfe. Ja, genau.

GELD

In der westlichen Welt wird Geld mysteriöserweise mit Arbeit, Wirtschaftlichkeit oder Geschäftssinn gleichgesetzt. Wenn man 18 Stunden am Tag arbeitet, wird man mit höchster Wahrscheinlichkeit mehr Geld verdienen, als wenn man nur vier Stunden am Tag arbeitet. Wenn man sehr clever ist und mit viel Elan die Maus seines Computers klickt, kann man theoretisch Millionen auf den internationalen Geldmärkten scheffeln. In Thailand ist es anders: Man bekommt Geld, weil man ganz viel Glück gehabt hat.

Glücksspiel, sogar im Privaten, ist in Thailand verboten, einem Land, in dem Glücksspiel so was wie der Nationalsport ist. Entlang der gesamten Grenze zu Kambodscha, ein paar Kilometer landeinwärts auf kambodschanischem Boden, gibt es riesige Kasinos, die von Thais betrieben werden und zu denen viele Thais reisen, um ihr letztes Hemd zu verspielen. Da die meisten von ihnen keinen Pass besitzen, lassen die Kasinobesitzer hilfsbereit Löcher in den Grenzzaun schneiden, damit sich die unglücklichen Spielsüchtigen unbehelligt nach Thailand zurückschleichen können.

Der Farang ist, was das Glück betrifft, von Geburt an im Vorteil, weil helle Haut bereits ein Beweis für Geld, Glück oder ein tugendhaftes Wesen in einem früheren Leben ist. Daher kommt es auch, dass Thais total verrückt nach den tödlichen Hautaufhellern sind, die das Gesicht nach mehrmaliger Anwendung aussehen lassen, als hätte man es in einen Eimer Dispersionsfarbe getaucht. Das Fernsehen bombardiert die Zuschauer mit Schauspielern, die so hellhäutig wie nur möglich sind, und Kinder aus Thai-Farang-Verbindungen werden hoch geschätzt. Viele Thailadys heiraten Farangs nur deswegen, weil sie Designerbabys haben wollen und deswegen angesehener sind.

Es macht in der westlichen Welt keinen Sinn, Besitztümer zur Schau zu stellen, bei all der Einfältigkeit der unzähligen Markennamen; es wird angenommen, dass man sie einfach besitzt, egal ob in der Öffentlichkeit gezeigt oder nicht. Den Thailadys sind Markennamen ziemlich egal, weil die Produkte jener Marken in Thailand wahrscheinlich sowieso alle gefälscht sind; das Einzige, was ein Thai wirklich tragen möchte, ist eine echte goldene Rolex-Uhr.

Eine Thailady ist meistens unbeeindruckt von deinen Leistungen, deiner Kompetenz, dem dicken Auto oder dem hässlichen Motorrad; diese Dinge sind selbstverständlich. Es ist egal, ob ein Farang ein Dutzend Firmen besitzt, ein Dutzend verschiedene Sprachen spricht oder ein Professor in Oxford ist. Sogar ein Busfahrer ist für die Thailadys, gemessen an ihren Standards, unvorstellbar reich, so wie jeder, der sich eine Flugreise leisten kann. Die Ladys nehmen ganz einfach an, dass man viel Geld hat, und egal ob es sich nun um eine Million oder eine Milliarde handelt, für sie ist es immer noch wie ein Science-Fiction-Roman. Hauptsache ist, dass man das Geld für sie ausgibt. Der Sichtwert ist wichtig, nicht der »Hintergrund«. Blasse Haut und ein dickes Portemonnaie sind das, was ein Farang haben muss. Eine Thailady findet zuerst heraus, ob er ein »gutes Herz« hat oder nicht und ob er nicht zu abstoßend ist, was das Ban-sing betrifft. Wenn er sie zum Lachen bringen kann, nicht zu betrunken ist, sein Portemonnaie öfters zückt und sie nicht allzu schlecht behandelt, ist sie zufrieden. Es ist schön, aufgrund des ersten Eindrucks gemocht zu werden, und nicht für den Status. In diesem Moment gibt es keine Seele, kein »Ich« – man ist, was man besitzt oder tut und wie man aussieht.

Während meiner zweijährigen »wilden Ehe« mit Wing kam mal eine australische Freundin, die ich auf der FKK-freundlichen griechischen Insel Naxos kennengelernt hatte, zu Besuch. Sie war temperamentvoll, um die vierzig Jahre alt, hatte graue Haare und lief gerne nackt durch die Wohnung. Das war an sich schon faszinierend, aber es verschlug sogar den anständigsten Thailadys die Sprache, weil meine australische Freundin ihre Haare nicht schwarz färbte.

»Ich bin, wie ich bin«, erklärte sie, »und man muss mich nehmen, wie ich bin.«

Das verstand aber niemand. Wie konnte jemand existieren, ohne Kleidung und Juwelen? Die Thailadys verstanden auch nicht, dass ich mich so ungeniert in der Gegenwart meiner australischen Freundin aufhalten konnte, ohne jegliches Zeichen von Erregung. Wings Freundinnen aus der Bar saßen dann immer mit Stielaugen auf dem Boden, kauten bedächtig auf Fisch, Blättern, rohen Zwiebeln, Mangos und anderen gesunden Dingen, die mit Chili eingelegt waren, und sie starrten die ganze Zeit jenen europäisch aussehenden Körper an. Meine australische Freundin, die durch ihre Arbeit als Callgirl an der Goldküste von Queensland reich geworden war, führte nette Gespräche mit ihren »Kolleginnen«, und sie gab den verblüfften Thailadys einige Tipps, was den Kauf von Immobilien, Aktien und sonstigen Wertpapieren betraf. Der Freund der süßen kleinen Foon, von der ich später noch berichten werde, lungerte immer an der Tür herum, um sicherzugehen, dass Foon keinen Unsinn machte, aber er lehnte die Einladung stets ab, sich zu uns zu gesellen. Immer wenn er eine nackte Frau sah, so sagte man mir, bekam er automatisch einen Ständer, wodurch er sein Gesicht verlieren würde.

Nach einer Weile erkennt ein normaler Farang, dass er nur ein Penis mit einem Bündel Geldscheine ist, was in der Tat nicht viel anders ist, als »Ernährer der Familie« genannt zu werden. Thailadys sind diesbezüglich nicht heuchlerisch. Die umsichtigeren Farangs erkennen das, auch wenn sie vielleicht nur einer von vielen Fischen im Wasser sind – immerhin sind sie im Wasser. Dennoch erhalten die Mädchen jeden Tag Briefe aus Europa in gebrochenem Englisch, in denen ihnen ewige Liebe und Ergebenheit versprochen wird, in denen sich die Farangs an die gute Zeit (also ans Vögeln) erinnern, die ach so einmalig war, und in denen die Farangs fragen, wie Pim oder Om die Abwesenheit ihres Liebsten ertragen kann, der 10.000 Kilometer von ihr entfernt ist.

Die Ladys kommen zu mir und zeigen mir die Briefe, und ich soll ihnen das Unübersetzbare übersetzen, das gewöhnlich mit den Worten »Farang total verliebt in Pim, gebrochenes Herz, weil er nicht mehr bei ihr ist« zusammengefasst werden kann. Aus dem Briefumschlag fällt meistens ein großer Geldschein. Wenn der Absender erst mal anhand eines Fotoalbums identifiziert worden ist oder, wie es normalerweise läuft, nicht mehr zugeordnet werden kann (»Mann aus Schweden? Mann aus Deutschland?«), verschwindet der Geldschein in ihrer Tasche. Dann macht sie sich auf den Weg zur Wechselstube, und der Brief landet meist ungelesen im nächsten Mülleimer.

Ein Brief an den Farang könnte erklären, dass sie nicht mehr warten und Günther nicht heiraten kann, und dass sie nicht nach Bremen, Swansea, Adelaide oder Omaha ziehen wird, weil sie einen Boyfriend hat (Überraschung!). Aber sie wird den Geldschein nicht zurückschicken, sie wird sich nicht mal dafür bedanken – genauso wie man sich selbst nicht bei den Pik-Ass-Karten bedanken wird, die man beim Pokern auf der Hand hat. Der Geldschein gehört ihr, er ist Teil ihres unangreifbaren Erbes. Er steht ihr rechtmäßig zu.

Man weiß aber ganz genau, so sicher wie die Nacht dem Tag folgt, dass am nächsten Tag der Geldschein Geschichte sein wird, als hätte er nie existiert. Dabei ist es egal, ob es sich um 100 Dollar oder 500 Euro handelt: Eine Thailady kann Geld nicht lange bei sich behalten. Niemand weiß, wofür sie es ausgegeben hat, und sie selbst weiß es auch nicht. Sie leiht es ihren Freundinnen; sie verliert es beim Kartenspielen; sie kauft irgendetwas für sich oder für irgendjemanden; sie gibt es den Mönchen zum Tambun. Was sie ganz sicher nicht getan hat, ist, das Geld zur Bank zu bringen. Wenn man irgendeine Dame aus der Halbwelt befragt, wie viel sie in einem guten, durchschnittlichen oder schlechten Monat verdient, kann sie es einem nicht sagen. Das Einzige, was sie sagen kann, ist, dass sie momentan blank ist.

Ein Mädchen, das ich in Patong kennengelernt hatte, erhielt mal 5000 Dollar von einem liebestrunkenen Holländer. Sie sollte damit in ihr Heimatdorf zurückkehren und keusch bleiben, bis der Holländer nach Thailand zurückkehrte. Das Mädchen brauchte etwa sechs Tage, um das ganze Geld beim Kartenspielen zu verzocken – das war so was wie ein Durchhalterekord. Ein Ladyboy, der/die 1000 Dollar für ein Flugticket nach Frankfurt erhielt, um zu seiner/ihrer Liebsten zu fliegen, verspielte den ganzen Batzen an nur einem Abend. Ich lernte irgendwann mal spätabends ein Mädchen kennen (mit dem ich auch ein paar sehr angenehme Nächte verbrachte), und alles was sie hatte, war Geld für eine Fahrt im Taxi zur Banana Disco. Sie hatte ihre letzten hundert Baht dafür ausgegeben, eine Ente für die Mönche zu kaufen, für ganz viel Glück. Ich fragte sie, ob es nicht klüger gewesen wäre, das Geld zu behalten, bis sie von einem neuen Kunden wieder etwas Geld erhielt, damit sie wenigstens etwas zu essen kaufen konnte. Danach hätte sie sich bei den Mönchen auch immer noch erkenntlich zeigen können. Aber nein, es hat ja geklappt, weil zum Glück ein Farang vorbeigekommen ist! Man kann die Logik einer Thailady einfach nicht entschlüsseln, und es bleibt immer das seltsame Gefühl, dass sie dich auf dem falschen Fuß erwischt hat.

Es sollte sich herausstellen, dass dasselbe Mädchen sehr gern auf jede denkbare Art vögelte und außerdem eine gute Köchin war. Wir relaxten vor dem Fernseher und sahen uns irgendeine schwachsinnige Late-Night-Sendung auf dem japanischen Pornokanal an, bei dem mal wieder die schlimmen Sachen ausgeblendet worden waren (von vorne tabu, von hinten okay). Das ärgerte meine Thailady, da sie unbedingt sehen wollte, wie eine japanische Pussy aussah – sie hatte bereits Bekanntschaft mit dem japanischen männlichen Organ gemacht. In einer Sendung sahen wir eine Lady, die allein auf dem Bett saß und masturbierte.

Thailady: »Was sie machen?«

Ich: »Äh, sie macht es sich selbst, mit Hand.«

Thailady: »Warum?«

Ich: »Sie hat keinen Mann.«

Thailady: »Warum nicht?«

Ich: »Ähm … Japanlady nicht so wie Thailady.«

Hier war eine 20-jährige Schönheit, die erfahren im Umgang mit jeder erotischen Kunst war, aber trotzdem noch nie etwas von weiblicher Masturbation gehört hatte. Rückblickend stelle ich mir die Frage, woher sie es auch hätte hören sollen.

Und sie hatte kein Geld. Das ist das große Geheimnis der Thailadys: Sie sind ganz versessen aufs Geld, sie schnorren und betteln und jammern recht schamlos für die kleinste Summe, aber wenn sie Geld haben, haben sie in Wirklichkeit Angst davor. Geld lockt Diebe an, oder noch schlimmer: böse Geister. Es bedeutet Unheil. Man gibt es besser gleich sofort aus, weil es irgendwann in baldiger Zukunft wieder Geld geben wird.

Der Farang-Geldbaum wächst in zyklischer thailändischer Zeit, nicht in linearer westlicher. Hier in Thailand gibt es nur ewigen Sommer, unterbrochen von der Regenzeit. Hier gibt es immer Hitze, Obst auf den Bäumen, Fische im Meer und Reis in den Feldern, und der Geldbaum trägt immer Früchte. Man braucht keine Essiggurken einzulegen, warme Bekleidung oder gepökeltes Fleisch zu kaufen, um den Winter zu überstehen, weil es keinen Winter gibt. Man muss nicht vorausdenken, oder besser, man muss gar nicht denken. Wenn man den Schotter eines Farangs verballert hat, macht das nichts, denn am nächsten Tag kommt wieder ein Flugzeug in Thailand an, vollgeladen mit vielen jungen Geldbäumchen. Sie wollen sich alle in die Thailadys verlieben und sie mit nach Hause nehmen, nach Gelsenkirchen oder Göteborg – und die Ladys bekommen von den Farangs Geldscheine geschickt oder Gold, Autos und Häuser geschenkt ... wenn sie Glück haben.

Aber aus welchem Grund schicken die Männer ihnen Geldscheine? Glauben sie, dass sie sich damit eine Teilzeitliebe kaufen können? Oder geben sie sich einfach nur den masochistischen Nervenkitzel, sich zum (verliebten) Affen zu machen? Niemand weiß es. Aber es ist immerhin würdevoller, als sich mit einem gebrochenen Herzen vom Balkon zu stürzen. Eines frühen Morgens wachte Wing neben mir von einem Getöse draußen auf der Straße auf, dann folgte ein lautes Stimmengewirr, und Wing weckte mich auf, weil ich einen Blick aus dem Fenster werfen sollte. Ich war zu dieser Tageszeit nicht in Bestform und grunzte müde: »Komm wieder ins Bett, es ist bloß ein weiterer Schwede, der vom Dach gesprungen ist.« Aber ich lag falsch: Es war ein Schweizer.

Es ist sehr leicht, sich in eine thailändische Schönheit zu verlieben, aber es ist nicht immer heiter. Nachdem sich die Farangs der Liebe hingegeben haben und zusehen müssen, wie sich ihre Träume in Luft auflösen, begehen manche von ihnen Selbstmord. Die Thailady hat ihrem Lover versichert, dass sie auf ihn warten wird, während er sein ganzes westliches Leben über den Haufen wirft, und wenn er nach Thailand zurückkehrt, ist seine Lady entweder nicht aufzufinden oder hat einen neuen Farang im Arm. So sehen die ausländischen Männer keinen anderen Ausweg und springen vom Dach eines hohen Gebäudes oder gehen aus Verzweiflung an Alkohol oder Tabletten zugrunde. Sehr beliebt unter den Farangs ist auch, in betrunkenem Zustand sein Motorrad vor den nächsten Baum zu setzen ... nur um es allen zu zeigen. Es gibt so viele Selbstmorde; viele werden im Ausland gar nicht wahrgenommen, allerdings werden sie regelmäßig in der *Pattaya Mail* oder *Phuket Gazette* aufgelistet (»Nach einem heftigen Streit mit seiner Freundin war der in Geldnot geratene X stark alkoholisiert vom Balkon gestürzt«).

Sobald eine Thailady Gold, Autos und Häuser besitzt, gerät ihre Herkunft plötzlich in Vergessenheit: Ihr Reichtum ist einfach ein Teil ihres Glückes. Wenn man also einer dieser reichen Säcke ist und sich entschließt, seiner Thailady jeden Tag großzügig einen großen Geldschein zu schenken, verschwindet dieser in ihrer Tasche und gehört unwiderruflich ihr. Der Geldschein ist einfach ein Teil ihrer Ausstattung, wie ihr Hintern oder ihre Haare. Wenn sie ein Auto oder eine goldene Halskette oder sonst was geschenkt bekommt, verliert sie schnell das Interesse daran und will sofort etwas Neues, wie eine neue Frisur. Wenn sie Geld erhält, verprasst sie es und will mehr.

Die Thailady mit dem reichen Sack, der sie in dem teuren Luxus hält, hängt mit ihren Freundinnen rum und tratscht über Männer,

Gold, Klamotten und Geld (na, wem kommt das bekannt vor?).
Eine ihrer Freundinnen hat so und so viel für eine schnelle Nummer erhalten, eine andere hat so und so viel für eine ganze Nacht
bekommen ... die Lady des reichen Sackes denkt sich: Hey, das
könnte ich auch verdienen! Es kommt ihr nicht in den Sinn, dass
Herr Sack ihr jeden einzelnen Tag das Doppelte zahlt, und sie
braucht nichts dafür zu tun, außer sein treuer Besitz zu sein – wie
ein Koffer, in dem sich nur seine Klamotten befinden. Die Thailady ist kein Koffer, für niemanden, sie will ihre eigene Tratsch-
geschichte erzählen können. Deshalb schläft sie »diskret« mit irgendwelchen anderen Typen, Kummer und Leid entstehen, und
keiner ist schuld daran, beziehungsweise alle sind schuld daran.

Er: »Ich bezahle dich, damit du nur mir allein gehörst – weil
ich dich liebe!«

Sie: »Ich nur dir gehören, und ich nur lieben dich allein. Also
welche Rolle es spielen, wenn ich machen Ban-sing mit jüngeren,
wohlhabenderen, attraktiveren Typen? Ich nur machen wegen
Geld! Mir nichts ausmachen, wenn du machen Ban-sing mit anderen Frauen.«

Er: »Aber ich will nicht!« (Lügner!) »Warum willst du es? Warum muss Geld zwischen zwei Menschen stehen, die sich lieben?«

Sie: »Wenn du mich lieben, du mir geben mehr Geld, und ich
nicht mehr machen Ban-sing mit anderen.«

Sie weiß nicht, was diese Worte bedeuten, aber sie hofft, dass
sie Herrn Sack weiterhin glücklich machen. Aber das tun sie nur
selten. Er liegt einfach falsch, indem er versucht, das westliche
Konzept von Liebe, Treue und Besitzgier auf eine fremde Kultur zu übertragen, die so oft auf praktischer, opportunistischer
Wollust basiert. Ein Bekannter von mir, ein dunkelhäutiger See-
fahrer aus New Orleans mit einem wundervollen amerikanischen
Akzent, erzählte mir, dass er ein paar Tage lang mit einer süßen
Thailady verbracht hatte. Nun sollte sein Schiff wieder ablegen,
und er hatte ihr ein kleines Geschenk versprochen, das sie an ihn
erinnern sollte. »Ich wollen Auto!«, sagte sie prompt. Wenn man

ihnen erklären will, dass ein Auto oder ein Haus ein paar Millionen Baht kostet, könnte man mit ihr genauso gut über den Mond sprechen.

Herr Sack vergisst auch, dass es in der thailändischen Kultur absolut wichtig ist, sou-ai zu sein – schön zu sein (einem Farang wird sofort gesagt, wie attraktiv er ist, nur weil er sein Hemd in die Hose gesteckt hat). Jungfräulichkeit ist hingegen wertvoll für die Ehe, eine Wahrung des männlichen Gesichts, und eine Versicherung, dass es nicht bereits irgendwo Nachwuchs gibt, für den man aufkommen soll. Jungfräulichkeit ist sozusagen moralische Schönheit. Aber auf wundersame Weise ist es das für einen Farang nicht! Viele dieser Wracks, die ihr Barmädchen heiraten, sind sogar begeistert davon, dass ihre Braut es mit dem gesamten US Marine Corps getrieben hat. Aber das ist ein sexuelles Terrain, das am besten unerforscht bleibt.

Ein Partygirl aus Patong oder Pattaya, das desillusioniert und pleite in sein Heimatdorf zurückkehrt, jedoch mit den angesagtesten Tattoos übersät ist, wird keinen Ehemann finden. Tattoos sind die Insignien einer Prostituierten und sind zudem auch noch hässlich. Es hat für die Männer keinen Sinn, für abgewertete, Mai sou-ai-Waren zu bezahlen. Diese Kultur betrachtet Sex jedenfalls nicht als etwas Heiliges oder Verehrtes, weil sie sich so aufreizend neckisch darum bemühen, Sex anzubieten. In der westlichen, christlichen Kultur wurde die Vagina zum Objekt von Anbetung, Verlangen und sogar Terror, weil es für die Männer so schwer war, an eine Frau heranzukommen, jedenfalls an eine seriöse. Thais halten nichts von Heuchelei, was das Ban-sing betrifft. »Schwanz will Pussy, Pussy will Schwanz«, lauteten Wings weise Worte zu diesem Thema.

Ein Grund, warum die meisten thailändischen Barmädchen aus dem verarmten nordwestlichen Isaan stammen, ist, dass in den achtziger Jahren, als der Sextourismus wirklich boomte, sich die großen Banken im Land breitmachten und den am Existenzminimum lebenden Bauern Kredite für moderne Höfe gaben. Heute ist das verarmte Gebiet von Isaan immer noch gut für Landwirtschaft am Existenzminimum, aber absolut unbrauchbar für produzierende Landwirtschaft. Daher verloren die Bauern, die sich Geld geliehen, es für einen nutzlosen Traktor ausgegeben oder in vielen Fällen auch für Whiskey, Mädchen und Glücksspiele verprasst hatten, plötzlich ihren Hof, als die Banken ihr Geld einforderten. Die Bauern hatten nicht erkannt, dass sie das Geld nicht geschenkt bekommen hatten und dass sie es jeden Monat abstottern mussten. Dadurch ergab sich für die Bordelle in Patong und Pattaya ein konstanter Nachschub an armen Mädchen vom Lande.

War es für dich etwas Besonderes? ... Hat sich der Boden unter deinen Füßen gedreht? .... War ich der Beste? ... Niemand macht es besser ... In unserer Kultur muss Sex etwas bedeuten, auch wenn er nichts bedeutet – um einfach in irgendeine emotionale Kategorie zu passen. Gelegentlich Frauen aufzureißen und abzuschleppen gehört wohl auch in eine dieser Kategorien, um dieser Tätigkeit wenigstens eine kleine Bedeutung zu geben. In der westlichen Kultur »besitzt« ein Mann eine Frau, indem er in ihre heilige Rose eindringt, in ihr Wesen, in ihr Geheimnis. Im katholischen Brasilien, einem weiteren sexbesessenen Land, stehen die knackigen Girls von der Copacabana oft auf Analsex, da es für sie keine Sünde darstellt, kein Eindringen in ihr heiliges Gebiet. Aber eine Thailady besitzt man niemals. Ihr Körper gehört ihr, und wenn man gehörig in sie verknallt ist, gehört ihr auch bald dein Benz. Geld steht nur insofern zwischen zwei Liebenden, weil es sie wie Klebstoff für kurze Zeit zusammenhält.

CHEAP CHARLIE

Das netteste Kompliment, das man von einer Thailady bekommen kann, ist die Bezeichnung »Gutes Herz«. Das absolute Gegenteil davon lautet »Cheap Charlie«, ihre Bezeichnung für einen absoluten Geizhals. Die Ladys haben einen oft gerechtfertigten Verdacht, dass junge Männer, die sich für unwiderstehlich halten, Cheap Charlies sind, weil sie meinen, dass sie von den Ladys bezahlt werden müssten.

Dies findet sich nicht im Regelwerk einer Thailady, und ein Langweiler, der auch noch den typischen »Dafür habe ich noch nie bezahlen müssen«-Satz bringt und sie nur ausnutzen will, läuft mit seinem Verhalten Gefahr, Bekanntschaft mit dem falschen Ende einer zerschlagenen Flasche zu machen. Alte Männer (und das sind alle über dreißig) haben mehr Geld und sind sich dessen bewusst, dass weibliche Begleitung etwas kostet – entweder emotionales Durcheinander oder Geld –, und sie sind dankbar dafür, dass knackige junge Thailadys sich überhaupt dazu herablassen, sich mit ihnen abzugeben. Sie versuchen nicht so sehr, den Preis runterzuhandeln, und sie brauchen beim Abschlabbern, Stöhnen und Stoßen weniger Zeit, bevor sie ihren dürftigen Höhepunkt erreichen. Dadurch sind sie mit der Liebsten schneller fertig, und sie kann wieder losziehen und einen weiteren Freier machen oder schlafen gehen.

Ältere Männer nehmen eine Thailady nicht mit zum Windsurfen, Bungeespringen oder zum Strand; sie hasst es, in der Sonne zu sein, weil sie davon dunklere Haut bekommt, obwohl sie eigentlich gern blütenweiße Haut hätte. Ältere Männer mieten sich normalerweise auch nicht riesige, blöde Motorräder, um Eindruck bei ihr zu schinden. Sie prahlen zwar wie jeder andere Mann auch, aber sie tun es auf korrekte Weise, und zwar mit ihren Brieftaschen, nicht mit ihren Muskeln, ihrer Rücksichtslosigkeit oder dem ungeheuerlichen Ausmaß ihrer Genitalien. Eine Thailady hat nichts gegen Sex mit älteren Männern. Sex ist für sie vergleichbar mit Darmtätigkeit; es ist gesund und auch angenehm, und das Ausbleiben verursacht Besorgnis. Aber es ist nichts Weltbewegendes und darf auch nicht Stunden dauern. Eine Thailady liest keine Frauenzeitschriften, in denen zum wiederholten Male die neusten erogenen Zonen besprochen werden. Ihre Einstellung zum Beischlaf ist einfach: Sie will achtzig Kilo menschliches Fleisch über sich haben, mit dem sie vögeln kann und von dem sie vernünftig dafür entlohnt wird.

Briten, Skandinavier und Deutsche sind in Thailand recht beliebt, obwohl die Bernts häufig betrunken sind und die Günthers zu sehr auf das obligatorische Windsurfen, Bungeespringen und so weiter stehen. Italiener neigen dazu, Cheap Charlies zu sein (»Eine Cola und vier Strohhalme!«, lautete der Kommentar vom fluchenden Douglas), und Amerikaner feilschen gerne. Japanischen Männern wird mit Vorsicht begegnet, nicht weil sie Cheap Charlies sind, sondern weil sie etwas für ihr Geld haben und jede mögliche Position aus dem Lehrbuch ausprobieren wollen, oft lesen sie nebenbei noch in jenem besagten Buch. Japaner haben auch den Ruf, eher auf gröbere Behandlung zu stehen; Koitus mit ausgiebigem lauten Stöhnen und spitzen Schreien lässt sie glauben, dass sie riesige Geschlechtsorgane hätten. Die Japaner mischen sich nicht unter die Farangs, und sie laufen nicht mal auf der Straße. Sie kommen an, reisen und übernachten in gewaltigen Bussen, und sie fahren darin auch zum Einkaufen und huren darin herum. Wenn sie mal eine Straße überqueren müssen, um beispielsweise zum Strand zu gelangen, dann tun sie es auch, wobei alle dieselbe Schwimmbekleidung tragen und sich unter der Aufsicht eines Gruppenführers mit Trillerpfeife befinden. Sie haben auch ihre eigenen Clubs, in denen Europäer unerwünscht sind; dort können die Japaner ungestört ihren mysteriösen Gepflogenheiten nachgehen.

Japanisch-orientierte Thailadys tragen blonde Perücken, weil Japaner auf blonde Haare stehen, auf Scotch, Golf und Schulmädchen – westliche Symbole. In Tokio gibt es nicht nur spezielle Läden, in denen von Schulmädchen getragene Unterwäsche verkauft wird, sondern sogar Automaten – dort lassen die Teenager ihr Taschengeld, 50 Dollar pro Stück! Die Höschen einer Thai-lady bekommt man für den Preis eines Bieres, und den Rest von ihr für ein bisschen mehr. Viele Thailadys aus der Halbwelt reisen nach Japan und kehren sehr reich, aber auch sehr wund zurück.

Diese neureichen »Nippon-Girls« werden von ihren Schwestern neidisch betrachtet, bis die Girls ihren Reichtum entweder verspielt, versoffen oder verschenkt haben und wieder völlig blank auf der Straße sitzen; dann sind sie alle wieder Freundinnen.

Thaimänner neigen dazu, zwar schlank und androgyn zu sein, aber sie geben den Ladys kein Geld. Außerdem hat die Thailady bereits die Bekanntschaft mit genügend betrunkenen Thais gemacht, die sie verprügelt haben, während sogar der hässlichste Ausländer sie wie eine Prinzessin behandelt hat. Der Ex-Europäer, dessen Ehefrau entweder unter der Erde liegt oder ihn anderweitig verlassen hat, stellt fest, dass sein Körper plötzlich wieder gefragt ist und dass sich die Thailadys nicht schämen, mit ihm durch die Gegend zu laufen. Sie wollen ihn wegen seines Schwanzes, dem Symbol von Kraft, Glück und Reichtum. Die phallischen Türme der Buddhistentempel wurden nicht ohne Grund errichtet.

Die erotischen Bedürfnisse eines jungen Mannes lenken eine Thailady von ihrer Seifenoper im Fernsehen oder vom Schlafen ab. Mit einem alten Mann hat sie Sex nur der Form halber – beide Seiten sind hocherfreut, dass es überhaupt funktioniert –, und danach können sich beide ausruhen. Sie will aber nicht, dass er rumtrödelt, auch wenn sein Kondom einen noch so außergewöhnlichen Geschmack hat; sie will, dass er zustößt, sie fickt und generell halb energisch herumstochert, bis er leicht aufstöhnt und seine Ladung abgefeuert hat. Sie will nicht, dass es ewig dauert, genauso wenig wie sie will, dass ihre Schüssel Nudelsuppe ewig dauert. Manchmal engagieren die alten Männer die Service-Girls nur als Armschmuck, was für sie völlig okay ist. Aber beim kleinsten Hinweis einer Erektion besteht das Mädchen darauf, ihn bis zur Vollendung zu stimulieren, um sicherzugehen, dass ihr Kunde zufrieden ist und somit ein großzügiges Trinkgeld gibt.

Buddha ist für die Ladys ein Vorbild: fröhlich, dickbäuchig, blasse Haut und etwas über fünfzig. Thailadys stehen tatsächlich auf ältere Männer mit Bauch: Für sie hat Schlankheit etwas mit Erkrankung, wenn nicht sogar mit Armut zu tun. Pompui – was man grob als »Dickerchen« übersetzen kann – ist ein humorvolles Kompliment. Es bedeutet für die Thais, dass man sich viel Essen leisten kann. Manche Burschen glauben, dass, wenn sie drei Tage lang mit einer Thailady zusammen waren, ihr Charme wichtiger ist als ihr Geld. Man bekommt, wofür man bezahlt hat, und man bezahlt für das, was man bekommt. Ein junger, vom Testosteron angetriebener Mann stellt fest, dass die Thailady nicht an seinen Muskeln oder seinem Motorrad interessiert ist, sondern nur an seinem Schwanz, der vielleicht sogar größer ist als der vom alten Opa – allerdings verfügt der junge Mann meist nicht über dieselbe Bonität.

LADYBOYS

Eine der Attraktionen Thailands ist die große Anzahl an Transsexuellen, auch bekannt als Katoeys, Ladymänner oder Ladyboys. Ganze Gruppen von pompösen Darstellern in ungeheuerlich oder prachtvoll tuntigen Kostümen begeistern nicht selten Theatergänger in Europa, die offensichtlich genauso fasziniert von dem Transvestitenphänomen sind wie die Touristen hier in Thailand. Die thailändische Gesellschaft ist tolerant gegenüber den Transsexuellen, die in der westlichen Welt oft Vorurteile und Spott über sich ergehen lassen müssen. Viele thailändische Gameshows (das thailändische Fernsehen besteht eigentlich nur aus Gameshows, Seifenopern, schlechten Sketchen und Messerstechereien) haben eine Dragqueen als Moderator, was ein großer Spaß für die ganze Familie ist. Die Leute sind nett zu den Katoeys. Es ist illegal, Katoeys in Schulen, Universitäten oder am Arbeitsplatz zu diskriminieren. Allerdings ist ein Katoey keine Dragqueen im theatralischen Sinne, die sich in Frauenkleidern auf die Bühne stellt, um das Publikum zum Lachen zu bringen. Katoeys wollen mit ihrem Aussehen niemanden zum Lachen bringen, sie wollen verehrt werden und Geld verdienen. Sie glauben, dass sie fälschlicherweise in einem männlichen Körper zur Welt gekommen sind und bestehen darauf, richtige Ladys zu sein – auch wenn sie es nicht wirklich sind.

»Das sind keine Ladys, das sind scheiß Schwuchteln mit zwei Arschlöchern«, lautete das Urteil vom fluchenden Douglas.

Diejenigen, die genug Geld haben, lassen sich ihre männlichen Geschlechtsteile operativ entfernen, und ich habe mal einen Film mit solchen Operationen gesehen, bei dem sich selbst der Magen eines Schlachthausarbeiters umgedreht hätte. Der Arzt bearbeitet die wesentlichen Teile, presst, häutet und schneidet sie ab, wie ein Schlachter, der eine Kalbsleber in Würfel schneidet. Patong und Pattaya sind voll von Katoeys, und sie gehen fast alle auf den Strich; in Bangkok und auch in anderen Städten gibt es dennoch einige, die ein normales Leben führen und anständiger Arbeit nachgehen. Sie nehmen weibliche Hormone ein, damit sie einen

Busen bekommen und ihre Figur runder wird, und sie unternehmen einiges gegen ihre Körperbehaarung. Diejenigen, die sich keine Operation leisten können, nehmen Drogen, wodurch ihre Genitalien so sehr verkommen, dass davon noch kleine Stummel übrig sind; allerdings sind sie für den aufmerksamen Beobachter immer noch sichtbar, was schon häufig zu Handgreiflichkeiten zwischen einem Katoey und einem enttäuschten Matrosen geführt hat; es ist unmöglich zu sagen, ob die Enttäuschung von der Existenz des Körperteils herrührte oder von der unbefriedigenden Größe. Für die Katoeys sind allerdings manche männlichen Anzeichen einfach nicht veränderbar, wie zum Beispiel große Hände und Füße oder schmale Hüften. Aber dennoch sind manche der Ladyboys so kunstvoll zurechtgemacht, dass ahnungslose Lustmolche sich völlig täuschen lassen. Man sieht sie als Revuetänzer im Fernsehen, aber diese gehören zum oberen Ende des Marktes, nicht zu vergleichen mit den Katoeys von der Straße.

Sie duften nicht wie Frauen. Sie riechen kränklich, wie ein Zimmer im Krankenhaus, in dem zu viele Blumen stehen. Die Volksweisheit bezüglich Katoeys lautet: »Wenn es zu gut aussieht, um wahr zu sein, ist es üblicherweise auch nicht wahr.« Katoeys trippeln, wackeln mit dem Hintern und ziehen einen Schmollmund, wie eine Parodie auf Frauen. Sie sind einfach zu feminin. Manchmal erscheinen sie einem wie künstliche Wesen oder wie Plastikbausätze, die man mit Klebstoff zusammensetzt. Viele von ihnen leiden unter einem genetischen Defekt namens Klinefelter-Syndrom. Diese Katoeys sind außergewöhnlich groß und dünn, und sie haben eine raue Stimme. Ein Klinefelter-Katoey hat im Gegensatz zu einem ultrafemininen Schwulen, der das volle Programm operativ hat durchziehen lassen, ein zusätzliches weibliches Chromosom. Diese Katoeys haben keinen stämmigen Körper, sondern sind dünn wie eine Bohnenstange, wodurch ihre künstlichen Brüste und aufgebauschten Haare recht absurd aussehen – besonders im Zusammenhang mit ihrer typisch kratzenden Piepsstimme. Die Ärzte sind nicht in der Lage, die Stimmbänder der Katoeys zu feminisieren, allerdings würden sich viele hier freuen, wenn die Ärzte ihnen die Stimmbänder gänzlich entfernen würden. Katoeys neigen nämlich dazu, laut zu sein.

Ich habe einige feminine Ladyboys, die schwul bis zum Gehtnichtmehr waren, kennengelernt. Die echten Ladys behandeln sie auch wie Ladys, und sie sind sehr sympathisch, allerdings tragen sie eine gewisse Traurigkeit in sich, da sie wissen, dass die meisten Männer hier nur Urlaub machen. Es ist recht unwahrscheinlich, dass sich mal was Langfristigeres ergibt, obwohl das auch schon passiert ist: Wenn sich die Bardamen in den Internetcafés versammeln, um identische Bettel-E-Mails an ihre Verehrer zu senden, sind es die Ladyboys, die die meisten verschicken.

Richtige Katoeys (die mit Klinefelter-Syndrom) sind 1,85 Meter groß mit schroffer Stimme und pompösem Auftreten, anfällig für Psychosen, körperliche Missbildungen und Fehlfunktion der Drüsen. Dennoch fehlt ihnen die Bescheidenheit der Thailadys. Nicht mal das billigste Barmädchen wird irgendwem ihr Höschen zeigen, aber wenn ein Ladyboy auf sein Opfer zusteuert, hebt er seinen Rock, um zu zeigen, dass sich unter seinem Höschen keine Ausbeulung abzeichnet: »Ich echte Lady!« Er muss zeigen, dass seine Ware echt ist. Die Schrecklichsten bekommen die meisten Kunden. Das Klinefelter-Syndrom tritt bei männlichen Neugeborenen mit einer durchschnittlichen Wahrscheinlichkeit von 1 zu 500 auf, kann aber teilweise durch eine Testosteronbehandlung geheilt werden. Thais haben dafür jedoch kein Geld oder wollen es gar nicht. Ein Katoey in der Familie bedeutet viel Geld von Matrosen.

Den Katoeys wird nachgesagt, dass sie Taschendiebe seien – meistens nehmen sie ihre Opfer zu zweit aus (besonders in Pattaya, wo es viele dunkle Seitenstraßen gibt, in denen sie ihren Opfern auflauern können). Außerdem sind sie bekannt dafür, Messerstechereien anzuzetteln. Katoeys werden nicht alt; viele von ihnen haben Aids. Man sieht kaum einen Katoey, der über dreißig ist; es scheint so, als würden sie sich in diesem Alter einfach verkriechen und sterben. Es gibt viele Fälle, in denen sich betrunkene Touristen von dem frauenhaften Aussehen täuschen lassen; es kommt allerdings nicht so oft vor, dass die »Täuschung« auffällt oder zugegeben wird, da sich die Katoeys auf Oral- und Analsex spezialisiert haben. Nun ja, es sind die einzigen Körperöffnungen, die sie haben, es sei denn, der Doc hat ihnen zu einer falschen Vagina verholfen. Manchmal, wenn dem Ladyboy das nötige Kleingeld fehlt, lässt er sich nur kastrieren, ohne vaginale Öffnung. Deshalb ist Oralsex auch seine Spezialität, was genau das ist, wonach sich viele Farangs, besonders die Amerikaner, sehnen. Sie wollen Katoeys. Es handelt sich um einen neuen, gefährlichen Nervenkitzel, und niemand zu Hause wird davon erfahren.

Von allen Straßen, die von Patongs Hauptmeile Soi Bangla abgehen, ist die Soi Katoey diejenige, die immer brechend voll ist. In den Bars findet man Ladyboys in unglaublichen und auch schönen Kostümen, ähnlich wie bei Busby Berkeley. Sie wirbeln und tanzen herum und zeigen ihre Höschen; meistens sind diejenigen, die die Ladyboys am fasziniertesten angaffen, Frauen. In dieser Straße gibt es auch eine Touristenattraktion namens Simon Cabaret, die man einfach gesehen haben muss. Es handelt sich um eine schrille und opulente Drag-Veranstaltung, die sich sogar weibliche Touristen unbedingt ansehen wollen.

Katoeys und gewöhnliche schwule Stricher scheinen völlig unterschiedliche Lebensweisen zu haben, und sie haben auch unterschiedliche Kunden. Die androgynen jungen Männer aus Patong leben und arbeiten in zwei Straßen in der Innenstadt, die man Vaselin-Gasse und K-Y-Weg nennt. Dort gibt es massenweise Fitnessstudios und Massagesalons, und man kann sehen, wie die jungen Männer Hand in Hand mit dickbäuchigen Farangs mittleren Alters durch die Straßen schlendern.

Die Katoeys in Patong versammeln sich immer in dem Apartmentblock, in dem ich damals wohnte und der scherzhaft »Katoey Mansion« genannt wurde. Es war sehr lebhaft und laut dort; wenn die Ladyboys rausfanden, dass man kein potenzieller Kunde war, waren sie zwar immer freundlich, kümmerten sich aber um ihren eigenen Kram. Meine einzige Einladung erhielt ich, als ich mir mit einer Bohnenstange den Lift teilte. Er machte eine hohle Hand, führte sie zu seinem Mund, sah mich an und machte saugende Bewegungen, als würde er eine Salami oder eine kubanische Zigarre lutschen. Ich entgegnete ihm freundlich, aber bestimmt mit einer »Nein, danke«-Geste. Dieser Austausch fand in völliger Stille statt. Er zuckte mit den Schultern, nach dem Motto: Wer nicht wagt, der nicht gewinnt. Es gab für sie tatsächlich keinen Grund, sich ins Zeug legen zu müssen, da ihre Geschäfte normalerweise gut genug gingen, besonders wenn gerade wieder neue Schiffe angelegt hatten. Die Kunden der Katoeys waren keine Weicheier oder irgendwelche Perverse; es waren stramme junge Kerle, die genau wussten, dass ihre enorm große Liebste keine gewöhnliche Lady war. Seltsam war, dass ich in einem Ort, in dem viel getratscht und jede Art von Sex angeboten wird, noch nie davon gehört habe, dass sich ein Ausländer mit Aids infiziert hatte, abgesehen von einem Typen, der an der Nadel hing. Und ich weiß, dass viele der strammen Kerle, die häufig Analsex mit Katoeys haben, auf Kondome verzichten, was mich wirklich schaudern lässt.

Als Wing und ich zusammen im Katoey Mansion wohnten, weckte sie mich eines Morgens auf: »Sieh, Ladyboy wollen springen!« Dieser Katoey war von seinem schwedischen Freund verlassen worden, weil der ihm 1000 Dollar gegeben hatte, um seine Spielschulden zu begleichen, und der Ladyboy war gleich damit losgezogen und hatte alles wieder verzockt. Zudem hatte der Katoey kürzlich erfahren, dass er HIV-positiv war. Also sahen wir diesem armen jungen Ding zu, wie es sich, nur mit schwarzen Shorts bekleidet, von einem Balkon sechs Stockwerke in die Tiefe stürzte. Es hörte sich schrecklich an, wie er dumpf auf dem Boden aufschlug. In der folgenden Woche druckte die *Phuket Gazette* ein Foto von dem Ladyboy ab, kurz vor dem Sprung, allerdings handelte es sich um ein gefälschtes Foto, da dieser Katoey gänzlich bekleidet war. Irgendwer war über die Brüstung des Balkons geklettert, hatte sich von außen mit den Händen drangehängt und für das gestellte Foto ein paar Dollar abgestaubt. Mein Freund Chester, der als Amerikaner an die Tugendhaftigkeit der Presse glaubte, war absolut aufgebracht.

Schnell trafen Polizisten am Ort des Geschehens ein und warfen den Leichnam des Ladyboys auf die Ladefläche eines Pick-ups. An den nächsten drei Abenden stellte Wing eine Schale mit Suppe an genau die Stelle, wo der Körper aufgeschlagen war, um den Geist des Ladyboys zu versorgen. Wing legte auch einen spontanen Striptease in unserem Apartment hin, genauer gesagt vor der Statue des geheiligten Königs Rama IV., damit er im Jenseits dafür sorgte, dass der Geist des Toten kein Unheil auf der Erde anrichten konnte.

Keine der Ladys im Haus ging allein in ihr Apartment, während der Geist immer noch herumschwirrte, und jeden Abend versammelten sie sich in der Lobby und warteten darauf, dass ihre Männer aus den Kneipen zurückkehrten. Vergeblich versicherte ich Wing – und so habe ich es auch bei jedem anderen Mädchen gemacht –, dass die Geister sich an Farangs nicht rantrauten, weil wir so komisch rochen. Nach dem dritten Abend war der Geist besänftigt; der Beweis dafür, so erklärte mir Wing, war, dass die Schüssel mit dem Essen verschwunden war.

Ein anderes Mal weckte Wing mich irgendwann mittags, also zu unchristlicher Zeit, auf und sagte mir, ich solle mir meine Kamera schnappen. Wir gingen nach unten auf den Parkplatz, wo ganz viele Thais standen und einem Katoey, der von einem Balkon im zehnten Stock springen wollte, aufmunternde Worte zuriefen. Eine Frau mittleren Alters, der eine der Boutiquen gehörte, rief etwas auf Thailändisch, was übersetzt »Geh aufs Dach, dann gibt es einen besseren Klatscher!« bedeutete. Zum Glück erschien ein etwas muskulöserer Katoey auf dem Balkon und brachte den verzweifelten Springer wieder in Sicherheit.

Katoeys sind generell aggressiv und streitsüchtig, und sie sind auch bereit für jede Party, sind laut und trinken gern. Farangs erzählen oft wahre Lügen, dass sie zu betrunken gewesen seien, um den Unterschied zu merken, dass sie den besten Fick ihres Lebens gehabt hätten, von hinten, wow! – etc. Was ich nicht alles erlebt habe im Katoey Mansion, besonders als die US-Navy zu Besuch war! Ich habe auch Hetero-Pärchen gesehen, die sich zusammen mit einem glamourösen Ladyboy haben fotografieren lassen, damit sie die Fotos ihren Leuten irgendwo in Weitweghausen zeigen können – und nachts vergnügt sich Daddy allein mit dem Ladyboy, der vor ihm kniet und an Daddy lustvoll herumfummelt. Ein notorisch Besoffener lebte tatsächlich mal sechs ganze Monate mit einer bildschönen Replik einer Frau zusammen, ohne dass er wusste, dass sie einen Schwanz hatte, der mindestens genauso groß war wie sein eigener. Die Lady bestand immer darauf, dem Typen nachts den Rücken zuzuwenden, und er stand sowieso auf Analsex. Er war wirklich wütend, als er das Geheimnis seiner Freundin herausfand, und schmiss sie raus. Die Leute hätten ja denken können, dass er schwul sei!

Nur einmal bekam ich im Katoey Mansion einen Aufruhr mit, das war um drei Uhr nachts. Ein Deutscher hatte eins mit dem Hackebeil übergezogen bekommen, und sein Kopf blutete; er hatte sich geweigert, den Katoey zu bezahlen, weil dieser ihn arglistig getäuscht habe. Er lag blutend unter meinem Fenster auf dem Parkplatz und protestierte: »Du sagst, du bist eine Lady – du keine Lady, du Mann!«

»Ich sein Lady! Du mich ficken, aber du kein Geld geben!«

»Ich dich nicht ficken! Ich sehe, du hast Schwanz, ich gehe weg!«

»Du bleiben eine Stunde, du mich ficken in den Arsch!«

Und so weiter.

Das war interessant, weil es nicht eine dieser Grauzonen war, bei denen die Wahrheit irgendwo in der Mitte lag und es genügend Raum für Kompromisse gab. Einer musste hier die Wahrheit sagen und einer lügen. Die Polizei führte schließlich beide ab. Der Deutsche war nicht so betrunken oder benebelt, um den riesigen

Ladymann mit schroffer Stimme nicht als diesen erkannt haben zu können. Der Katoey wohnte auf meiner Etage; am nächsten Abend stand der Deutsche vor der Apartmenttür jenes Ladyboys und klopfte etwa eine Stunde lang.

»Liebling, es tut mir leid, ich liebe dich, ich bezahle für schnelle Nummer ... bitte ... es tut mir leid ...«

Der Ladyboy öffnete aber nicht.

Eine der bemerkenswerten Eigenschaften der Ladyboys ist ihre Vorliebe, an Türen zu klopfen – zu jeder Stunde, egal ob Tag oder Nacht. Nicht minder beliebt ist es, zu schmollen und Türen nicht zu öffnen. Es kommt schon mal vor, dass ein verzweifelter Ladymann stundenlang an die Tür eines anderen klopft und lauthals vor verschlossener Tür mit ihm spricht, inklusive Heulerei und Gejammer. Meistens antwortet der andere nicht oder ist gar nicht zuhause.

Ich frage mich, ob es in Thailand mehr Transsexuelle gibt als anderswo. Oder sind es genauso viele wie in anderen Ländern, nur dass sie hier offener damit umgehen? Es gibt schätzungsweise 150.000 Katoeys in Thailand. Gibt es in westlichen Ländern vielleicht auch Möchtegern-Katoeys, die Angst davor haben, aus ihrem Gartenhäuschen rauszukommen? Wer das nächste Mal einen dünnen langen Mann in einem anständigen Anzug sieht, möge immer daran denken – vielleicht steckt darunter eine Bohnenstange mit schroffer Stimme, die versucht, aus sich herauszukommen.

DAS HAUS IM URWALD

Nachdem Wing und ich etwa sechs Monate zusammenge-
wohnt hatten, zogen wir in ein großes Haus am Stadtrand
von Patong, das im typischen Thaistil zu einem riesigen Gebäu-
dekomplex gehörte. Unser Haus stand nicht weit weg vom Meer
in einem Gebiet, das früher tiefster Urwald war, als Patong Beach
ausschließlich ein Strand war. Das Haus war alt und aus Holz gebaut; das Dach war undicht, das Badezimmer ständig überflutet,
und es gab Millionen von Mücken, die um einen herumschwirr-
ten. Die Bäume spendeten Schatten, und der Trubel in Patong, der
gleich um die Ecke stattfand, erschien einem meilenweit entfernt
zu sein. In den Nächten konnte man neben dem Zirpen der Grillen
auch das Quaken der Ochsenfrösche hören, und hin und wieder
schlug eine Kokosnuss dumpf auf dem Boden auf.

Wenn es regnete, stand unser Haus unter Wasser, und man
musste zur Hauptstraße durch einen kleinen Bach waten. Der
Monsun ist mit westlichen Regengüssen nicht zu vergleichen. Der
Himmel ist einfach bloß eine Wasserwand, die Straßen werden
zu Seen, und alles kommt eine halbe Stunde lang zum Stehen.
Danach kommt die Sonne wieder raus, und der ganze Ort wird
zu einem Dampfbad.

Der Besitzer des Häuserkomplexes war der agile 74-jährige
Jean, ein früherer Konsul, der in dem größten Haus mit seiner
Thai-Ehefrau und anscheinend Hunderten ihrer Verwandten und
Kinder wohnte; außerdem wohnten auch zwei Söhne dort. Wie
so viele Farangs hielt er sich für einen Patriarchen, schließlich
waren seine Söhne französische Staatsbürger. Das stimmte aber
nicht ganz: Für die Thaifrau waren sie bloß zwei thailändische
Designer-Kiddies mit blasser Hautfarbe. Das ist ein trauriges
Spektakel, das man häufig beobachten kann: ein unglücklicher,
sich selbst täuschender Patriarch (britisch, amerikanisch oder was
auch immer) mit einer Brut, die ihn verachtend als Samenspender
betrachtet – mehr nicht.

Jean war das Paradebeispiel für die alte Kolonialzeit; nachdem
er Mitglied der französischen Resistance gewesen war, wurde er

von De Gaulles Armee eingezogen und nach Vietnam geschickt. Danach blieb er in Südostasien und baute Kautschukbäume und sonstige Dinge an, wobei er häufig seinen Wohnort wechselte: Kambodscha, Laos, Indonesien, Malaysia und schließlich Thailand. Hier war er nun Aufseher eines kolonialen Anachronismus im geschäftigen, sexverrückten und glamourösen Patong. Seinen Tag begann er immer erst mit einer Flasche Pernod und setzte den Konsum auch den ganzen Tag über fort. Wenn man lange Zeit mit Hitze, Langeweile und Einsamkeit zu kämpfen hat, besonders in den Tropen und besonders beim Militär, fängt man an zu trinken. Man trinkt dann jedoch kein Bier, sondern vergnügt sich stets mit einem kleinen Schluck aus der Flasche mit dem Hochprozentigen. Das macht die Hitze erträglicher, und Verfall und Langeweile sehen durch einen Alkoholschleier rosiger aus. Jean war nicht immer dieser Säufer gewesen. Er hatte Bücher geschrieben, die von Verlegern in Paris veröffentlicht worden waren und die von unbekannten Bergvölkern handelten, mit vielen Fotografien darin. Er hatte mir irgendwann mal Bilder gezeigt, auf denen nackte kambodschanische Frauen an Bäume gebunden waren; offensichtlich waren sie ausgepeitscht worden, was man an den Stellen auf ihren Rücken und Hintern sehen konnte. In ihren Augen sah man echte Tränen, aber man sah auch, dass sie lachten. Die Fotos trugen Unterschriften: »Die Stammesjustiz.« Er klappte höflich das Buch zu, verstaute es wieder im Regal und seufzte.

»Das«, so sagte er, »ist alles Vergangenheit.«

Später wurde er mir gegenüber etwas lockerer, und ich fragte, ob die Kambodschaner Nacktheit nicht für unanständig hielten – was auch Missetäter mit einschloss.

»Ah! Justement!«, rief er und ließ seine Finger durch die Luft sausen, als wäre er ein rechthaberischer Jesuit; die Frauen zögen es doch vor, sich vor einer Bestrafung auszuziehen, um nicht das Kleid zu ruinieren.

»Und in Asien ist es eine übliche Praxis, dass Wunden – auch die verdienten – entlohnt werden«, sagte er feierlich.

Es ist tatsächlich ein thailändischer Brauch, dass bei Blutvergießen, sofern es nicht tödlich endet, die geschädigte Partei oftmals anbietet, nicht die Polizei einzuschalten, wenn der Schuldige viel Geld auf den Tisch legt. Bei den Germanen war es ähnlich mit dem Wergeld; man konnte auf recht legale Weise einen Menschen töten und bezahlte den Hinterbliebenen so viele Schweine, Kühe und sonstiges, wie der Verstorbene wert war. Besonders zynische Farangs glauben, dass Thais einen Angriff provozieren, um vielleicht ein wenig Wergeld kassieren zu können. Das erklärt vielleicht die Vielzahl an Verkehrsunfällen, bei denen sich das in den Unfall verwickelte Fahrzeug gar nicht bewegt hat. Andererseits fuhr mal ein betrunkener Barbesitzer aus Patong ein paar Fußgänger um und brach ihnen alle Knochen. Er musste 20.000 Dollar zahlen, um die Sache aus der Welt zu schaffen und nicht im Gefängnis zu landen.

Er heulte gelegentlich auch mal den Mond an; er stritt sich häufiger mal mit seiner Frau (auf Thailändisch), und wenn sie richtig wütend war und mit den Türen knallte, schaltete er auf Französisch um.

»Du willst doch nur mein Geld, du Schlampe! Aber du wirst keinen Sou erhalten! Ha!«

Daraufhin sprach er immer zum Schöpfer: »Gott, warum hast du mich in diese Hölle voller Teufelinnen gesteckt?«

Ich versicherte Wing, dass es ziemlich normal für Farangs war, zu Gott zu sprechen. Allerdings kam mir gleichzeitig auch ein anderer Gedanke: Wenn er schon länger hier war als ich auf Erden und er ständig nur betrübt war, welche geringe Chance hatte ich dann, auf ewig hier glücklich zu sein? Das war der Punkt, an dem ich die Risse in dem paradiesischen Traum entdeckte. Aber am Ende gewinnt immer Asien.

Man muss jedoch nicht einen auf Niedermayer machen. Niedermayer war Zahnarzt bei der US Navy und auf den Philippinen stationiert, bevor die Marinebasis der Amerikaner dort geschlossen wurde. Er wurde zurück nach San Diego geschickt, um dort als Marinezahnarzt zu arbeiten, mit einem Haus in der Innenstadt, einer philippinischen Ehefrau und Kindern. Eines Abends kam er nach Hause und sah, dass seine Frau die Schlösser der Haustür ausgewechselt hatte.

Sie stand am Fenster und sagte: »Wir haben alle unsere Greencards, deshalb brauchen wir dich nicht mehr, du kannst gehen.« Niedermayer kehrte zurück in seine Praxis, öffnete den Giftschrank und setzte seinem Leben ein Ende. Ich hatte die Geschichte von Mike gehört, dem Manager eines Clubs für US-Offiziere in Singapur, aber ich hatte sie nicht geglaubt. Irgendwann besuchte ich mal die Dominikanische Republik (das ist allerdings eine ganz andere Geschichte), und in einer amerikanischen Bar unterhielt ich mich mit Herb, einem Vietnamveteranen, über asiatische Frauen. Ich fing an, ihm die Geschichte zu erzählen, ohne genau zu wissen, ob sie stimmte, und er unterbrach mich.

»Hieß der Mann Niedermayer?«

»Ja.«

»Kam er aus San Diego?«

»Ja.«

»Die Geschichte ist wahr.«

Da wir ein schönes, großes Haus hatten, hatten wir die meiste Zeit Besuch von Wings Bardamenklüngel, und das Haus duftete nach geschmeidig schlanken Ladys, die den ganzen Tag lang nur schliefen, aßen oder tratschten. Zu der Zeit wurde ein Film über ein paar Hippies gedreht, die an einem Strand auf einer einsamen Insel lebten, deshalb war die Stadt voller goldbehangener Kameramänner, Gaffer, Best Boys und sonstiger Filmtypen aus London, die ihren Schotter in ausgelassener Manier verprassten. Der amerikanische Hauptdarsteller mit italienischem Namen ließ sich natürlich nicht in einem Hotel auf dem Festland nieder, da ihm wahrscheinlich keines fein genug war, sondern blieb auf seiner eigenen Yacht und ging dort jedem heimlichen Vergnügen seiner Wahl nach. Zur selben Zeit war mein Haus voller Mädels, die illegal Poker spielten und liebend gern verlieren wollten, weil sie anscheinend Angst vor dem großen Batzen Geld hatten, den sie an der Filmcrew verdient hatten. Wenn man zu viel Geld hat, kommen die Geister und bringen Unheil.

Ich hatte Spaß an meiner Vaterrolle: Ich hatte meinen eigenen Stamm. Wenn man den Unterhaltungen der Mädels folgen will, braucht man nur ein paar Wörter Thailändisch können, da die meisten Gespräche der Thais sich eh nur um Zahlen drehen, also um Geldsummen. Die wichtigen Teile des Gesprächs sind meistens in verständlicher Farang-Sprache, und das Ganze hört sich in etwa so an: »Pun neng song 2000 Baht, ding tong guang deutscher Mann 10.000 Baht, ich dich lieben so sehr, forn tut nong weggehen, pi wu ping Herz gebrochen, deutscher Mann weinen.«

Das erotische Vokabular der Ladys ist ohne die melodramatischen Wörter aus der Farang-Sprache unvollständig. Sie alle glaubten, dass der tägliche Herzschmerz und die weinenden Kerle unglaublich lustig seien, genauso wie ein Motorradunfall oder ein Betrunkener, der in einer Höhle verschollen ist. Die Thais drücken sich insgesamt mit vereinfachter Melodramatik aus: Die Zeitungen berichten von »gebrochenen Herzen«, »einem auf ewig ruinierten Leben« oder von etwas, das »in tausend Teile zerbrochen« ist – egal ob sie von Mord, nicht bestandenen Abschlussprüfungen, Autodiebstahl oder Verstopfung berichten.

Ich fand die Mädels sympathisch. Und das hat sich bis heute nicht geändert. Sie waren einfach süße, schlichte Mädchen vom Lande, die weit weg von zuhause waren und versuchten, den einen oder anderen ehrlichen Dollar horizontal zu verdienen. Manche von ihnen sahen geschminkt einfach hinreißend aus, aber Lust spielte keine Rolle, da sie in einem häuslichen, nicht erotischen Kontext meine Gäste waren. Es war schwierig, sich ihre Namen zu merken, besonders weil sie ständig ihre Namen änderten oder untereinander tauschten, weil es ganz viel Glück brachte. Ong wurde zu Phew, Chew wurde zu Ook und umgekehrt.

Es war für mich mittlerweile zu einer nicht unwesentlichen Schwierigkeit geworden, allein durch die Stadt zu laufen, da ich immer von verschiedenen Ladys mit Rufen und sonstigen quieksenden Geräuschen begrüßt wurde. Die Ladys erinnern sich gewöhnlich an dich, manchmal auch noch Jahre später, und sie sind wirklich freundlich, wenn sie dich erkennen – teilweise weil sie dieses gute Geschäft wiederholen wollen, wie ein Mechaniker, der sich nach dem Zustand des Sportwagens erkundigt, den er vor geraumer Zeit reparieren durfte.

Die Thailadys sind eigentlich keine Langfinger, im Gegensatz zu den Katoeys. Man kann sein wertvolles Portemonnaie, seine Kamera oder sonstige Wertsachen neben eine Thailady legen und duschen gehen – sie wird die Dinge nicht anrühren. Was die Ladys allerdings ständig tun, ist, freundlich zu betteln und einem Dinge abzuschwatzen: »Bitte, du mir schenken …?« Ein wundervolles Playmate wollte unbedingt eine albern aussehende Uhr von mir haben, in der man Adressen speichern konnte und die ich für wenig Geld in der Türkei erstanden hatte. Ich erklärte ihr in angemessener Weise die magische Ausstattung der Uhr und wie viel sie gekostet hatte, etwa 400 Baht oder 10 Dollar.

»Bitte, du mir schenken?«

»Tut mir leid, geht nicht.«

»Nur kosten 400 Baht!«

Ich versuchte ihr zu erklären, dass die Informationen, die darin gespeichert waren, das Wichtigste an dieser besonderen und einzigartigen Uhr waren, aber das waren für sie nur böhmische Dörfer. Nichts – Juwelen, ein Foto, ein Geschenk jeglicher Art – hat irgendeinen sentimentalen Wert für sie. Alles, was zählt, ist, wie viel die Dinge gekostet haben und für wie viel man sie weiterverkaufen kann. Farangs werden sauer, wenn ihre Lady ihnen eine goldene Halskette abschwatzt, sozusagen als Zeichen für unsterbliche Liebe, und die Kette am nächsten Tag wieder beim Juwelier im Schaufenster liegt – und das Geld dafür in der Tasche der Lady steckt.

»Bitte, du mir schenken? Nur 400 Baht!« Ich behielt meine Uhr, aber natürlich gab ich ihr 400 Baht extra Trinkgeld.

Das Leben in wilder Ehe wurde zu einer häuslichen Routine – wenn man es überhaupt als Routine bezeichnen kann, mit einem Mädchen zusammenzuleben, das hin und wieder über Nacht verschwindet. Gleichzeitig verschwand ich auch öfters, um mich mit Suk oder Porn zu treffen. Letztere tauchte immer in den ungewöhnlichsten Augenblicken an einer Straßenecke auf, als sie sich gerade mal wieder entschlossen hatte, mit dem Bus aus Bangkok hierher zu kommen, um mit mir eine Woche lang sozusagen durch die Straßen zu flanieren. Immer wenn ich spazieren ging – egal welchen Weg –, stand plötzlich die liebenswürdige Porn vor mir, wie von Zauberhand. Ich sah Suk nicht so oft, obwohl es schwer war, ihr zu widerstehen, wenn wir uns sahen. Die Gespräche in Henrys Bar über die Unbeständigkeit der Thailadys kamen immer zu dem Ergebnis, dass die Ladys nach einem Ausschau hielten. Und sie waren immerhin erwartungsgemäß unbeständig.

Geld steht im Mittelpunkt des erotischen Lebens in Thailand, so wie anderswo auch, obwohl wir so tun, als wäre es nicht so. Ich gab Wing ein bisschen Geld und erhielt im Gegenzug von ihr sehr viel. Sie hatte ein nettes Zuhause und einen Teelak – einen festen Freund –, der ein »gutes Herz« hatte. Ich verstand, was sie damit meinte. Farangs wurden immer auf durchgeknallte oder verärgerte Weise eifersüchtig, wenn ihre Lady ein paar Stunden frei haben wollte, um mit ihren Freundinnen shoppen zu gehen. Die Farangs nahmen dann immer an, dass ihre Lady einen anderen Teelak hätte, und raubten ihr deshalb den Schlaf, weil sie sie mit zum Windsurfen (»ganz viel Spaß«) schleppten. Die Farangs nannten ihre Ladys immer Möwen: »Sie essen, schlafen, kreischen und scheißen.«

Mein »gutes Herz« hatte ich nur aus Faulheit, oder besser gesagt: Ich tat alles, um ein ruhiges Leben zu führen. Ich nahm an, dass sich kein Thaimädchen von dem abhalten lassen würde, was es tun wollte – und ich fand, dass man es auch nicht von irgendwas abhalten sollte. Wenn man einen Aufstand machte, war man selbst der Loser. Ich machte Wing sogar klar, dass sie eines

Tages in die Arme eines goldbehangenen Günther laufen würde, und er würde ihr ein Angebot machen, das sie nicht ausschlagen könnte, würde sie mit auf sein Schloss in den Alpen nehmen, ihren Töchtern das Studium finanzieren, damit sie weltberühmte Hirnchirurginnen werden könnten und so weiter. Es war wirklich mehr als unwahrscheinlich, dass ich ihr jemals diese Dinge bieten könnte. Meine fantastische Gleichgültigkeit war für Wing wohl der reinste Beweis für »gutes Herz«.

Farangs verstehen es häufig falsch, dass Thailadys Liebe und Geld nicht voneinander trennen. Sie vögeln so enthusiastisch, dass es wahre Liebe sein muss – aber sie wollen dafür bezahlt werden, deshalb kann es keine wahre Liebe sein!

»Kennen sie überhaupt die Bedeutung des Wortes Liebe?«, fragte sich Gerry, der Besitzer des Irish Pubs, nach einem persönlichen Ehedrama.

»Nein«, sagte ich.

Die Ladys in meinem Haus schwatzten so vor sich hin, und ich schnappte den einen oder anderen Teil ihrer Tratschgeschichten auf, wie die von Alkohol vernebelten Bargeschichten. Mann aus Schweden … oder England? Australien? Haben Firma! Viel Geld! Der legendäre Ski wurde erwähnt, und die Ladys zeigten ihre Abneigung gegen ihn. Sie erwähnten Namen von Ladys, die von ihm misshandelt worden waren, darunter auch Henrys bessere Hälfte Porn, mit der Henry nach einigen wilden Jahren offiziell immer noch zusammen war. Porn machte immer noch einen glücklichen Eindruck, trotz ihrer Karriere als Bardame. Henrys Bar gehörte gesetzesmäßig ihr, da sie Thailänderin war, und Henry hatte, obwohl er schon 13 Jahre hier lebte, nur einen Stempel in seinem Reisepass, genauso wie wir alle. Außerdem war er nicht mal offiziell mit ihr verheiratet.

Henrys Porn hatte wahrscheinlich männliche Thaifreunde, die Henry aus der Bar haben wollten, damit sie den Laden selbst übernehmen konnten. Porn war mit ihren 32 Jahren sehr sexy, galt aber nach ihrer bemerkenswerten und pausenlosen Karriere im horizontalen Gewerbe als »alte Frau«, obwohl sie immer noch ordentlich was zu bieten hatte. Nach ein paar Bieren sah Henry immer die angenehme Seite an ihr. Sie war immer noch bei ihm, fühlbar, die meiste Zeit ... alle sechs bis sieben Wochen legte Henry irgendeine fürchterliche Pop-Platte aus den Sechzigern auf, ließ sie mit voller Lautstärke laufen und gluckste dann: »Ich hab's ihr gerade besorgt!«

Mit einer Frau zusammenzuleben, deren Englisch auf die grundlegenden Körperfunktionen begrenzt ist, ist besonders angenehm, weil man sich nicht streiten kann. Andererseits kann man sich aber auch nicht unterhalten. Ich fragte mich, wie lange Wing und ich – realistisch betrachtet – wohl zusammenbleiben könnten, gerade in Bezug auf die ständig steigenden Geldforderungen ihres weit weg wohnenden Nachwuchses. Das war wohl einer der Gründe, warum ich Egoist froh darüber war, dass Wing ihr eigenes Leben führte – wenn wir uns trennen sollten, ersparte ich mir jegliche Schuldgefühle. Und ich wusste, dass noch genügend liebestrunkene Günthers auf sie warteten.

Fast jeden Tag erhielt Wing Anrufe von einer ihrer Töchter, Om oder Oy, die voller Schmerz um Geld baten. Aber wenn Wing einer ihrer Töchter Geld geschickt hätte, um es mit der anderen zu teilen, hätte Erstere das Geld einfach behalten. Ich verstand, warum Wing immer abgebrannt war, und fand in Anbetracht der Wichtigkeit von Familie, dass es Zeit war, dass die beiden sich um die Mutter kümmern sollten. Aber nein, sie mussten zur Schule gehen, und das war heilig. Was sie dort lernten oder später mit dem Gelernten anfangen sollten, war natürlich reinste Glückssache. Zur Schule gehen zu dürfen, war schon ruhmvoll genug. Das Bildungssystem in Thailand sorgt dafür, dass die Mädels unterwürfig bleiben. Wenn man gebildet ist, bekommt man einen Hochschulabschluss. Was man schreibt oder liest, ist egal. Man lernt die Dinge auswendig und wird entmutigt, Fragen zu stellen, weil das bedeuten würde, dass die Lehrer irgendwas nicht ausreichend erklärt hätten – dadurch würde der Lehrer »sein Gesicht verlieren«.

Eines Tages öffnete Wing einen ihrer Koffer und kippte unzählige Briefe von Typen aus Schweden oder Deutschland, die frühere Liebschaften gewesen waren, auf den Boden. Ich las einige davon und fand darin immer dieselben kitschigen Phrasen wie »meine Herzallerliebste«, »unsere ewige Liebe« und generell gebrochene Herzen: »Warum beantwortest du nicht meine Briefe?« Anscheinend waren viele dieser Burschen nach Patong zurückgekommen, nur um Wing wiederzusehen. Sie waren durch die Bars gezogen und sogar zu der Hütte gegangen, in der die Mädels zusammenwohnten, und dort mussten die Typen erfahren, dass Wing zurück in ihr Heimatdorf gegangen sei. Wing sagte mir, dass dies sehr häufig passierte; ihre Freundinnen waren sehr loyal und griffen zu dieser Notlüge, um Wing zu beschützen. Der wohl ausdauerndste Verehrer war ein Deutscher namens Helmut, der Wing in ihrem Heimatdorf ausgesucht hatte und ihr Land, Haus, Auto und die Ehe versprochen hatte. Helmut war wohl steinreich.

Leider bestand er den »Tochter-Annahmetest« nicht, durch den ich anscheinend auch gerasselt war. Wings Töchter fanden, dass er zu arrogant war und kein gutes Herz hatte. Wing wollte, dass Helmut ihr ein Stück Land kaufte, um dort ein Haus inmitten von anderen Häusern zu bauen, also für ein typisches thailändisches Dorfleben. Aber Helmut bestand auf einer adeligen Festung, geschützt durch elektrische Zäune und Rottweiler. Und so war Helmut Geschichte. Trotzdem hörte er nicht auf, Wing zu schreiben, ihr ewige Liebe zu versprechen und ständig zu ihr zu reisen – fünf Mal in sechs Monaten! Er hatte sich sogar »Wing« auf den Arm tätowieren lassen.

Wing brachte den Stapel Briefe nach draußen und verbrannte ihn. »Machen Schluss mit Boyfriend«, sagte sie. Ich spürte, dass ich einen kleinen Erfolg errungen hatte.

IMMER DAS GESICHT WAHREN

In Thailand steht das Gesicht über allem. Man hat keine individuelle »Seele«, sondern ist nur ein Molekül in einem großen Strom. Die Üppigkeit deines Autos, die Herrlichkeit und Schwere deines Schmuckes, die Anzahl deiner Diener und die Banalität deiner Äußerungen sagen alles über dich aus. Gleiches gilt für deine Freundlichkeit, deine guten Manieren und den Respekt gegenüber anderen, was bedeutet, dass man allem, was dein Gegenüber sagt, zustimmen muss. Ein Thai sollte niemals sein Gesicht verlieren oder dafür sorgen, dass jemand anderes sein Gesicht verliert. Aus diesem Grund werden Streitereien und lautstarke Auseinandersetzungen vermieden. Das wird häufig als Gelassenheit fehlinterpretiert. Erstens könnte man bei einem Streit der Verlierer sein; zweitens verliert man nicht nur seine Lässigkeit, sondern auch sein Gesicht; drittens verlieren diejenigen, die man anschreit, auch ihr Gesicht, und das bedeutet ganz viel Unheil. Außerdem wird man meistens noch von irgendeiner anderen Person angeschrien, sodass noch mehr Leute ihr Gesicht verlieren. Deshalb ist es viel besser, so lange zu lächeln, bis einem nichts anderes mehr übrig bleibt, als zu zerschlagenen Bierflaschen oder Schusswaffen zu greifen.

Thailand wäre ohne Sextourismus sicherlich pleite, aber durch die Besessenheit der Thais, ihr Gesicht zu wahren, behaupten sie, dass sie lieber Familientourismus fördern würden. Familien brauchen viel Platz und Tennis- sowie Golfplätze. Dadurch profitieren die Landbesitzer, die den großen Hotels viel Land verpachten. Unabhängige Sextouristen brauchen nicht viel, nur eine Bar und ein Zimmer. Aus diesem Grund mag die Regierung den Sextourismus nicht – abgesehen davon, dass Thailand sein Gesicht verliert und zu viel Geld in die Hände der Unterschicht gerät, was die göttliche Rangordnung durcheinander bringt. Die Mädchen sollen eigentlich in den Dörfern wohnen, Reis ernten und sich vor dem großen Boss im Benz verbeugen, anstatt selber einen Benz zu fahren.

Joe, ein amerikanischer Kokainschmuggler (der mit einem Viagra-Vorrat für zwei Monate angereist war, weil er »seit zehn Jahren impotent« war), kam irgendwann mal in Henrys Bar ge-

humpelt und trug mehrere Verbände. Er hatte in Mr. Boons Fisch-
restaurant einen kleinen Hummer bestellt und verspeist, und man
hatte ihm daraufhin fälschlicherweise einen großen Hummer be-
rechnet. Dummerweise hatte Joe laut seine Ansicht geäußert, dass
man ihn bescheißen wollte, und im nächsten Augenblick fand er
sich auf dem Boden des Restaurants wieder, nachdem ihn Mr.
Boon persönlich mit einer Weinflasche (einer nicht zerbrochenen,
da Mr. Boons ein Restaurant mit Stil ist) verprügelt hatte. Joes
Wunden mussten im Krankenhaus genäht werden, und Mr. Boon
übernahm die dadurch entstandenen Kosten von 200 Dollar, entschuldigte sich unterwürfig und war nun Joes bester Freund. Der
Restaurantbesitzer hatte sein Gesicht verloren, als Joe ihm un-
terstellt hatte, ihn bescheißen zu wollen. Aber noch mehr hatte
Mr. Boon sein Gesicht verloren, weil ihm die Sicherung durchgebrannt war.

Man sagte mir, dass ein Thai eine halbe Stunde lang in einem
Taxi sitzen bleibt und wartet, bis der Wagen vollgetankt ist und
losfährt, um hundert Meter weiter wieder auszusteigen. Er würde schließlich sein Gesicht verlieren, wenn er das Stück laufen
würde. Eine Thailady würde das Gesicht verlieren, wenn sie ihre
Kunden damit locken würde, indem sie ihnen ihr Höschen zeigt.
Wenn der Kunde nach dem Preis fragt, überlässt sie es ihm, wie
viel er zahlt; wenn sie ihm die Summe nennen würde, die – wie
sie weiß und wie du weißt – die akzeptierte Norm ist, würde es ja
bedeuten, dass sie eine Prostituierte wäre! Das ist natürlich illegal
und würde Gesichtsverlust bedeuten. Was das nationale Gesicht
betrifft, so besteht es aus großem Stolz, weil das unabhängige
Königreich Siam, jetzt Thailand, nie durch eine fremde Macht
kolonisiert wurde, im Gegensatz zu Malaysia oder Indonesien.
Während des Zweiten Weltkriegs wurde Thailand von den Japanern besetzt. Nun ja, eigentlich haben sie es nicht wirklich besetzt; nachdem die thailändische Armee den Japanern ganze fünf
Stunden standhalten konnte, wurden die Japaner als Touristen
aufgenommen, und ihre Armee durfte kommen und gehen, wie

sie wollte. Sie baute mithilfe der alliierten Kriegsgefangenen die Todeseisenbahn über den Kwai, während die Frauen aus Bangkok gezwungen wurden, japanische Kimonos zu tragen. Thailand hatte den USA und Großbritannien 1942 sogar den Krieg erklärt, allerdings hatten sie dies nicht mit allzu vielen Worten getan, weil sie sonst ihr Gesicht verloren hätten. Und kein Thai würde es gutheißen wollen, einen vielleicht großzügigen Farang dazu zu bringen, sein Gesicht zu verlieren, sodass dieser dann vielleicht nicht mehr so großzügig sein wird.

Vor ein paar Jahren veröffentlichte eine amerikanische Zeitschrift einen ironischen Artikel, in dem südostasiatische Länder bewertet wurden. In dem Artikel kam man zu dem Schluss, dass alles, was Thailand zu bieten hätte, Sex und Golf sei. Es gab einen diplomatischen Aufruhr, und das Revolverblatt wurde verboten, bis man sich zutiefst entschuldigt hatte. Ein europäischer Fernsehsender strahlte einen Enthüllungsbericht über die Sexindustrie in Pattaya aus, was eine ähnliche Reaktion auslöste. Das Fremdenverkehrsamt schickte eine junge Lady nach Pattaya, und sie berichtete pflichtgemäß, dass sie keinen Beweis für eine Sexindustrie in Pattaya finden konnte – das ist ungefähr so, als würde man in der Sahara keine Spur von Sand finden. Aber dennoch wurde das Gesicht gewahrt. Die Lady war eine gute Buddhistin, deshalb sagte sie natürlich die Wahrheit: Man sieht in Pattaya keinen Sex, man sieht nur Bars, die so seltsame Namen wie FuckU2 tragen, wo sich Erwachsene natürlich nur keusch unterhalten.

Sexspielzeuge wie Vibratoren sind absolut illegal in Thailand; in den Siebzigern hatten die Macher des Erotikfilms *Emmanuelle*, der teilweise in Thailand gedreht wurde, großen Ärger mit der Polizei – Mitglieder der Crew wurden verhaftet, Filmmaterial wurde konfisziert, und so weiter. Den Behörden war der Verdacht gekommen, dass die Crew in Wirklichkeit keinen Film über Wildblumen drehte. Besonders frevelhaft war eine Szene, in der die Hauptdarstellerin nackt in unmittelbarer Nähe eines heiligen Wasserfalls badete, der zu einem Kloster gehörte. Das Problem konnte aber schnell aus der Welt geschafft werden, als ein paar Geldscheine den Besitzer wechselten; die Crew hätte bezahlen sollen, bevor sie den Frevel beging. 2006 sprach ihre Majestät, die Königin, ihren Unmut darüber aus, dass die jungen thailändischen Barmädchen den »Kojotentanz« (jeder darf hier seiner Fantasie freien Lauf lassen!) aufführten und somit Thailand dazu brachten, sein Gesicht zu verlieren. Die illustre Dame ist einige Jahrzehnte alt, und man fragt sich, wo genau sie diese Jahre verbracht hat ... man stelle sich vor, der Buckingham Palace sei schockiert darüber, erfahren zu haben, dass die Engländer gern Bier trinken.

Der Film *Der König und ich*, ein Hollywoodmusical aus den fünfziger Jahren, ist bis heute in Thailand verboten, da jegliche Darstellung der thailändischen königlichen Familie (besonders des heiligen Königs Rama IV. mit seinen 104 Konkubinen) als nationaler Gesichtsverlust betrachtet wird. In dem Film sieht man, wie der König ein Bad nimmt (!) und mit Stäbchen isst, was nur die armen Leute tun. Kürzlich wurde über ein Remake des Films nachgedacht. Man wollte den Film in Thailand drehen, mit Bildern von den königlichen Palästen und den zahlreichen Tempeln, und versicherte den Behörden, dass man nicht respektlos vorgehen würde. Die Thais sollten sogar das Drehbuch überprüfen dürfen. Man erwähnte eine Summe von 20 Millionen Dollar für die Dreherlaubnis. Wenn eine Filmcrew, sagen wir, im Buckingham Palace oder dem Weißen Haus drehen wollte, würde sie ein freundliches, aber unerschütterliches »Denkt nicht mal im Traum dran« erhalten. Thais hingegen würden so etwas Negatives nicht sagen, und sie würden schon gar nicht 20 Millionen Dollar ablehnen. In unserer Kultur gibt es Richtig und Falsch, in der thailändischen, buddhistischen Kultur gibt es Gesicht und Schande.

Das Drehbuch wurde schließlich untersucht und abgelehnt, neu geschrieben und wieder abgelehnt; Filmbosse flogen über den Pazifischen Ozean, um mit einem Ministerium nach dem anderen zu verhandeln, deren Vertreter meistens unerklärlicherweise im Urlaub waren. Am Ende ließen die Filmemacher von ihrer Idee, von der Hinhaltetaktik und der Geldschieberei ab und stellten einen Nachbau des königlichen Palastes gleich hinter der Grenze in Malaysia auf, wo sie den Film *Anna und der König* drehen konnten und durften; außerdem durften sie dort über Thailand sagen, was sie wollten. Niemand in dem großen Apparat der Thai-Bürokratie hätte sein Gesicht verlieren wollen, indem er oder sie einen Film erlaubt hätte, der von vornherein skandalös gewesen wäre und auch noch den geilen alten König gezeigt hätte. Es wollte aber auch niemand sein Gesicht verlieren und schuld daran sein, 20 Millionen Dollar abgelehnt zu haben. Deshalb fuhr man einfach in den Urlaub – um sein Gesicht zu wahren.

SEIFENOPERN UND ABERGLAUBE

Im thailändischen Fernsehen gibt es jeden Tag eine Vorhersage, wie die Sterne für jeden stehen werden; in diesem Land wimmelt es nur so von Geistern, und vor den meisten Gebäuden steht ein kleines »Geisterhaus«, in der Größe eines Puppen- oder Vogelhauses. So haben die Geister ein Zuhause, zusammen mit den üblichen Elefanten und Buddhas, und man schenkt ihnen Blumengirlanden oder eine Flasche Bier, damit sie glücklich sind und nicht den Frieden stören. Jedes Haus hat seinen kleinen Schrein, genauso wie jede Bar, wo die Mädels für ganz viel Glück beten, bevor sie anfangen zu arbeiten. In Thailand gibt es wie im Westen auch Astrologie-Kolumnen und Horoskope in den Zeitungen, aber es gibt große Unterschiede zu dem ungenauen, schwachsinnigen Zeug, das man in den westlichen Zeitungen findet. Das typische Thai-Horoskop liest sich so:

Frage: »Meine Tochter wurde am 22. August dieses Jahres um 23.30 Uhr in Bangkok geboren. Was erwartet sie in ihrem Leben?«

Antwort: »Ihre Tochter wird einen schwachen Start in der Schule haben, und Sie werden Tränen der Verzweiflung vergießen, aber wenn Ihre Tochter lernt, die Tuba zu spielen, wird sie ihre verborgenen Talente preisgeben und einen exzellenten Abschluss in Landwirtschaftskunde machen. Sie wird den Leiter eines schweizerischen Symphonieorchesters heiraten und zwei Kinder mit ihm bekommen, einen Jungen und ein Mädchen. Der Mann Ihrer Tochter wird ein schlechter Ehemann sein und sie auf schlimme Weise misshandeln. Ihre Tochter wird nach Thailand zurückkehren, einen Polizeichef aus Chiang Mai heiraten und Besitzerin einer Fischfarm und 25 Garküchen werden. Sie wird drei weitere Kinder und elf Enkelkinder bekommen.«

Das Thai-Fernsehen ist wirklich nicht idiotischer als anderswo auf der Welt, außer dass hier Kindersendungen zur besten Fernsehzeit laufen. Sendungen wie *Bob der Baumeister*, *Thomas & seine Freunde* oder andere Cartoons werden hier um 20 Uhr gezeigt, und die Thais sehen sich diese Sendungen genauso begeistert an wie die thailändischen Seifenopern, in denen es um Betrug, Geister, Rache, Mord, Selbstmord, Messermörder, die ein Blutbad anrichten, oder hoffnungslose Liebe geht. Diese Seifenopern sind für den Farang etwas verwirrend, weil in allen Serien dieselben Darsteller mitspielen. Gerade wenn man sich fragt, warum Mr. Nice Guy plötzlich mit einem Messer auf Miss Nice Girl losgeht, erkennt man, dass es sich um eine ganz andere Serie handelt. Es gibt beim Thai-Fernsehfilm vier wichtige Arten: Pi (Geister), Mafia, gebrochenes Herz und Talok (Komödie), natürlich auch in verschiedenen Kombinationen wie Pi talok oder Mafia und gebrochenes Herz.

Die thailändischen Seifenopern spiegeln das Leben in Thailand wider (besonders die Angst vor Geistern und Gangstern), und das mit alarmierender Genauigkeit. Sie spiegeln auch das Leben jedes anderen Menschen wider, nur dass wir es nie zugeben würden. Die Barmädchen beten zu Buddha für ganz viel Glück bei ihrer allabendlichen Kopulation, und wir Farangs belächeln ihren Aberglauben. Man setze sich aber mit den Bergen von Farang-Liebesbriefen auseinander, deren Herzen von einer knackigen Thailady gebrochen wurden, und man wird darin dasselbe Getue und Flehen, dieselben Beschwörungen und Opfergaben für ganz viel Glück finden. Was soll ein Mädchen mit »unsterblicher Liebe« anfangen? Die Gabe von Zuneigung und vielleicht einem Geldschein ist für die schmerzende Seele (und die schmerzenden Hoden) des Gebenden eine Linderung, und es soll auch gar keinem praktischen Zweck dienen – genauso wie das Bier in den »Geisterhäusern« nie angerührt werden wird.

Die Hauptpunkte der Farang-Liebesbriefe sind kosmisch: Es gibt keine niedlichen Spitznamen, kein »Mein kleines Zuckerhäschen« oder so was. Thailadys dienen uns als Göttinnen, bei denen wir vergessen haben, wie man an etwas glaubt, und als Sterne mit ihren außerirdischen Bewohnern, an die wir sehnsüchtig glauben wollen. Anders als im gottlosen Westen gibt es in Thailand keine Berichte über UFO-Landungen und Entführungen durch Außerirdische. Hier gibt es schon mehr als genug Geister. Das Bild der Thailadys ist kitschig: Sie sind der Mond, die Sterne, die Sonne und das Firmament, obwohl ich in den Briefen der Farangs bisher noch keinen Vergleich mit dem Pferdekopfnebel, den Saturnringen oder dem Marsmond Phobos gefunden habe.

»Was muss ich für ein Trottel sein, dich so zu lieben?« – »Du musst mich für verrückt halten!« – »Ich weiß, dass deine Liebe wahr ist, und mein Herz gehört hundertprozentig dir!«

Die Antworten lauten: »Ja«, »Ja« und »Wie du wollen.«

Bei den Farangs findet eine masochistische Rollenumkehr statt: Es sind nicht die Frauen, die sich verlieben und bei denen der Himmel voller schmalziger Geigen hängt, sondern es sind die Männer. Die Frauen – ihr grundlegendes Selbst – sind absolut unerreichbar, aber ihre fantastischen Körper, der seidigbraune Ausdruck ihres grundlegenden Selbst, stehen einem jederzeit zur Verfügung! Das macht das Ganze noch frustrierender und herzzerreißender, weil man am Schrein der Angebeteten nicht allein ist.

»Ich komme mit dem Gedanken nicht klar, dass du mit anderen Männern schläfst!« – »Ich will nicht, dass du Liebe mit Fremden machst!« – »Ich will, dass du aufhörst, als Barmädchen zu arbeiten!« Wie süß ist diese Kapitulation, diese Qual, dieses Selbstmitleid …

Thailadys sind unsere UFOs, Kalis, Freyas, unsere Jungfrau Maria, unsere heimtückischen Aliens, Kobolde, Trolle und Succubi – also unsere liebsten Albträume. Sie sind auf wundervolle Weise kühl, unsichtbar, ohne Worte und manchmal nicht mal gebildet – was alles grundlegend für ihren Glanz ist.

Eine Thailady ist unsere eigene Gaea, unsere Mutter Erde, die uns so viel bietet, aber der unser Schicksal und unsere Gefühle völlig egal sind. Ich selbst bin das Leben, sagt sie, ich will deine klägliche menschliche Sprache nicht sprechen, und du störst mich nicht, solange du mich gut behandelst.

Der Mensch hat den Dampfmotor erfunden, die elektrische Zahnbürste, und man sucht nach Leben auf anderen Planeten (obwohl man eigentlich nur nach Thailand zu reisen braucht); dieser Tatendrang, das Streben und die Dinge, die wir tun, um die Zeit totzuschlagen, während die Zeit uns totschlägt, bekommen plötzlich durch sie, die Göttin, eine Bedeutung. Wir kommen nach Thailand, um uns unsere Herzen brechen zu lassen und sind wie verrückt nach schnellen Nummern, weil ein gebrochenes Herz besser als gar keines ist. Wir schenken der Göttin das Gold der Erde und das Gold aus unseren Herzen. Sie nimmt es begierig auf und singt dabei höhnisch den betörenden Gesang der Sirenen. Wir wollen geschlagen und ignoriert werden, wir wollen frustriert sein und ausgelacht sowie verschmäht werden, weil wir uns tief im Inneren der Schönheit hingeben wollen. Sie gibt uns das Gefühl, am Leben zu sein, und dafür wollen wir leiden. Wir weinen, flehen, lächeln, schluchzen und greifen nach dem luftigen, verzweifelten Hirngespinst, während unsere Zeit langsam, aber sicher abläuft ... und deshalb bekommen wir, was wir wollen.

ES IST ALLES SO EINFACH

Es ist eine Binsenweisheit, dass die Sextouristen in Strömen nach Thailand kommen, weil sie zu alt oder zu hässlich sind, um zu Hause flachgelegt zu werden. Wie alles andere, was Thailand betrifft, ist das aber nur die halbe Wahrheit; Patong und Pattaya sind überfüllt mit bierbäuchigen Betrunkenen in fleckigen T-Shirts, die sich verstohlen an gelangweilte Thailadys hängen. Man findet hier aber auch viele gepflegte, goldbehangene Günthers mittleren Alters, die an einem Arm eine echte Rolex tragen und am anderen eine Thailady. Natürlich gibt es auch die echten Kerle, also junge Typen, die ungeniert durch die Gegend stolzieren und deren Selbstbewusstsein und gebräunter Teint verkündet: »Zu Hause warten unzählige Tussis auf mich, nur diese hier sind dunkelhäutig.« Was wollen die hier bloß?

Angenommen, man ist mittleren Alters, hat nur noch wenige Haare auf dem Kopf und eine dicke Wampe, ist nicht so erfolgreich wie angenommen und steckt irgendwo in Duisburg, Leeds, Wollongong oder Omaha fest. Das Sexleben ist größtenteils frustrierend, entweder weil man Single oder seit dreißig Jahren mit derselben Frau verheiratet ist, die noch schrumpeliger geworden ist als man selbst. Bestenfalls kann man auf mühselige Balzrituale mit einer Dame gleichen Alters hoffen, die man durch eine seltsam verschlüsselte Anzeige gefunden hat und die generell allen Männern die Schuld an ihrem Leid gibt und speziell dir.

Und dann, schon fast verzweifelt, kommt man nach Thailand. Hier findet man diese atemberaubend schönen Frauen, bei denen einem das Wasser im Mund zusammenläuft, Frauen mit unglaublich schöner, seidiger und dunkler Hautfarbe, und sie lächeln dich an, flirten mit dir und wollen nackt neben dir liegen! Du findest schnell raus, dass die Thailadys auf deine Wampe stehen, weil es sie an Buddha erinnert, und es zeigt ihnen, dass du viel Geld hast, um diese Wampe zu pflegen. Sie finden deine schrumpelige, blasse Haut so sexy, dass sie dich dazu bringen, ihnen krebserregenden Hautaufheller zu kaufen, um ihre Haut genauso hell zu machen. Sie stehen auf deine dicke lange Nase, weil sie ganz viel

Glück bedeutet. Dazu fällt einem eine weitere Binsenweisheit ein: Frauen altern, aber Männer reifen. Der etwas ältere Kerl verfällt der Lust, weil die Thailadys so leicht zugänglich sind. Man muss niemanden anbaggern, und es gibt keine Verabredungen, keine Clubs für Singles und keine Anzeigenseiten für einsame Herzen. Es ist alles so einfach.

»Wohin du gehen, sexy Man?« – »Mit dir überall hin, sexy Lady!« – »Wie du wollen!«

Bei einer Thailady gibt es kein Gefühlschaos und Unsicherheit, keine abgesagten Verabredungen (sie kommt auf dich zu!), keine Verwunderung, was das alles zu bedeuten hat. Natürlich wird die Thaischönheit auftauchen, und wenn nicht, kommt eben ihre beste Freundin. Westliche Männer und Frauen gehen immer nach demselben festgelegten Strickmuster vor, wenn es um ein Date geht. Gespräche sind mentales Kampftraining. Woher stammt man? Welchen Akzent spricht man? Welche Schule hat man besucht? Welche Aussichten hat man? Sollte ich begeistert/beschämt sein, mich mit dieser Person in der Öffentlichkeit zu zeigen? Was werden meine Freunde denken? Einer Thailady ist es völlig egal, ob man Raketentechniker oder bloß ein armes Würstchen ist. Ihr ist es egal, was ihre Freundinnen denken, weil diese genau dasselbe wie sie denken. Sie will dich – in Fleisch und Blut, hier und jetzt. Was sie nicht will, ist, dass man zu viel weiß. Ein Bekannter aus Henrys Bar sagte mir, dass er mit dem Mädchen, das bei ihm wohnte, Ärger gehabt hätte, weil er die ganze Zeit mit anderen Farangs in Bars abhing.

»Mit wem sollte ich denn sonst einen trinken gehen?«, hatte er seine Lady gefragt. »Ich bin schließlich ein Farang!«

»Nicht mit diese Leute!«, sagte sie aufgebracht. »Sie hier leben! Sie zu viel wissen! Sie sein Feind!«

Ich hatte eine gegenteilige Erfahrung in Pattaya gemacht. In einem Buchladen sprach mich eine süße Thailady mit einem amerikanischen Akzent an. Ihr Englisch war perfekt, und ich nahm an, dass sie Amerikanerin war, aber thailändische Eltern hatte. Aber nein, sie war in einem amerikanischen Kloster aufgewachsen und hatte Thailand nie verlassen. Obwohl sie sich mir aufreizend zur Verfügung stellte, suchte ich anständig das Weite. Sie war der Feind. Sie wusste zu viel. Sie würde wissen, was ich dachte.

Natürlich sind wir in der westlichen Welt sexuell befreit, und wie wir alle wissen, wurde Sex in den Sechzigern erst erfunden. Wir vögeln, wann immer wir können, wir sind sexuell befreit, aber gehemmt. Thailadys sind ungehemmt, weil es für sie die Jahrhunderte von Schuld und Sünde nicht gab, von denen sie hätten befreit werden können. Trotz ihrer kindlichen, gierigen und verschlagenen Unschuld ist eine Thailady reifer als die Leute aus dem Westen, die sich darum sorgen, ob sie »genug bekommen«, »zu viel«, »durchschnittlich viel« oder das richtige Maß – oder sie machen sich generell einfach Sorgen. Eine Thailady weiß, dass es für uns zu diesem seltsamen Ding namens »Beziehung« gehört, wenn wir wie eine Rakete abgehen.

»Mann glücklich« ist für sie anscheinend von gleicher Bedeutung wie »Boden sauber« – es gehört zu einem gut geführten Haushalt. Eine Thailady, die mit Mopp und Besen das Haus sauber macht – während ihr Farang in königlicher Trägheit auf dem Sofa herumlungert und sich fragt, ob er die Mentholzigarette am richtigen Ende angezündet hat –, wird gleichzeitig auch überprüfen, ob sich bei ihm unter der Gürtellinie irgendwas regt. Es gehört zu der Hausarbeit eines braven Mädchens. Sollte sie seismische Bewegungen im Genitalbereich erkennen, wird sie den Mopp an die Seite stellen und den ungezogenen Hausbewohner besteigen (oder von ihm bestiegen werden), der genauso gepflegt werden muss wie der Rest des Hauses. Wenn die Arbeit erledigt ist, macht sie auf ihrer Liste der zu erledigenden Hausarbeit einen Haken bei »Vögeln« und geht zur nächsten Aufgabe über.

Ich lag natürlich nicht faul herum. Ich half Wings Freundinnen immer bei ihren Liebesbriefen, die sie an entfernte »Verlobte« schickten. Dabei sparten sie die Kosten für die Übersetzung und Herstellung der Briefe in speziellen Kalligrafieläden. In Bangkok gibt es Geschäfte, die sich darauf spezialisiert haben, den Ladys die effektivsten Bettelbriefe zu schreiben. Dort denkt man sich für sie eine Geschichte aus, zum Beispiel dass sie letztes Jahr eine Nierentransplantation gehabt hätten. Manche Mädels erfinden einfach ein neues Baby (seins!), für das sie ganz viel Geld brauchen, und wenn er nach Thailand kommt, um das Baby zu sehen, leihen sie sich eins von einer Freundin. Es gibt Ladys, die sehr gut davon leben können, einfach nur ihre Babys zu verleihen. Ich half den Mädels, indem ich mir den Inhalt der Briefe selbst ausdachte, besonders bei den deutschen Verehrern. Ich machte die Briefe so pornografisch wie möglich und lenkte sie vom Schluchzen und Herzschmerz ab, indem ich über feuchte Pussys, harte Nippel und so weiter schrieb. Die Mädels kamen mit den Antwortbriefen immer zu mir, und aus dem Umschlag fiel meistens ein neuer glatter Geldschein. »Oh! Papa! Gutes Herz!«, trällerten sie daraufhin und umarmten mich.

Wings Freundin Foon, auch ein heißer Feger, kam öfter mal mit einem blauen Auge und all ihren Sachen bei uns an und teilte daraufhin für zwei oder drei Nächte das Bett mit uns (sie war so nett und tat so, als würde sie schlafen, während Wing und ich neben ihr ächzten und stöhnten). Foon schwor, dass sie nie wieder zu ihrem Whiskey saufenden Typen zurückkehren würde. Er hatte sie verprügelt, weil sie sich in der Bar, in der sie beide regulär arbeiteten, den Männern angeboten hatte; sie arbeitete als Prostituierte, weil sie von ihrem Typen kein Geld bekam, und er gab ihr nichts, weil sie als Prostituierte arbeitete. Die Bar gehörte jedenfalls diesem schmutzigen, goldbehangenen Gangster, der seinen Angestellten nur Lohn zahlte, wenn die Sterne günstig standen. (2005 musste der schon bald darauf vertriebene Ministerpräsident Taksin heftige Vorwürfe von der Presse einstecken, weil er keine Fragen beantworten wollte, da seine Sterne nicht günstig standen und »Merkur sich an der falschen Stelle« befand.) Foon ging aber immer wieder zu dem Kerl zurück, besonders wenn Wing und ihre anderen Freundinnen sich auf die Seite des prügelnden Freundes schlugen. Sie waren der Meinung, dass er ein gutes Herz hatte und nur Whiskey trank, weil Foon eine zu große Klappe hatte und verrückt war (»ding-dong!«); deshalb hätte sie schließlich eine ordentliche Tracht Prügel verdient. Als Foon irgendwann mal 8000 Baht, also 200 Dollar, beim Pokern gewonnen hatte, lud sie etwa ein Dutzend von uns zu einem ausgiebigen Essen ein, obwohl sie es zu einem Fünfzehntel des Preises hätte haben können, wenn wir bei uns im Haus gegessen hätten.

Foon hatte einen Farang namens Roberto, und sie war sogar schon mit ihm nach Rom gereist, aber sie hasste seine Mutter, und sie hasste Rom, weil es kalt und langweilig (!) war und sie die Fernsehsendungen nicht verstand. Die italienischen Mädchen hassten sie, weil Foon viel attraktiver als sie war, und sie waren eifersüchtig auf Foons Körper. Als sie sich gerade mal wieder von ihrem Thai-Boyfriend getrennt hatte, rief Roberto sie an und bot ihr eine Woche in Bangkok an, für die sie keinen Pfennig zahlen musste; außerdem wollte Roberto ihr ein Taschengeld von 1000 Baht pro Tag zahlen.

»1000 Baht für schnelle Nummer. Ich sagen: Verpiss dich, Cheap Charlie!« Ich hielt es für ein ziemlich gutes Angebot – Essen, Trinken, Unterkunft plus gut verdientes Geld –, aber ich schwieg. Hin und wieder treten Spannungen zwischen langjährigen Partnern auf, wenn er denkt, dass er ein wenig Rabatt verdient hätte, während sie sich als unwiderstehliche Schönheitskönigin immer noch wie ein Taxameter bezahlen ließ. Also jagte Foon ihren Roberto zum Teufel. Ich brauche nicht zu erwähnen, dass sie eine Woche später bei uns vor der Tür stand und sich 1000 Baht leihen wollte, weil sie absolut pleite war.

Ein anderes Mal kam sie ins Haus, setzte sich hin und breitete schweigend 10.000 Baht auf dem Bett aus. Sie hatte das Geld in einer neuen Pokerschule gewonnen, die einer eleganten Barbesitzerin gehörte. Am nächsten Tag hatte Foon wieder 10.000 Baht gewonnen, und am Abend darauf hatte sie die Ehre, an einem ernsthaften Kurs teilzunehmen, der die ganze Nacht dauerte und im Haus der Grande Dame stattfand! Vergebens versuchte ich, sie vor dem ältesten Trick aus dem Lehrbuch zu warnen; aber da war sie schon weg und kam zurück mit 50.000 Baht Spielschulden sowie ernsten Drohungen, dass man sie verstümmeln würde, wenn sie nicht bezahlte. Natürlich geriet Foon in Panik, bis ihr Gangsterfreund das Richtige tat und die ganze Angelegenheit regelte – ob mit Geld oder Fäusten, ist mir nicht bekannt.

Immer wenn ich Gespräche über lästige (oder geizige) Boyfriends hörte, waren sie voller Phrasen wie »weinen bitterlich«, »gebrochenes Herz«, »ich dich lieben für immer«, »kann nicht leben ohne dich«, »ich immer treu sein« und so weiter, aber in Farang-Sprache. Ein in Thailand weit verbreitetes Lehrbuch der englischen Sprache enthält Beispielsätze für Unterhaltungen, anhand derer die Schüler lernen sollen – aber offensichtlich lernen sie diese nur auswendig. Ich übernahm einige Sätze in den Briefen, die ich für die Ladys schrieb, nur dass ich hin und wieder ein paar Ferkeleien einbaute.

Hier sind ein paar wortgetreue Beispiele:

Mein liebster X,
wie geht es dir dort drüben? Ich hoffe, gut. Ich freue mich, dir mitteilen zu können, dass ich nicht mehr in der Disco Bar arbeiten muss. Meine Eltern konnten die ausstehenden Zahlungen an die Arbeitsvermittlung, die meinem Vater den Job in Saudi-Arabien verschafft hat, übernehmen. Wie ich dir bereits zuvor geschrieben hatte, wollte ich eigentlich gar nicht als Barmädchen arbeiten, aber ich habe diesen widerwärtigen und riskanten Job nur wegen der hohen Schulden meiner Eltern erledigt. Ich werde wieder nach Hause zurückkehren und dort eine Schweinezucht aufbauen. Vielleicht kann ich zusätzlich noch einen Schönheitssalon eröffnen. Um ehrlich zu sein, habe ich von diesem langweiligen Leben die Nase voll, und es ist mir sehr unangenehm so zu tun, als würde ich Spaß daran haben, wenn ich die Kunden wahllos unterhalte.

Als ich dir zum ersten Mal begegnet bin, dachte ich, du seiest genauso wie alle anderen Kunden. Aber ich habe erkannt, dass du ganz anders bist, da du sehr zärtlich und nett zu mir bist, und deshalb bin ich verrückt nach dir. Du hast gesagt, dass du mich heiratest, wenn ich diesen Job beende. Da ich dort nicht mehr arbeite, möchte ich wissen, ob du dein Versprechen immer noch einhalten willst. Ich liebe dich von ganzem Herzen und will nur dir allein gehören. Bitte antworte mir schnell!

Deine liebste Y

Liebster X,

ich habe deinen Brief von letzter Woche bereits erhalten, und er hat mein Herz und meine Hände in Flammen gesetzt. Ich weiß nicht, wer dir erzählt hat, dass ich dir nicht treu geblieben sei. Ich schwöre dir, ich habe nie einen anderen Thaifreund gehabt, seitdem du weg bist! Ich habe eingewilligt, deine Ehefrau zu sein, nicht wegen deines Geldes, sondern wegen der Liebe, die ich dir gegenüber verspüre. Ich liebe dich, deshalb bin ich deine Frau. Auch wenn unsere Ehe gesetzlich nicht gültig ist, möchte ich trotzdem einzig und allein nur deine Frau sein. Ich glaube, Ehrlichkeit ist sehr wichtig, und auf beiden Seiten sollte es kein Misstrauen geben, weil es unserer süßen Beziehung nur schaden würde. Ich möchte dir offen sagen, dass ich das meiste Geld, das du mir geschickt hast, nach Hause zu meinen Eltern geschickt habe. Ich benutze dein Geld nicht, um einen Thaifreund zu ernähren, so wie du es in deinen vorherigen Briefen geschrieben hattest. Ich war schockiert, als ich das lesen musste. Ich konnte nachts kein Auge mehr zumachen. Wie du eigentlich wissen solltest, liebe ich dich so sehr – warum also sollte ich dich anlügen? Damit würde ich doch nur dein Vertrauen in mich verlieren, und du würdest mich wegen Untreue verlassen.

Deine einzig wahre Liebe, Y

Liebster X,
ich sträube mich dagegen, dir diesen Brief zu schicken, da ich nicht genau weiß, ob es momentan der richtige Zeitpunkt dafür ist. Aber du hast mir gesagt, dass ich dir Bescheid sagen soll, wenn ich mehr Geld brauche, um das Nötigste zu kaufen. Liebster! Grundlegende Dinge wie Seife und Waschpulver neigen sich dem Ende zu. Du kommst doch nächste Woche, oder? Möchtest du noch irgendetwas haben? Lass es mich wissen, und ich werde es für dich vorbereiten, einverstanden? Ich würde gern mit dir einkaufen gehen, wenn du angekommen bist, aber ich habe jetzt beschlossen, es allein zu tun, da es sich nur um kleine Dinge handelt. Es macht dir hoffentlich nichts aus ...

Deine dich liebende Y

Mein lieber Ehemann,
ich schreibe diesen Brief mit Tränen in den Augen, weil du nicht weißt, dass die Zuhälterin, für die ich gearbeitet habe, mich zwingt, während deiner Abwesenheit wieder für sie zu arbeiten. Sie sagte, dass du ihr nicht ausreichend Geld dafür gegeben hättest, dass ich nicht mehr für sie arbeiten bräuchte. Es war dein Wunsch, dass ich diesen Beruf nicht mehr ausübe, weil wir geheiratet haben. Ich bin deswegen total unglücklich und möchte wissen, ob es stimmt oder nicht. Wenn es wahr ist, habe ich keine andere Wahl, als wieder für sie zu arbeiten. Ich liebe dich so sehr, und ich will mich von diesen Leuten befreien, um für immer mit dir zusammen sein zu können, falls du mich überhaupt noch haben willst. Ich spare jetzt Geld, womit ich wenigstens einen kleinen Schönheitssalon in meinem Heimatdorf eröffnen kann. Das ist immer mein Traum gewesen, und ich weiß genau, dass ich nicht für immer ein Barmädchen sein kann und dass die Leute auf diesen Beruf herabblicken. Wir haben keinen gesellschaftlichen Stellenwert. Bitte sag mir, was ich tun soll, und komm schnell zu mir.

Deine Y

Liebster,
ich weiß nicht, ob es dich erfreuen wird, was ich dir berichte. Ich
plane, ein Reihenhaus zu erwerben, das ich monatlich in Raten
von 4000 Baht abzahlen werde. Ich glaube, die monatlichen Ra-
ten werden für mich kein Problem sein, da ich dafür genug verdie-
ne. Das einzige Problem ist die Kaution über 100.000 Baht. Ich
glaube nicht, dass ich so viel von meinem Lohn sparen kann, und
auch wenn ich es könnte, würde sich die Kaution bis dahin auf
das Doppelte belaufen. Aus diesem Grund bitte ich dich um Hilfe.
Wie du weißt, habe ich eine Mieterhöhung erhalten. Ich glaube
nicht, dass es eine gute Idee ist, mein ganzes Leben in einer Miet-
wohnung zu verbringen und nichts Eigenes zu besitzen. Ich hoffe,
du verstehst meine Lage, und wenn du nach Thailand kommst,
musst du nicht mehr im Hotel übernachten. Das hier wird dein
zweites Zuhause. Bitte antworte mir schnell.

Auf immer und ewig deins, Y

Peter! Mein Liebster!
Was ist los? Warum hast du mir keinen einzigen Brief geschrieben?
Ich stehe Todesängste aus, weil ich nichts von dir höre, weißt du?
Ich konnte deswegen in den vergangenen Nächten nicht schlafen.
Unsere Kinder fragen ständig, wann du zurückkommst. Liebs-
ter! Ich bin momentan knapp bei Kasse, und wie du weißt, reicht
mein Lohn nicht aus. Wenn dein Geld bei mir bis Ende des Mo-
nats nicht angekommen ist, wird mir nichts anderes übrigbleiben,
als wieder in der Bar in Patong zu arbeiten. Du warst derjenige,
der wollte, dass ich damit aufhöre, und ich bin sehr enttäuscht,
dass du uns hier zurückgelassen und uns in den letzten Monaten
keinen einzigen Brief geschickt hast …

Deine dich liebende Ehefrau Y

George, mein Liebster,

ich schreibe dir diesen Brief, um mich für die harten Worte zu entschuldigen, die ich dir an den Kopf geworfen habe, weil ich die Wahrheit nicht kannte. Ich habe gedacht, dass du mich nur geheiratet hast, weil du in Thailand ein Geschäft eröffnen wolltest. Auch wenn ich in meinem bisherigen Leben nicht wie andere Mädchen rein geblieben bin, habe ich dem Leben als Bardame gänzlich abgeschworen. Ich will eine gute Ehefrau für dich sein sowie eine gute Mutter, auf die unsere Kinder stolz sein können. Ich will nicht deinen Ruf als Geschäftsmann beschädigen. Bei deiner jetzigen Geschäftsreise habe ich erkannt, dass du ein großartiger Mann bist und dass ich dich als Ehemann liebe. Ich bin so traurig, und ich sollte nicht immer auf das Gerede von anderen Leuten hören, weil es der Familie immer nur schaden wird und vielleicht sogar auch unsere Liebe zerstören wird. George! Ich denke so oft an dich und hoffe, dass du deiner Ehefrau verzeihst und schnell nach Thailand zurückkehrst. Mein Vater weiß nicht, dass du das Land verlassen hast, und er hat für dich Bananen gekauft, deine Lieblingsfrucht. Pass auf dich auf!

In Liebe, deine Ehefrau Y

So unglaublich es klingen mag – ich habe diese Briefe wirklich verfasst, und die Ladys erhielten darauf oftmals sogar eine Antwort – und einen Geldschein.

TOD, GLÜCK UND ANDERE DINGE

Das Leben in Fernost ist preiswert, und genauso sieht es auch mit dem Tod aus. Thailand hat eine so unglaublich hohe Mordrate, dass sich niemand mehr die Mühe macht, darüber Protokoll zu führen. Die Polizei entscheidet sich gern für »außergerichtliche Tötungen«; sie räumte während einer Aktion, die vor einigen Jahren gestartet wurde, um das Land von den Drogendealern zu säubern (das heißt, die Drogendealer, die nicht bei der Polizei arbeiten), fast zweitausend unerwünschte Personen aus dem Weg. Die hohen Regierungsbeauftragten schrien bestürzt auf, dass sie derartige Aktionen von der Polizei nicht erwartet hätten, aber sie erklärten auch nicht, was sie genau von der Polizei erwartet hätten. Vor nicht allzu langer Zeit wurde im muslimischen Süden des Landes ein ganzes Fußballteam während eines Spiels niedergeschossen, weil man sie für Separatisten gehalten hatte. Siebzig Demonstranten, die gegen diese Gräueltat auf die Straße gegangen waren, wurden verhaftet, gefesselt und in einen Polizeiwagen gestopft, wo sie qualvoll erstickten.

Man kann hier sein Leben für ein bisschen Kleingeld verlieren, für die kleinsten Spielschulden oder weil man in der Disco dem Sohn irgendeines Apparatschiks auf die teuren Gucci-Slipper getreten ist. Dieser schreckliche Gesichtsverlust muss geahndet werden, und der Schuhtreter wird sofort erschossen oder von Schlägertypen gefesselt, in einen Kofferraum verfrachtet und taucht erst wieder als verschnürtes Bündel in irgendeinem Fluss auf. Es gibt auch unglaublich viele Gemetzel auf den Straßen. Die Thais fahren ihre Autos und Motorräder mit einer extremen Sorglosigkeit, bis sie ihr Fahrzeug (und sich selbst) zu Schrott fahren. Buddha ist schließlich derjenige, der am Steuer sitzt, und wenn man einen Unfall hat, ist es einfach Pech.

In Thailand ist es recht einfach, einen Killer auf jemanden anzusetzen, und es kostet auch nicht viel, wenn man es nicht über den örtlichen Polizeichef laufen lässt, der ein bisschen mehr kassieren wird. Der Auftrag wird gewöhnlich vom Rücksitz eines Motorrads ausgeführt, meistens während eines Verkehrsstaus, und die Polizei wird daraufhin den nächstbesten Motorradfahrer festnehmen. Nachdem er 25 Jahre im Zuchthaus verbracht hat, wird er Protest erheben, weil er Teil einer Verschwörung ist, und er kann Namen von Personen nennen, die bei Regierung oder Polizei höchste Ämter besetzen. Nur die Aussicht auf unzumutbare Qualen oder darauf, gänzlich verschleppt zu werden und nie wieder aufzutauchen, hält ihn davon ab, diese Namen preiszugeben.

Die Thais sind aber generell zu freundlich, um einen Skandal hervorzurufen oder diesen in der Klatschpresse breitzutreten. Ungehörige Dinge werden diskret behandelt. Irgendein hohes Tier, das mit einer Autoladung Crystal Meth und minderjährigen Mädchen erwischt wird, fällt nicht in Ungnade (weil er sonst sein Gesicht verlieren würde), sondern wird auf einen »inaktiven Posten« versetzt. Die Zeitungen werden einhellig darüber berichten, dass er »mit gutem Beispiel« vorangeht, und der Name des Missetäters wird gar nicht erst genannt. Es läuft nicht nach dem Motto: »Lasst uns den Mistkerl schnappen!« – das wäre einfach unhöflich.

Ein Abt eines großen Buddhistentempels wurde kürzlich von einem Gremium der Buddhistenvereinigung überprüft, weil es »Unregelmäßigkeiten« gegeben hatte: Der Abt hatte nicht nur mit Land gehandelt, sondern auch behauptet, dass er Wunder vollbringen könne, und er war weiblichen Tempelbesuchern angeblich zu nahe gekommen. Das Schlimmste, was ihm nun passieren konnte, war, dass man ihn zu einem Tempel am Rande der Zivilisation versetzte. Auch wenn er seine Kutte hätte ablegen müssen, hätte ihn nichts davon abgehalten, sie wieder anzulegen, unter falschem Namen und als Anfänger in einem anderen Tempel. Man kann dem Mönchstum nur für zwei Wochen oder zwei Monate beitreten, wenn man möchte, und das ist für Verbrecher ein bequemer Weg, sich für eine gewisse Zeit versteckt zu halten. Die Gerichte verknacken manche Straftäter, die nur kleine Delikte begangen hatten, zu sechs Monaten oder so in einem Tempel, nicht zu einer Gefängnisstrafe.

Die Buddhisten entsorgen die Toten, indem sie sie verbrennen. In Patong gibt es einen kleinen muslimischen Friedhof in einer kleinen Seitenstraße, und die Thais vermeiden es, ihren Blick zu heben, wenn sie gezwungen sind, über diesen Friedhof zu laufen; sie haben Angst, dass sie hier irgendwelchen Geistern begegnen. Jedenfalls sind die Leichenschauhäuser und Krankenhäuser in Phuket meistens überfüllt mit unverbrannten Toten, und dort stinkt es wie verrückt. Eine trauernde Familie muss den oder die Verstorbene beim Gemeindekrematorium einäschern, und da Phuket die reichste Provinz in Thailand ist, zieht sie auch viele unbekannte Schmarotzer an. Die privaten Krematorien weigern sich, diese Toten für lau zu verbrennen – auch weil der Rauch von Gesindel bei der Reinkarnation stört –, und die Provinzregierung verweigert diesen Dienst ebenfalls. Deshalb ist Phuket die Stinkbombe Thailands. Das Leben mag zwar günstig sein, aber der Tod ist nicht umsonst.

Ein Engländer namens Roger, der in Patong wohnte, wurde umgebracht – angeblich von der bereits zuvor erwähnten Alice. Roger war fünfzig, ruhig und bescheiden, und er machte keine zwielichtigen Geschäfte. Er war urplötzlich zum Witwer geworden, hatte in Hongkong ganz viel Geld gescheffelt und sich daraufhin in Patong zur Ruhe gesetzt, um Golf zu spielen. Er war nicht wegen der Mädels hier, er stand nicht auf so was – wie ein Typ, der nach Alaska zieht und keinen Schnee mag. Roger besaß verschiedene Goldstücke und wertvolle antike Schwerter, die er dummerweise bei sich zu Hause aufbewahrte. Obwohl er nicht durch die Bars zog, verguckte er sich irgendwann in Alice, die etwa zehn Jahre jünger als er war. Die beiden lebten ungefähr zehn Jahre in wilder Ehe zusammen. Alice war zu alt, um dem horizontalen Gewerbe nachzugehen, aber sie hatte viele Freier am Haken. Dazu gehörte auch ein Polizeibeamter, der ihr einredete, dass sie viel mehr Geld aus ihrem geliebten Roger quetschen könnte, als er ihr in Wirklichkeit gab. Roger hingegen wollte, dass sie mit den schmutzigen Geschäften aufhörte.

Letzten Endes drohte Roger damit, ihr gar kein Geld mehr zu geben, was ein böser Fehler war. Vollendete Tatsachen sind das einzig Wahre. Wenn man eine Thailady verlässt, sollte man sichergehen, dass man sie verlassen hat – man sollte am besten die Schlösser der Haustür wechseln, oder besser, das Haus und den Namen dazu. Ein neues Gesicht wäre auch angemessen. Roger wurde mit einem seiner antiken Schwerter abgestochen, und seinen Körper zierten vierzig Stichwunden; Alice behauptete, es sei ein klarer Fall von Selbstmord gewesen. Irgendwer hatte allerdings drei Berufskiller aus dem Norden Thailands angeheuert, die auch sofort am Tag nach dem Mord verhaftet wurden, als sie Rogers markante Goldstücke in einem Juweliergeschäft in Patong verkaufen wollten. Sie waren auffällig geworden, weil sie mit ihrem nördlichen Dialekt sprachen, der in Südthailand wie eine fremde Sprache klingt. Die britische Klatschpresse beleuchtete den Fall, als wäre Roger ein alter Lustmolch gewesen, der sich in ein zugedröhntes blondes Sexpüppchen verknallt hatte. Aber nein, er war (angeblich) von seiner langjährigen Konkubine abgemurkst worden.

Rogers Beerdigung war ein seltsames Gemisch aus buddhistischer und christlicher Art. Er wurde nach Buddhistenart eingeäschert, allerdings in einem Sarg, wie nach christlicher Tradition. Seine Beisetzung fand in einem Buddhistentempel statt, aber die Grabrede wurde von so einem Missionarstypen gehalten, der die versammelten Mädels und Farangs belehrte, dass sie alle Sünder seien, weil sie, wie er, in Patong lebten. Die Mädels trugen Schwarz, weil man ihnen gesagt hatte, dass dies bei den Christen die Farbe der Trauer sei. Für die Thais ist Weiß die Farbe der Trauer, Schwarz trugen sie abends in den Bars, wenn sie arbeiteten. Deshalb waren sie alle in ihren kurzen schwarzen Miniröcken aufgetaucht, was für sie besonders praktisch war, denn nach der Zeremonie konnten sie gleich zur Arbeit gehen, ohne sich umziehen zu müssen.

Der Sarg stand so lange offen, bis er den Flammen übergeben wurde, was anscheinend einer christlichen Tradition folgen sollte.

Die trauernden Farangs fingen an, Münzen in den Sarg zu werfen, weil sie dachten, damit einer buddhistischen Tradition zu folgen (den Toten werden Bierflaschen, Instant-Nudeln, Schachteln mit Kondomen und andere Dinge in den Sarg gelegt, also alles nützliche Dinge, die sie im Jenseits gebrauchen können). Die Mädels hielten es für eine christliche Tradition, Münzen in den Sarg zu werfen, und taten es genauso. Schließlich wurde der Sargdeckel geschlossen, und Roger trat seinen letzten Weg ein wenig reicher an.

Bei einer buddhistischen Beisetzung muss man auf den Schornstein achten; wenn weißer Qualm austritt (wie bei der Wahl für einen neuen Papst), ist es ein Zeichen, dass es dem Verstorbenen gut geht und er zu Asche geworden ist. In Rogers Fall trat nur ein armseliges Wölkchen aus dickem schwarzen Rauch auf. Einige furchtlose Farangs gingen in die Hinterräume, um nachzusehen, was da los war. Dort fanden sie die Angestellten des Krematoriums vor, wie sie fröhlich die zahlreichen Münzen zusammenkratzten, die aus Rogers verkohltem Sarg gefallen waren. Anscheinend konnte man sehen, wie Rogers schwelende Knochen aus dem halb verbrannten Sarg rausguckten; die Leichenbestatter waren nicht an diese Art von Beisetzung gewöhnt, und sie hatten dieselbe kleine Menge Benzin benutzt, die man für einen buddhistischen Toten benutzen würde, der gewöhnlich nackt und ohne Sarg verbrannt wurde. Daher hatte Rogers Sarg kaum Feuer gefangen, und wahrscheinlich waren nur Rogers innere Organe irgendwie verbrannt, aber nicht seine Muskeln oder Knochen, und auch nicht die Münzen. Also wechselte noch mehr Geld den Besitzer, und Roger wurde schließlich doch noch auf korrekte Weise ins Reich der Toten überführt.

Rogers Killer bekamen lebenslänglich, und Alice – da ihr Polizeifreund wohl nicht so viel Macht besaß, wie sie gedacht hatte – wurde unter Hausarrest gestellt, was bedeutete, dass sie Südostasien nicht verlassen durfte. Ihre Gerichtsverhandlung wurde alle drei Monate aufs Neue angesetzt und wieder vertagt, weil mal wieder ein wichtiger Zeuge verschwunden war oder plötzlich sein Gedächtnis verloren hatte. Deshalb serviert Alice in ihrer Bar mittlerweile wieder fröhlich ihren Gästen Drinks, als wäre nichts geschehen. Hin und wieder hatte sie noch eine schnelle Nummer mit denjenigen, die makaber oder geil genug waren, sich mit einer älteren mutmaßlichen Mörderin einzulassen.

In Patong lebte ein Belgier namens Fritz, der dort ein Fleischereigeschäft und -großhandel betrieb. Er hatte nie Geld, weil er seinen Mädchen ständig was spendierte und den Rest für Wodka und Fleisch ausgab. Fritz wurde irgendwann ins Gefängnis gesteckt, weil er angeblich einen Mord begangen hatte. Seine »Handelsfirma« war zuvor zusammengebrochen, weil Fritz die Schulden nicht begleichen konnte, und daraus war seine mies laufende Ein-Mann-Schlachterei geworden. Sein damaliger chinesisch-amerikanischer Geschäftspartner hatte den Verdacht auf Veruntreuung und wollte Fritz hochgehen lassen, der wiederum versuchte, seinen Partner mit Schecks über insgesamt 800.000 Baht zu bestechen. Einen Tag nachdem die Schecks geplatzt waren, wurde der Chino-Amerikaner in seinem Haus erschossen; die Killer waren traditionell auf Motorrädern geflüchtet. Die amerikanische Botschaft verurteilte dieses Verbrechen an einem amerikanischen Staatsbürger und veranlasste die thailändischen Cops, den Vorfall zu untersuchen. Fritz wurde verhaftet, aber nach einem Jahr Knast kam er auf Kaution frei. Jeder glaubte, dass er sich aus dem Staub machen würde, aber nach Belgien konnte er nicht zurück, weil er dort wegen einer anderen Sache gesucht wurde. In Bangkok, genauer gesagt in der Kao San Road, kommt man jedoch leicht an gefälschte Pässe. Daher sah man Fritz bald wieder in der Stadt, in der einen Hand Wodka, in der anderen ein junges Mädchen – als wäre nichts gewesen. Ich glaube, er hat sich letzten Endes von der Schuld freigekauft.

Da war auch noch ein anderer Typ aus Sri Lanka, der nicht ganz so viel Glück gehabt hatte. Er war in Patong mit einem Koffer voller Travellerschecks angekommen, die er vermutlich bei seinem Arbeitgeber, einer dänischen Bank, gestohlen hatte. Der Typ feierte ausgelassen eine Party nach der anderen, bis ihm das Geld ausging; weil er keinen Ausweg mehr sah, versuchte er, sich das Leben zu nehmen, was aber schiefging. Das hatte zur Folge, dass er ein paar Monate im Krankenhaus verbringen musste, allerdings wurde während dieser Zeit seine Reisepass ungültig, und er musste für jeden Tag eine »Versäumnisgebühr« von 200 Baht zahlen. Als er aus dem Krankenhaus entlassen wurde, war er haushoch verschuldet. Gerry aus dem Irish Pub startete eine Spendenaktion, und die wohlhabenderen Farangs in Patong gaben so viel Geld, dass sie dem Typen den Flug zurück nach Sri Lanka schenken konnten. So viele gute Herzen!

Dave von der Bohrinsel ist ebenfalls Stammgast in Henrys Bar, wenn er nicht gerade im Persischen Golf arbeitet. Er sieht aus wie ein Wrestler aus dem Lehrbuch und hat einen Hang zum Philosophieren. Er wohnt seit fast 19 Jahren in Thailand und wollte sich ursprünglich in dem südlichen Badeort Song Kla mit Frau, Kindern und einer eigenen Bar niederlassen.

»In Song Kla gab es drei Gangs, und ich hatte mir eine 45er besorgt, damit die Typen Bescheid wussten und mich in Ruhe ließen. Damals gab es in Song Kla viele Vietnamesen, und man konnte eine M-16 für etwa 200 Dollar bekommen oder alles, was man wollte. Na ja, jedenfalls ging meine Beziehung in die Brüche, meine Frau bekam die Bar, weil sie auf ihren Namen lief, aber nicht das Haus. Sie kam eines Abends vorbei und wollte auch mein Geld. Ich sollte ihr einen Scheck über 15.000 Dollar ausstellen, was ein großer Teil meiner Ersparnisse war. Ich stellte den Scheck aus, weil meine 45er im oberen Geschoss deponiert war und sie eine entsicherte Handgranate in der Hand hielt – sie hatte den Splint schon gezogen und presste den Bügel mit ihrem Daumen runter. Ich übergab ihr den Scheck, und sie drohte mir, dass, wenn er platzte, sie die Granate durch mein Schlafzimmerfenster werfen würde. Ich setzte einen Killer auf sie an und ließ ihr mitteilen, dass sie sich besser aus Song Kla verzog. Es sollte nur 500 Dollar bei Auftragserteilung und nochmals 500 bei Erfüllung kosten. Sie verstand und verpisste sich. Ich ging zurück nach England und fand es da einfach nur zum Kotzen. Ich war in einem Pub in Birmingham und wollte ein Mädchen ganz nett auf einen Drink einladen, aber sie sagte nur: »Verpiss dich, Opa!« Daraufhin schnappte ich mir das nächstbeste Flugzeug zurück nach Bangkok. Hier schlafe ich jeden Abend mit einer anderen. Man gibt ihnen einfach ein großzügiges Trinkgeld, dann lächeln sie und verziehen sich fröhlich, anstelle einem eine Handgranate in die Fresse zu schieben. Das macht das Leben einfacher. Thailand ist mein Zuhause. Behandle sie richtig, dann bringen sie dich nicht um.«

Thailand ist sehr ergiebig: In den zentralen Gebieten wird drei Mal im Jahr Reis geerntet, und überall wächst, sprießt und gedeiht es. Das Leben ist günstig, weil es von allem genug gibt und weil der Tod ein fester Bestandteil des Zyklus von Wachsen, Verrotten und Reinkarnation ist. Buddhisten verfügen nicht über speziell angefertigte Seelen, deshalb unterscheiden sie sich auch von uns. Bei ihnen gibt es zyklische Inkarnationen. Wenn man in diesem Leben »Verdienst macht«, wird man beim nächsten Mal als etwas Höheres zurückkehren, zum Beispiel als Polizeichef oder als Barbesitzer. Man macht Verdienst durch gute Taten, zum Beispiel wenn man den Mönchen Geld gibt oder, noch besser, wenn man den Reichen Geld gibt. Man macht nicht viele Punkte, wenn man den Armen Geld gibt. Nach der thailändischen Lehre des Buddhismus bedeutet Reichtum oder Heiligkeit in diesem Leben, dass man übermäßig viel Verdienst im letzten Leben gemacht hat, und arm zu sein bedeutet das Gegenteil. Wenn man theoretisch in den Zyklen seiner irdischen Existenz genug Verdienst macht, wird man das Nirwana erreichen und sich Buddha im ewigen Schlaf anschließen. Man gewöhnt sich sehr schnell daran, in einem Land zu leben, in dem nichts irgendeine Bedeutung hat. Nur das Nirwana ist etwas Wahres, alles andere ist nur Licht und Schatten. Mai pen rai!

Wenn man nun also eingeäschert ist (beziehungsweise am Straßenrand verblutet oder von Kugeln durchlöchert in einem Fluss treibt), wird ganz bald eine Pflanze oder Kaulquappe aus der eigenen Asche oder den Überresten entstehen. Dein Geist wird etwa drei Tage lang durch die Gegend schwirren – richtige Buddhisten halten eine Trauerphase von einer Woche ein –, und danach sollte dein Geist als Nudelverkäufer, Abt oder Barmädchen wiederauferstanden sein, je nach Verdienst, und alles läuft wieder auf gewohnte Weise. Es kann auch sein, dass man als irgendeine Pflanze oder Tier zurückkehrt. Allerdings gibt es keine Aufzeichnungen darüber, welche Verdienste einem mehr Punkte einbringen. Man muss da einfach auf das Glück vertrauen.

Das Prinzip Glück und Verdienst erklärt die ganze Frauenwirtschaft in Thailand. Westliche Großverdiener wie die Herren Rockefeller und Carnegie haben ihre Ziele erreicht, weil sie hart dafür gearbeitet haben. Die thailändischen Großverdiener erreichen ihre Ziele mit Glück, manche mit Bestechlichkeit. Die Vorbilder der Thais sind keine Abenteurer, sondern Mönche, die von den Spenden der Landsleute abhängig sind, meistens also von den ärmeren Leuten. Die Thailadys und diejenigen, die sich im großen Stil schmieren lassen, befinden sich noch weiter unten in der Rangordnung, aber das Konzept bleibt dasselbe: Lächle, und irgendwer wird dich beschenken. Eine besonders bekannte Lady aus der Halbwelt wird mit Neid betrachtet, nicht wegen ihrer athletischen Fähigkeiten, sondern wegen ihres Glücks aufgrund von früheren Verdiensten; ohne diese wäre sie wohl als Regenwurm oder Düngemittel zurückgekehrt.

Deshalb sind Thailadys ständig pleite. Geld kommt nicht durch Leistung, es kommt durch Glück. Es ist so, als würde man ständig von der Sozialhilfe leben – man muss nicht etwas für schlechte Zeiten zurücklegen, weil es keine schlechten Zeiten gibt. Von irgendwoher kommt immer eine Spende.

VON NAGEL-KNIPSERN UND KOCHENDEM WASSER

Nach ungefähr einem Jahr mussten Wing und ich unser Haus im Urwald räumen. Der frühere Diplomat Jean hatte angekündigt, dass alle, also auch er und seine Sippe, gehen mussten, weil er das gesamte Gelände für ein paar Millionen Dollar an Marc, einen Franzosen, verkauft hatte. Marc gehörten einige Girly-Bars und Restaurants neben Henrys Bar, und er wurde von allen »Napoleon« genannt, weil er jede Frau in Patong »erobern« wollte. Jean war hochverschuldet, wie ich von den Ladys erfuhr, und die Bank rief jeden Tag bei ihm an. Ich nahm an, dass das Gelände – feinstes Bauland direkt am Strand – sofort für ein neues Hotel umgegraben werden sollte und vier Mal so viel wie der ursprüngliche Kaufpreis einbringen würde.

Aber so war es nicht. Marc, der anscheinend gewisse mysteriöse Interessen einer feinen schweizerischen Geld waschenden Gesellschaft vertrat, wollte auf dem Gelände eine weitere lukrative Tauchschule eröffnen. Nachdem wir umgezogen waren, sah ich, wie auf dem Gelände ein Swimmingpool Form annahm, den man eigentlich in irgendwelchen Villen in Hollywood vermuten würde, und die Häuser wurden zu Umkleideräumen umgebaut. Etwas später war das Gelände sorgfältig renoviert und auffallend frei von Bewohnern oder Tauchern; irgendwer hatte hier fleißig Geld gewaschen.

Da gerade Hochsaison war, vermuteten Wing und ich, dass es wohl schwierig werden würde, eine Wohnung zu finden, weil ganz Phuket voller sexbesessener Primaten war. Ich machte Wing deutlich, dass ich mit dem Flugzeug und mit nicht mehr als einer Reisetasche hergekommen war und dass ich auf demselben Weg genauso schnell wieder abreisen könnte. Anstatt einer Thailady mit einer anderen Frau zu drohen, ist es besser, ihr mit einem ganz anderen Kontinent zu drohen. Mit Kontinenten kann sie nicht mithalten. Wing sauste sofort los, um mit irgendeinem ihrer Tintenfisch verkaufenden Freunde zu sprechen, und schon am nächsten Tag hatten wir dank des gut funktionierenden thailändischen Flurfunks ein Apartment im sechsten Stock des Sky Inn Condotel, besser bekannt als Katoey Mansion, ein paar Häuserblocks weiter.

Wings Freundinnen erledigten für uns den Umzug, sie waren fleißig wie ein Bienenschwarm. Mir wurde es nicht erlaubt, ihnen zu helfen, ich durfte nur die zwei Tuk-tuk-Taxis bezahlen, in die Wings Klamottenberge und sonstige weltlichen Dinge gestopft wurden, und ein halbes Dutzend reizender Ladys setzte sich noch oben drauf. Als ich diesem seltsamen Konvoi vorausfuhr, fühlte ich mich wie Cäsar, der mit seinen Truppen in Rom einmarschierte. Einige der Freundinnen wohnten auch im Katoey Mansion und waren nun unsere Nachbarinnen. Sie kamen zu jeder Tageszeit nach Hause, eigentlich nur zum Essen oder zum Schlafen. Wenn sie niemanden hatten, mit dem sie schlafen konnten, kamen sie zu uns, und wir teilten uns mit ihnen unser Bett, weil sie Angst vor den Geistern hatten.

Om war ein liebenswürdiges Mädchen, war knallhart und hatte mit 26 schon zahlreiche Abtreibungen hinter sich (ein paar nicht abgetriebene Kinder hatte sie bei ihrer Mutter im Norden Thailands abgeladen). Om war Alkoholikerin, wachte morgens zitternd auf und musste sich erst mal zum Frühstück eine halbe Flasche Sang Tip Whiskey reinziehen – ein Deutscher erzählte mir, dass Sang Tip (den er auch gelegentlich trank) in der EU verboten war, weil er zwanzig verschiedene, für den menschlichen Körper schädliche Chemikalien enthielt. Om schluckte Pillen, egal welche, und sie hob immer ihren Rock, um Kunden anzulocken – ein schwerer Verstoß gegen die zurückhaltende Thailady-Etikette. Sie verwüstete auch Hotelzimmer, wenn sie verärgert, benebelt oder besoffen war. Om hatte einige Monate in Japan verbracht, wo sie nie gehörte erotische Praktiken über sich ergehen lassen musste, und kam mit 50.000 Dollar in der Tasche zurück nach Thailand. Das Geld war innerhalb von sechs Monaten futsch, genauso wie ihr neues Auto und die Wohnung in Bangkok. Om hatte immer einen Boyfriend. Wirklich immer. Ich hatte jedenfalls viel Spaß mit ihr.

Einmal brachte sie ihren neuesten Freund mit, und sie wirbelte durch die Wohnung, um uns verschiedenste Sachen zu servieren. Sie bemühte sich, uns zufrieden zu stellen, trug ein hübsches Kleid mit Blumenmuster und benahm sich sehr mädchenhaft und albern. Ich schloss daraus, dass sie das Hotelzimmer ihres Freundes vor ein paar Tagen in einem Anfall von betrunkener Eifersucht zu Brei geschlagen hatte. Anscheinend war sie von ihm hingerissen. Er war ein geselliger Typ von der Insel Jersey im Ärmelkanal, und er sagte, dass er Om wegen ihrer zärtlichen Füße liebte und dass er so gern an ihren Zehen lutschte. Ich sagte ihm, dass ich auch nicht abgeneigt war, was das Zehennuckeln betraf, und wir führten ein ausführliches Männergespräch über dieses und ähnliche Themen. Daraufhin sagte er mir, dass Om eine fantastische Pussy habe, die wie eine Orchidee oder Rose oder so aussah. Er behauptete, dass er aus Erfahrung am Gesicht einer Thailady erkennen könne, wie ihr Geschlechtsorgan aussieht: wie Blumen, Weichtiere oder französische Patisserie. Die meisten sähen aber aus wie Blumen, sagte er. Ich konnte den praktischen Wert seines Talents nicht erkennen – oder ging er etwa immer auf die jungen Frauen zu und sagte zu ihnen: »Ich wette, deine Möse sieht aus wie eine Pusteblume, hast du Lust auf einen Fick?« Na ja, wir saßen nett zusammen, kannten uns nicht, tranken gemeinsam einen Kaffee und unterhielten uns über Staudenrabatten. Es war einfach ein ganz gewöhnlicher Tag in Thailand.

Wenn Om zu Besuch kam, war sie immer so gut wie nüchtern und war die liebste und einfachste Nachbarin. Sie wischte dann immer bei uns den Boden und räumte auf, für »Papa«. Sie benutzte ständig Wings Nagelknipser, und als Wing wieder zurück in der Wohnung war, warf sie immer den Nagelknipser sowie alles an Besteck, das Om benutzt hatte, in den Mülleimer. Ich nahm an, dass es sich um ein hygienisches Ritual von einem braven Mädchen handelte, bis ich sie fragte, warum sie diese völlig makellosen Utensilien einfach wegwarf. Anscheinend glaubten die anderen Mädels, obwohl sie Om gern mochten, dass Om HIV-positiv sei, weil sie alles mit jedem machte und viel zu durchgeknallt war, um die heiligen Kondome zu benutzen. Nachdem sich diese Szene acht oder neun Mal wiederholt hatte, tat Wing schließlich wenigstens so, als hätte sie meine Erklärung verstanden: »Man kann diese Dinge sterilisieren, indem man sie in kochendes Wasser legt.« Nach jedem von Oms Besuchen saßen Wing und ich immer feierlich vor dem Herd und sahen zu, wie unsere Löffel, Messer und Nagelknipser in kochendem Wasser lagen. Es war immerhin interessanter, als Farbe beim Trocknen zuzusehen.

Irgendwann kam Foon bei uns vorbei, mit einem dicken blauen Fleck auf ihrem Oberschenkel, was ich für das Werk eines ihrer Boyfriends hielt. Aber nein, sie kicherte. Sie war zum ersten Mal Autoscooter auf dem Rummelplatz gefahren und hatte sich bei einem Duell mit einem Zehnjährigen diese Prellung zugezogen. Das Beste an der Sache war, dass sie ihn hatte auffahren lassen und er sich dabei eine blutige Nase geholt hatte. Aber es muss für sie ein absoluter Spaß gewesen sein! Das viele Blut und die Tränen … aber es war alles okay, weil sie ihm 50 Baht in die Hand gedrückt hatte, da seine Verletzung schlimmer als ihre war. Der Junge hörte auf zu weinen, war wieder gut gelaunt und lachte sogar! Sanuk!

Ja, das Leben in Thailand wurde zur Routine. Auch Suk und Porn wurden zur Routine, wenn sie mir einen ihrer seltenen Besuche abstatteten. Henrys Bar und die ewige stürmische Geschichte von Henry und seinem Fräulein wurde zu einer (oder besser: seiner) Seifenoper. Porn ging weg, Porn kam wieder zurück … ging weg … kam wieder zurück.

Wenigstens lieferte die *Bangkok Post* durchgehend großartige Unterhaltung. Ich las, dass ein Thai zu zwanzig Jahren Gefängnis verknackt wurde, weil er seinen Nachbarn umgebracht hatte, einen Schotten. Sie hatten vereinbart, sich eine Wasserleitung und die Wasserrechnung zu teilen, um somit den Wasserversorger zu betrügen und ein wenig Geld sparen zu können. Die Leitung des Schotten fing an zu lecken, und er weigerte sich, diese zu reparieren, also blockierte der Thai ihm die Wasserzufuhr. Er hatte den

Verdacht, dass der Schotte ihn über den Tisch ziehen und den Wasserversorger betrügen wollte. Der Schotte beschimpfte ihn, worauf er den Schotten abknallte.

Außerdem berichtete das Blatt feierlich: »Ein ehemaliger deutscher Soldat muss damit rechnen, ausgewiesen zu werden, nachdem er damit gedroht hatte, den Botschafter und andere deutsche Diplomaten in Bangkok zu töten. Der Täter, 43, wurde wegen seiner Drohungen in seinem Haus im Bezirk Phanom Sarakham verhaftet und muss nun mit mindestens drei Jahren Haft oder Abschiebung rechnen. Die Verhaftung erfolgte nach einer Anzeige des deutschen Generalkonsuls, die am 16. Juli bei der Polizei einging. Der Konsul sagte, dass Herr H. ihn in der Botschaft angerufen und darum gebeten habe, ihm eine neue Frau zu suchen, weil seine vorherige thailändische Frau verstorben war, und ihm Geld zu leihen. Als seine Bitte abgelehnt wurde, äußerte Herr H. seine Drohungen, so der Konsul. Die Polizei sagte, dass Herr H. seit über zehn Jahren in Thailand lebte und von der deutschen Regierung eine Rentenzahlung erhielt. Nachdem seine Frau Boonlon gestorben war, suchte er sich eine neue Frau namens Somporn, die später mit seinem Geld und seiner Scheckkarte flüchtete.«

Eine finnische Frau wurde von einem Taxifahrer in Bangkok ermordet, und alles was er erbeutet hatte, waren zehn Dollar und eine Kamera, die ihn letztendlich überführte: Er hatte vergessen, den Film aus der Kamera zu nehmen, und der Käufer fand die Aufnahmen von dem Opfer. Ein anderer Thai, der im Rollstuhl saß, konnte seine Schulden über zwanzig Dollar nicht bezahlen, deshalb überfiel er ein Juweliergeschäft, in das er nur mit fremder Hilfe gelangen konnte. Als er sein krummes Ding mit einer abgeschnittenen Gurke in einer Papiertüte abgezogen hatte, verstand er nicht, warum ihm keiner dabei helfen wollte, wieder aus dem Laden rauszukommen.

Wings Töchter kamen uns über Neujahr besuchen; sie wollten eine Woche bleiben, aber daraus wurden schließlich drei. Sie waren zwei reizende Teenies im Alter von 14 und 16 Jahren und waren total verwöhnt. Die Jüngere war klug und hatte vielleicht sogar die Chance, später mal Karriere zu machen, und die Ältere war zwar knackig, aber relativ dumm. Ich fragte, was sie in der Schule lernte, wobei ich große Schwierigkeiten hatte, ihr zu erklären, was »lernen« bedeutete. »Basketball«, lautete ihre Antwort. Keiner von beiden schien es peinlich zu sein, dass ihre Mutter in einer Bar arbeitete. Als ich wissen wollte, was sie nach der Schule machen wollten, verstanden sie die Frage nicht und hatten somit auch keine Antwort darauf. Wings Bruder war ebenfalls mit demselben Bus nach Patong gekommen, unangekündigt, und es überraschte mich nicht, dass er völlig pleite war. Was mich überraschte, war, dass er irgendwo anders unterkam und mich nicht anschnorrte. Als ich Wing fragte, womit er seinen Lebensunterhalt verdiente, sagte sie, dass sie es nicht wüsste – und das in einem Tonfall, als hätte ich gerade die dümmste Frage der Welt gestellt.

Jedenfalls waren Wings Töchter Om und Oy diejenigen, die Wings Geld verballerten. Zuerst sind die Farangs beeindruckt von dem Respekt der Thais gegenüber der Familie: Es ist die heilige Pflicht eines jeden, der Familie zu helfen. Man kümmert sich um die Älteren und lädt sie nicht einfach beim nächsten Altersheim ab – da es keine Altersheime in Thailand gibt. Soziale Sicherheit gibt es zwar, aber in den Genuss kommen nur diejenigen, die einen festen Job haben. Demnach kann man nur um Arbeitslosengeld bitten, wenn man einen Job hat, was einen natürlicherweise für Arbeitslosengeld disqualifiziert. Was das Finanzielle betrifft, dreht sich bei den Ladys alles um die Gaben. Man ist großzügig, weil man vielleicht eines Tages selbst mal auf die Hilfe anderer Leute angewiesen ist. Sparen, Planen oder ähnlich langweilige Dinge sind ihnen völlig unbekannt. Für sie zählt nur das Glück.

Zurück in Henrys Bar drehten sich die Gespräche oft um Vaginas und welche Tricks die thailändischen Showgirls damit drauf hatten, wie etwa Pingpongbälle, Kanarienvögel oder Mäuse erscheinen zu lassen oder mit Dartpfeilen Luftballons zum Zerplatzen zu bringen. Wie andere Frauen in Südostasien ziehen es auch viele Thailänderinnen vor, Kinder per Kaiserschnitt zur Welt zu bringen, damit die Muskelkraft der Vagina nicht beeinträchtigt wird. Harry aus Nebraska, der immer nur Cowboyhemden trug, erzählte uns, dass er in New York eine Vorstellung des Musicals *Miss Saigon* besucht hatte, bei dem es ums Rotlichtmilieu geht. Bei einer Szene rollte ein einsamer Pingpongball über die Bühne. Laut Harry war nur er derjenige gewesen, der den Witz verstanden hatte.

Larry, der Boss einer heißen, absolut glamourösen Go-go-Bar in Patong, konterte mit der Geschichte eines harten US-Navy-Offiziers, der eine von Larrys besten Ladys mit nach Hause genommen hatte – eine, die absolut geil und nur scharf auf sein Geld war. Am nächsten Tag berichtete der Offizier, dass er es nicht mit der Lady getrieben habe, obwohl er sie großzügig für ihre Wasserbüffelsaga entlohnt hatte.

»Sie war noch Jungfrau«, sagte er. »Ich trage noch moralische Werte in mir. Sie versprach mir, dass sie noch Jungfrau sei, und ich wusste, dass sie die Wahrheit sagte.«

Ich muss zugeben, dass ich die Jungs von den US-Streitkräften immer bewundert habe. Sie sind gut gelaunt, freundlich, intelligent und zeigen sich von ihrer besten Seite. Aber man wundert sich doch sehr über die Typen, die auf dem Meer unterwegs sind. Gerry aus dem Irish Pub sagte, dass amerikanische Marines seine besten Kunden seien, anders als die australischen Marinesoldaten, die ständig nur am Kotzen waren, überall hinpissten und Schlägereien anzettelten. Ich sagte, dass ihre Offiziere sicherlich dagegen etwas unternehmen würden.

»Das sind immer die Offiziere!«, antwortete Gerry.

Im Gegensatz zu den bequemen australischen Marinesoldaten verbringen die Jungs von der US-Navy manchmal sechs Monate ununterbrochen auf See, und vielleicht greift das ihr Gehirn an. Oh gehörte auch zu Wings Freundinnen und ging ebenfalls ernsthaft dem horizontalen Gewerbe nach, sozusagen serienmäßig. Lustigerweise war sie keine dieser traditionellen glamourösen Thaiprinzessinnen mit langen schwarzen Haaren und so weiter, sie war relativ unscheinbar. Oh hatte einfach etwas Anziehendes. Eines Tages traf ich sie, als sie gerade einige Blätter Papier in den Händen hielt. Sie informierte mich fröhlich, dass sie bald heiraten und nach Amerika ziehen würde.

Sie hielt einen Brief von ihrem zukünftigen Ehemann in den Händen, einem stellvertretenden befehlshabenden Offizier eines US-Kriegsschiffes, und Oh war gerade auf dem Weg zum Übersetzungsbüro. Ich bot ihr an, den Brief für sie zu übersetzen, damit sie die hundert Baht nicht zu zahlen brauchte. In dem Umschlag steckte ein Foto des Typen, Commander Sowieso, prächtig in seiner weißen Uniform, sowie fünf Seiten voller triefendem Geschwafel: Ich liebe dich für immer, unsere Liebe ist etwas Besonderes, und so weiter und so fort. Er wollte seine Frau und Kinder in Indiana verlassen, damit er und Oh glücklich auf irgendeiner einsamen idyllischen Insel leben konnten. Er hatte 5000 Dollar auf ihr Konto überwiesen, damit sie in ihr Heimatdorf zurückkehren konnte, um dort brav auf ihn zu warten. Er wollte sie so schnell wie möglich heiraten. Ich übersetzte den Brief mit den Worten: »Er dich sehr lieben, er dir geben 5000 Dollar aufs Konto.«

»5000 Dollar?«

Oh's Gesicht hellte sich schlagartig auf. Sie zerknüllte den Schmalzroman und warf ihn in die nächste Mülltonne. Ein paar Monate später sah ich sie, wie sie bei irgendeinem sexbesessenen Bernt auf dem Schoß saß. Als er uns nicht hören konnte, fragte ich sie, was aus ihrer Hochzeit geworden sei. Welche Hochzeit? Der amerikanische Marineoffizier. Ach, der. Das sei vorbei. Ob sie seine 5000 Dollar bekommen habe? Ja, natürlich. Ob sie das Geld immer noch habe? Nein, antwortete sie und schüttelte den Kopf, als würde sie sich mit einem Idioten unterhalten. Ich dachte nur, dass dieser kampfeslustige, perfekt ausgebildete Matrose genügend Kampfgerät zur Verfügung stehen hatte, um den Dritten Weltkrieg damit auslösen zu können! Aber er brauchte nur einmal kurz an Oh zu schnüffeln, und schon sauste sein Hirn durch das Bullauge hinaus. Wo haben diese Typen bloß ihren Verstand her?

In seiner Bar beschäftigte Larry eine professionelle Jungfrau, die ihre Jungfräulichkeit einmal im Monat verkaufte, mit echten Blutflecken auf dem Bettlaken. 20.000 Baht kostet eine schnelle Nummer mit ihr, nicht wie gewöhnlich 1000 Baht. Nicht mal der widerlichste Dreckskerl kam auf die Idee, dass ihre »Jungfräulichkeit« auf natürliche Weise jeden Monat zurückkehrte.

WIE MAN GELD VERDIENT

Für eine Thailady ist Geld wie Luft zum Atmen. Sie weiß, dass sie konstanten Nachschub braucht, aber sie weiß nicht, woher es kommt. Wie die Luft verschwindet auch das Geld, sobald sie es erhalten hat, und sie hat absolut keine Ahnung, wohin das Geld so schnell verschwunden ist. Sie hat ein Bankkonto und eine Scheckkarte, weil die anderen Thailadys diese Dinge auch haben. Sie zahlt das Geld auf ihr Konto ein und geht gleich darauf zu einem Bankautomaten, um es wieder abzuheben. Man sollte es möglichst vermeiden, sich bei einem Bankautomaten hinter eine Thailady anzustellen, weil man sonst unglaublich lange warten muss, während sie mit zahllosen Karten und PINs herumhantiert, um vielleicht irgendwo noch 5000 Baht aufzugabeln.

Vielleicht wird sie auch ihre Scheckkarte in der Hoffnung benutzen, dass sich vielleicht über Nacht, während sie geschlafen hat, ein wenig Geld auf ihrem Konto eingefunden hat, von einem güldenen Günther, sentimentalen Sven oder lustvollen Luigi. Günther, Sven und Luigi schicken immer wieder eine unglaubliche Summe Geld, mit immer demselben Rat: Sei vorsichtig mit dem Geld, hör auf zu trinken, zu rauchen, Pillen zu schlucken und mit fremden Typen zu bumsen. Versuche, die Antarktis mit einer Kerze zum Schmelzen zu bringen.

Thailadys kennen die Bedeutung des Wortes »preisgünstig« anscheinend nicht. Eines Tages schlug ich Wing vor, dass wir uns ein paar Austern kaufen sollten. Anstatt mit mir zum Markt zu gehen, wo ein Dutzend Austern 150 Baht kosten, ging sie mit mir zu einem Restaurant, wo man drei Austern für 150 Baht bekam. Wir schlemmten dort, aber ich erinnerte sie freundlich daran, dass die ursprüngliche Idee darin bestand, die Austern günstig zu erstehen und sie zu Hause zuzubereiten. Es tat ihr wirklich leid, sie hatte mich missverstanden.

Jede Dame weiß, dass sie pleite ist, und sie wird dir ihr leeres Portemonnaie zeigen als Beweis, dass sie die Wahrheit sagt. Sie ist sich sicher, dass bald wieder ein Mann kommen und ihre Geldbörse füllen wird – so wie meine liebenswürdige Nymphomanin, die ihr letztes Geld für eine Ente als gute Gabe an die Mönche ausgegeben hat.

Thailadys sind scharfsinnig und wissen genau, wo du deine Travellerschecks versteckt hast, wessen Haar an deinem Hemdkragen hängt und was sie tun müssen, damit du dich wohlfühlst. Aber sie glauben an Geister, suchen Wahrsager auf, lassen sich nicht davon überzeugen, dass die Erde rund ist, und für sie sind Australien und Belgien ein und dasselbe Land. Sie sind davon überzeugt, dass schon das kleinste Zipperlein oder jeglicher Schmerz sofortigen Tod bedeutet. Sie rennen gleich zum nächsten Arzt, der ihnen 500 Baht Behandlungsgebühren abzockt und Paracetamol verschreibt, das sie im nächsten 7-Eleven kaufen können. Kopfschmerzen sind bei den Thailadys eine Ausrede dafür, nicht das tun oder verstehen zu wollen, was sie tun sollen. Kopfschmerzen sind heilig. Wing ging irgendwann mal zu einem Arzt, weil sie verschiedene Arten von Kopfschmerzen hatte, und kam mit zahlreichen Tablettenpackungen zurück. Es handelte sich bei allen Tabletten bloß um Paracetamol, nur von verschiedensten Herstellern. Die unterschiedlichen Farben, so sagte Wing, seien für die verschiedenen Arten von Kopfschmerzen. Ich bestand darauf, dass sie sich durchlas, was auf der Packung stand.

»Alles sein in Englisch. Ich nicht können lesen Englisch.«

»Auf der Vorderseite steht es auch auf Thailändisch, das kannst du doch lesen!«

»Nicht können, weil haben Kopfschmerzen.«

Weil manche Farangs verärgert sind, dass ihre Mädchen anscheinend keine Lust haben, Englisch zu lernen, lassen sie sich lieber auf den Philippinen nieder. Dort sprechen die Ladys Englisch und haben sogar meistens einen Collegeabschluss. Aber auf den Philippinen – wie in anderen Sexparadiesen wie Brasilien – verfolgen die Mädchen von Anfang an den Plan, aus dem Land zu flüchten, indem sie einen Farang heiraten. Sie kennen bereits die katholische Kirche, Baseball und Jukeboxen, daher sind sie schon halb an das Leben eines Farangs angepasst. In Thailand sind es jedoch die Farangs, die die Thailadys darum bitten, sie in ihr kaltes Heimatland zu begleiten – und sie weinen, wenn ihr süßer kleiner Schmetterling sich weigert. Es gibt auch die Möglichkeit, dass die Thailady in dem neuen Land nur schlechte Erfahrungen macht – Kälte, kein Buddha, kein Tintenfisch, keine frittierten Heuschrecken – und zurück nach Thailand flüchtet. Keine Lady will ihr geliebtes Land für uns Farangs verlassen. Deshalb ziehen wir wegen ihnen nach Thailand. Also, wer ist nun blöd?

1855 überbrachte der britische Diplomat Sir John Bowring den sogenannten Bowring-Vertrag nach London, in dem unter anderem stand, dass König Rama IV. den Briten gewisse Privilegien einräumte. Dadurch behielten die Thais ihre Unabhängigkeit. Der König sagte (in etwa wortgetreu): »Hey, Sir John! Sehen Sie sich diese ganzen heißen Schnecken an! Sie wollen doch gar keinen Krieg gegen uns führen. Amüsieren Sie sich lieber!« Also kehrte Sir John, der eigentlich der britische Botschafter in Siam war, als siamesischer Botschafter nach Europa zurück! Thailadys sind eben überzeugender als Splitterbomben.

Die thailändischen Schönheiten sind relativ ehrlich, die thailändische Bürokratie hingegen nicht. Allerdings kann man sich fast immer mit genügend Schmiergeld den Weg zu gewissen Dingen oder aus jeglichem Schlamassel erkaufen. Ein Methamphetamin-Dealer, bekannt unter dem Namen »Bang Ron«, befand sich auf der Flucht vor dem Gesetz. Elf verschiedene Rechtsorganisationen waren ihm angeblich auf den Fersen, aber sie behaupteten, dass sie ihn nicht aufspüren könnten, weil sie sich außerhalb von Bangkok nicht auskannten und sich untereinander nicht absprachen.

Ein reicher deutscher Geschäftsmann mit thailändischer Frau und großem geschäftlichen Interesse an Thailand saß monatelang ohne Gerichtsverhandlung und sogar ohne Anklage im Gefängnis. Er hatte angeblich »illegal« eine Yacht ins Land gebracht, ein wirklich abscheuliches Verbrechen, und war zudem auch noch ein illegaler Einwanderer. Die meisten Länder lösen das Problem, indem sie die illegalen Einwanderer einfach wieder nach Hause schicken. In Thailand läuft es aber anders: Ein illegaler Immigrant, der schwerreich ist, wird so lange in den Knast gesteckt, bis die Behörden sich eine gute Begründung ausgedacht haben, um dem armen Kerl sein ganzes Geld abzunehmen.

Ein hohes Tier bei der Polizei behauptete, dass er »geheime Informationen« von Interpol erhalten habe, dass dieser Herr ein weltweit gesuchter Drogendealer sei. Die deutsche Polizei hingegen bestätigte, dass der Mann eine absolut weiße Weste hatte, und auch Interpol sagte, dass der Mann kein gesuchter Verbrecher sei (in der Zwischenzeit war der Polizeibeamte in Ungnade gefallen, weil er seinen Söhnen zum Polizeidienst verholfen hatte, damit sie nicht ihren Militärdienst ableisten mussten). Es stellte sich daraufhin raus, dass das thailändische Innenministerium den Namen des Deutschen als »unerwünscht« auf einer schwarzen Liste eingetragen hatte, die nach Lust und Laune geführt wurde – der Deutsche hatte offensichtlich die falschen Polizeibeamten geschmiert. Aber trotz des Eintrags auf der Liste hatten die Grenzbeamten jedes Mal fröhlich ihren Stempel in seinen Reisepass gesetzt, wenn er wieder in das Königreich einreiste.

Der Deutsche verheizte eine Viertelmillion Dollar als Schmiergeld, um sich aus dem Gefängnis freizukaufen, aber diese Freigiebigkeit machte ihn noch verdächtiger und trug noch mehr zu dem Enthusiasmus bei, ihn weiter im Gefängnis schmoren zu lassen. Wenn er unschuldig war, hätte er schließlich nicht mit so viel Schmiergeld um sich werfen müssen. Und da musste ja noch mehr Geld zu holen sein! Es heißt, dass es nirgendwo in der Welt so leicht sei, ein kleines Vermögen zu machen, wie in Thailand – solange man mit einem großen Vermögen anreist.

Als die Asienspiele anstanden, warnten ganzseitige Zeitungsanzeigen vor gefälschtem Merchandising wie beispielsweise T-Shirts, die das nachgeahmte »offizielle Logo der Spiele« trugen. Den Fälschern wurden härteste Strafen angedroht. Gleiches geschah auch 2006 bei den Feierlichkeiten zum sechzigsten Jahrestag der

Thronbesteigung des Königs. Jeder musste ein gelbes T-Shirt tragen, und das ganze Land war ein einziges gelbes Meer. Man beschuldigte große Kapitalisten, dass sie den Markt mit gefälschter Ware überschwemmt und die Preise gedrückt hätten. Andererseits ist es unmöglich, in Thailand Shorts, Baseballcaps, T-Shirts oder Jeans zu kaufen, die kein gefälschtes Logo von berühmten westlichen Designern tragen.

Diese Produkte kosten ungefähr ein Fünfzigstel von dem, was man dafür zu Hause im Einkaufszentrum bezahlen würde, und man kann sie nicht vom Original unterscheiden. Wenn man gern Leuten die Zeit sagen möchte (davon rate ich ab), kann man eine ehrlich gefälschte schweizerische Uhr für zehn Dollar kaufen. In Patong wie in Pattaya gibt es zahlreiche Kunstgalerien, in denen fleißige Thais Kopien von alten Meisterwerken und moderner Kunst wie am Fließband produzieren. Man kann ihnen bei der Arbeit zusehen, wie sie ein Bild aus einem Katalog als Vorlage nehmen: Dalí, Picasso, Renoir, Matisse … es gibt hier alles, ehrlich reproduziert in Ölfarben. Man kann sie beauftragen, ein bestimmtes Foto oder Gemälde zu kopieren, sodass man sein Zuhause mit gefälschten Gemälden ausstatten, gefälschte Designerklamotten tragen und auf seine gefälschte Uhr schauen kann. Nebenbei kann man sich noch einen der zahllosen Elvis-Imitatoren anhören – Thailand ist wahrscheinlich das Land mit den meisten Elvis-Imitatoren, und sie haben alle Stil. Es gibt auch eine dickbäuchige Tributband für Cliff Richard And The Shadows, die den witzigen Namen The Young Once trägt.

Es kommt diesen Plagiatoren nicht in den Sinn, ihre eigenen Werke zu schaffen, nicht mal die typisch verherrlichenden Postkarten mit Wasserbüffeln, Tempeln, Mönchen oder Flüssen, die von den Touristen gekauft werden. Jeder Ort am Meer – von St. Ives bis Acapulco – hat einen Kreis von bärtigen Künstlern, die selbst dieses harmlose Zeugs herstellen – und die Leute kaufen es. Aber in Thailand gibt es nur Plagiatoren. Um ein eigenes Werk zu schaffen, bräuchten sie eine eigene Idee, wenigstens so was wie einen individuellen Blick. Aber wieso sollte man die Welt auf eigene Weise betrachten, wenn Buddha das alles für einen erledigt hat, und das bereits vor mehreren tausend Jahren?

Die Welt verändert sich nicht, weil die Möglichkeit, dass sie sich verändern könnte, einfach nicht besteht. Der Monsun kommt, die Bananen wachsen, die Nudeln und die Ladys sind erbarmungslos heiß, und alles bleibt gleich, für immer. Nichts ist wichtig, was sich nicht im Nirwana befindet, und deswegen lieben wir Thailand so sehr.

Der jetzige Boom beim Sextourismus wurde den Amerikanern in die Schuhe geschoben, die Thailand – besonders Pattaya – als passenden Ort für die GIs auswählten, die sich dort nach Gefechten im Vietnamkrieg erholen konnten. Aber sie wählten Thailand aus, weil hier bereits eine etablierte Bordellkultur existierte. Sogar heute noch schätzt man, dass neunzig Prozent aller Sexgeschäfte unter Thais ausgemacht werden. Die meisten Thainutten bekommen nie einen Farang als Kunden, und die in Pattaya oder Patong gehören zur Elite. Billigflieger machen Thailand attraktiv, und neben den Japanern kommen die meisten Gäste aus Amerika, Deutschland und Großbritannien.

Familienurlauber versichern einem, dass sie nur wegen der besten Strände der Welt herkommen, was absoluter Unsinn ist. Die besten Strände der Welt gibt es überall, außer vielleicht in Saskatchewan. Ein Strand ist doch auch nichts anderes als viel Sand, Sonne und eine Brandung, in die man unbemerkt pinkeln kann. Der Planet ist doch voll davon. Die Familientouristen wählen Thailand, weil es nach Sex duftet. Wenn sie nicht selbst auf der Suche nach Sex sind – auch wenn viele sexuell befreite Paare durch die Bars ziehen und auf der Suche nach flotten Dreiern oder Vierern sind –, kommen sie her, um zu glotzen, der lüsternen Erregung willen (»Thomas, sieh mal! Die Mädchen da vorn sind Prostituierte!«). Sie können sich hier nochmals versichern, dass Prostitution schmutzig ist, um sich ihr Vorstadtleben schönzureden.

Dennoch gibt es für Thomas noch die Hoffnung, dass er durch einen nackten Schenkel oder einen göttlichen Arsch in Verführung gerät und sich ins Vergnügen stürzt, sobald er mal von seiner Alten freikommt. Die Pärchen sitzen gewöhnlich in der Soi Katoey und strahlen vor Freude – besonders die Frauen –, während die Betrunkenen beim Anblick einer süßen Thailady anfangen zu sabbern und an ihnen herumfummeln. »Meine Güte, das müssen wir unseren Freunden zu Hause erzählen!« Zu Hause klingt das dann so: »Das sind Nutten ... sie lassen sich für Sex bezahlen ... einfach so ... und hier sitzen Thomas und ich, genau mittendrin! Sieh mal, auf diesem Foto sitzt ein Ladyboy auf Thomas' Schoß! Ich will mir gar nicht vorstellen, was sie tun!« (Thomas sieht das wahrscheinlich ganz anders.) Natürlich hält Katrin ihren Thomas ganz fest im Arm, als beide zurück ins Hotel gehen und dabei an den unzähligen nackten, dunkelhäutigen Beinen der Ladys vorbei müssen. Thomas kann dabei nur träumen; das ist ein Vorteil, wenn man immer noch in der Lage ist zu träumen. Oftmals schafft es Thomas, sich aus dem Hotelzimmer zu schleichen, während Katrin schnarchend im Bett liegt. Man trifft Thomas im Herzen der Finsternis wieder, wie er sich mit demselben Ladyboy vergnügt und beide früher oder später ins nächste Stundenhotel einchecken.

Über den nackten dunkelhäutigen Beinen der Thailadys sieht man meist nackte dunkelhäutige Bäuche mit Dehnungsstreifen, da selbst die Jüngste ein paar Babys bei Mama irgendwo auf dem Land untergebracht hat. Ihre Ausrede dafür, dass sie als Barmädchen arbeitet, ist, dass sie ihre Familie unterstützen muss. Thailändische Frauen bekommen früh Kinder, weil es immer irgendwen in der Familie gibt, der auf die Kleinen aufpassen kann, während die Mutter unterwegs ist und Geld verdient. Thailadys behaupten oft, dass sie ihren Job nicht mögen und ihn nur ausüben, um die Alten und/oder Kinder versorgen zu können. Aber wer hat schon Spaß an seinem Job? Mag ein Taxifahrer den Straßenverkehr? Mag ein Lehrer laute Schulkinder? Wohl nicht, aber sie üben den Beruf aus, weil sie nicht arbeitslos sein wollen.

Im reichen Westen ist es vielleicht eine bizarre und widerwärtige Berufswahl, als Bardame zu arbeiten, aber dort lautet die Alternative auch nicht, hungern zu müssen. In Thailand gibt es ohne soziale Sicherheit meist keine andere Alternative. Wenn Thailadys Babys versorgen müssen, benutzen sie die Arbeit in den Bars meistens als Vorwand, um einem Schwein von Ehemann zu entfliehen, der sie in irgendeinem Drecksloch auf dem Land schlecht behandelt. Man kann Ehrbarkeit weder essen noch trinken, und im Bett ist sie auch kein Spaß. Die Thailadys arbeiten in den Bars, weil es einfach ist. Eine ganze Generation von Kindern wächst bei Tanten oder Omas auf, und das Geld bekommen sie von ihren Müttern geschickt, die sich gerade in Patong oder Pattaya in die Horizontale begeben. Für diese »abgeschobene« Generation scheint Prostitution der offensichtliche und wünschenswerteste Weg aus dem Reisfeld zu sein.

Wenn die Kinder ihre Mutter mal zu Gesicht bekommen, trägt sie Goldschmuck, schöne Kleider und hat einen reichen alten Farang am Arm, der ihr was zu essen gibt und sie nicht verprügelt. Wenn sie Glück und irgendwann genug Geld hat, hält sie sich einen schlanken, unterwürfigen thailändischen Lustknaben, vielleicht auch zwei. Toll gemacht, Mama, das werde ich auch tun! Und so setzt sich der ewige Zyklus fort.

ICH WERDE DICH IMMER LIEBEN

Der »Spaß« in den Bierbars fing an, mich zu langweilen und eher etwas für Touristen zu sein. Wing war abends ständig unterwegs und ging ihrer Arbeit nach oder war eine Woche lang auf Ko Samui mit ihrem goldbehangenen Günther. Ich wurde abermals zum Nachtfalken und trieb mich im Herzen der Finsternis herum, um bei Tagesanbruch leicht betäubt nach Hause zurückzukehren. Das Herz der Finsternis lockte einen mit Selbstentwürdigung, Abscheulichkeit, Verfall. Dort lernte ich Wow kennen. Was für ein heraufbeschwörender Name – Wow! Sie war klein, lebhaft, üppig, hatte wundervolle große Brüste und langes, lockiges Haar. Wie Porn hatte auch Wow ein hinreißend hinterhältiges Lächeln im Gesicht. Ich fing an, mit ihr in eines der Stundenhotels zu gehen, weil ich den Tratsch in meinem Apartmentblock umgehen wollte. Cool! Dunkles Treiben um vier Uhr morgens! Sünde!

Wow stammte aus Phuket City, wo sie als Friseurin arbeitete. Sie hatte zwei Babys und fuhr jeden Abend um Mitternacht mit dem Motorrad über den großen Berg die Serpentinen hinunter, um sich in Patong etwas dazuzuverdienen. Ich fand es romantisch, ein nächtlicher Ausflug voller Lust und Gier. Wow war mein dunkler Engel, der zu mir kam! Ihr gefiel es, dass ich ihren üppigen Brüsten und ihrem knackigen Arsch so viel Aufmerksamkeit schenkte, und nachdem ich sie mir ein paar Mal vorgenommen hatte, begann sie sich zu öffnen, indem sie spitze Schreie ausstieß, die anscheinend auch von Herzen kamen. Wow sagte, dass sie nun jeden Abend in dieselbe Bar kommen würde – die einem genialen Alkoholiker aus dem Osten Vancouvers gehörte – und hoffte, mich dort anzutreffen. Wenn ich nicht da war, was überwiegend der Fall war, zerbrach ihr Herz in die üblichen tausend Teile … Sie sagte immer: »Ich sein heiß auf dich!«, und sie bestand darauf, meine Mia noi zu sein, meine »kleine Ehefrau«. Wow erzählte mir was von den guten alten Tagen (was in Wahrheit kürzlich gewesen sein muss), in denen sie drei Typen in einer Nacht gehabt hatte, aber jetzt war ich angeblich ihr einziger Boyfriend. Ich stellte sie mir in einem Pornofilm vor, schmutzig und schwitzend, sie mit einer Zigarette im Mund, ihr kleiner süßer Körper bearbeitet von unzähligen Bernts. Was für eine aufregende, gefährliche Frau!

Nach unserem Rendezvous stieg sie wieder auf ihr Motorrad und fuhr zurück nach Phuket City. Die Haut auf ihrem Rücken und ihren großen weichen Brüsten war übersät mit dunkelbraunen Flecken und hatte Ähnlichkeit mit Pergamentpapier, was ich äußerst süß fand, aber natürlich konnte sie deswegen keine rückenfreien, trägerlosen Kleider tragen, wie es die anderen Barmädchen taten. Leicht entstellt, musste sie eine Kreatur der Dunkelheit sein. Das war schon fast wie bei Tristan und Isolde, unheimlich, verdorben, romantisch. Aber sogar Wow, die sich bei ihren Orgasmen vor Lust aufbäumte, wurde zur Routine. Sie wollte immer, dass wir beide zusammen zum Höhepunkt kamen, was manchmal etwas unpraktisch war, und so lernte ich, wie man einen Orgasmus vortäuschte – so wie die Frauen es auch taten –, bevor ich wirklich einen hatte. So was lernt man in Thailand. Ich hörte mir die übliche Geschichte vom betrunkenen Boyfriend an, der sie so oft verprügelte, und von ihren Kindern, die sie auf dem Land zurücklassen musste. Sie ersparte mir aber den Teil mit dem kranken Wasserbüffel und deutete auch nicht an, ewig bei mir bleiben zu wollen. Wow rauchte Marlboros und sagte, dass sie während der Arbeit nicht rauchen dürfe, deshalb rauchte sie bei allen anderen Gelegenheiten. Ich sah, dass sie beim Pinkeln rauchte, und sie hatte sogar beim Duschen eine Kippe im Mund! Für mich gab es nichts Verruchteres. Ich brachte sie dazu, eine Zigarette zu rauchen, während ich sie fickte, wobei ihr der Glimmstängel verführerisch an den Lippen klebte, während ich zustieß, während sie auf mir saß und wir uns anblickten oder wenn sie mir ihren drallen und verführerischen Arsch entgegenstreckte.

Ich bildete mir ein – und das nicht zu Unrecht –, dass diese nächtlichen Eskapaden in einem Stundenhotel tatsächlich meine Beziehung zu Wing verbesserten, da ich dadurch das häusliche Glück zu schätzen lernte. Als Wow und ich uns besser kennengelernt hatten (obwohl das eigentlich kaum möglich war, weil sie sogar noch schlechter Englisch konnte als Wing), fing sie an, fünf oder sechs Minuten länger bei mir zu bleiben als nötig, um noch eine oder zwei Zigaretten zu rauchen. Das konnte man wirklich als Innigkeit bezeichnen. Es ist wirklich selten, wenn eine Thai-lady nicht sofort in ihre Klamotten hüpft und gleich zum nächsten Auftrag (häuslich oder sexuell) übergeht. War sie etwa ... anders als die anderen? Eine wahrgewordene Fantasie?

Der Blarney Stone, ein weiterer Irish Pub, liegt mitten auf der Soi Bangla, gegenüber von Gonzos Katoey-Bar, wo man Norm und Sheila sehen kann, wie sie mit den transsexuellen Püppchen in ihren fantastischen Röcken für ein Foto posieren. Irgendwann hatte John, der Boss, ein lustiger Geselle aus Kerry, ein ernstes Wörtchen mit seinem Barmann zu reden. John wollte wissen, warum der Barmann immer über die Straße lief und sich mit einem bestimmten stämmigen Ladymann unterhielt. Lief da etwa was? Nein, sagte der junge Barmann, der Ladyboy sei nur früher sein Hauptfeldwebel beim Militär gewesen.

Ich ließ mir illegal mein Visum verlängern von Patongs oberstem Gesetzeshüter, einem Typen, der wie ein Cowboy mit der Pistole am Gürtel durch die Straßen stolzierte und von dem es hieß, dass er zahlreiche außergerichtliche Exekutionen ausgeführt habe. Er wurde später wegen Korruption verhaftet, das heißt, er hatte das Geld, das er durch die Visa einnahm, anscheinend nicht mit seinen Kollegen teilen wollen, so wie es sich gehörte. Er kam immer mit einem Mädel im Schlepptau an und stellte sie einem als »meine Schwester« vor, die Mikrowellengeräte oder sonst was verkaufte. Ob ich eine Vorführung wünschte? Nein, danke. Eigentlich wolle sie einen Farang als Boyfriend, wie wär's? Ich sagte, dass ich bereits vergeben sei. Beim nächsten Zusammentreffen hatte der Captain eine andere Schwester dabei, die Mäusefallen verkaufte, und darauf folgte dieselbe Prozedur wie bei dem anderen Mädchen. Der Captain trank immer in Gerrys Irish Pub – Johnnie Walker Black Label natürlich – und befummelte in der Regel immer eine der sogenannten Schwestern.

Eines Abends kam ein Typ zu Gerry und sagte, dass das Mädchen, für das er die Bargebühr bezahlt hatte, nicht mit ihm gehen wollte, weil sie in der Bar bleiben und Getränke servieren sollte. Gerry, etwas überrascht, sagte: »Nimm dir einfach eine andere, sie sind alle gleich.«

Wir sahen philosophisch zu, als ein Australier Gerrys beste Lady fragte, ob sie ihn heiraten wolle. Sie sagte Ja, gefolgt von vielen Küssen. Ich fragte Gerry, warum er keine Sicherheitswarnungen aussprach.

»Das habe ich mal gemacht, aber die Typen werden nur sauer, weil man ihnen ihre Träume verdirbt. In ein paar Monaten wird der Kerl hier wieder auftauchen, wenn sie mit seinem gesamten Vermögen durchgebrannt ist.«

Eine weitere spitzenmäßige Künstlerin in Liebesfragen unterhielt sich mit einem jungen Mann. Er leitete in Dublin die Druckerei seiner Familie, also musste er Geld haben. Am nächsten Abend war derselbe Typ wieder in der Bar, dieses Mal ohne Ehefrau, und amüsierte sich knutschend mit demselben Mädchen – die Vorstufe zum unausweichlichen Ban-sing. Gerry schüttelte empört den Kopf.

Einen Monat später in Gerrys Bar: »Erkennst du den Burschen dort drüben, der von der Thailady gerade abgeschleckt wird?«, fragte Gerry mich.

»Klar, das ist der Typ aus Dublin mit der Druckerei.«

»Und weißt du auch, wo er jetzt gerade ist?«

»Na klar, er ist hier.«

»Nein, ist er nicht. Er befindet sich gerade auf einer Geschäftsreise nach London, und die liebe Ehefrau weiß nicht, dass er hier ist. Sie weiß auch nicht, dass er diese Tussi im Buddhistentempel geheiratet hat, ihr ein Restaurant in Krabi gekauft hat und sie sich beide hier niederlassen wollen.«

»Wie dumm kann man sein?«, fragte ich.

Wings Helmut, der ihr Land, Haus, Auto und die Ehe versprochen hatte, tauchte irgendwann wieder in der Stadt auf, er befand sich auf einer seiner verzweifelten Pilgerreisen. Dieses Mal hatte er es tatsächlich geschafft, Wing aufzuspüren. Sie hatte es sich angewöhnt, ständig in das Freiluftrestaurant zu gehen, in dem unsere Freunde isaanische Volkslieder sangen, die Ähnlichkeit mit irischer Folklore hatten und melancholisch sowie gleichzeitig mitreißend waren. Helmut spürte Wing dort auf, wie ich von ihr erfuhr, und traf dort auch auf die anderen Mädchen, was sie sehr amüsant fanden. Helmut kniete buchstäblich vor Wing, die Tränen liefen ihm das Gesicht hinunter, und er gab das typische Herzschmerzzeug von sich. Wing schämte sich: Es gehört sich nicht, jemandem in der Öffentlichkeit eine Szene zu machen.

»Ich nicht können mit dir gehen, ich haben Boyfriend«, wiederholte sie, wie ein Ritual.

Helmut versprach ihr den Himmel auf Erden und sonstige unmögliche Dinge.

Plötzlich jammerte er: »Warum sagst du immer diesen Namen zu mir?«

»Welchen Namen?«, fragte Wing.

Es stellte sich heraus, dass sie Helmut unbewusst mit meinem Namen angesprochen hatte! Ich war hier vor Ort, und Helmut war eine Kreatur aus einem anderen Universum. Hey! Ich war Numero Uno! Wing erklärte es Helmut, und er tat das, was jeder heißblütige deutsche Mann tun würde: Er brach wie ein Häufchen Elend zusammen und gab plärrend irgendwelche teutonischen Wörter von sich. Dann ging er, die Augen zum Himmel gerichtet.

»Ich werde dich immer lieben«, waren seine letzten Worte zu Wing; er hätte ihr aber genauso gut das Kreuzworträtsel aus der *Times* vorlegen können.

DIE SACHE MIT DEM VISUM

Was wirklich störend ist, wenn man in Thailand bleiben will, ist die vierteljährliche Visumsverlängerung. Jeder Farang muss das durchmachen, das heißt, alle drei Monate muss man sich einen Stempel in den Ausweis drücken lassen – was auch durch einen freundlichen Polizisten nach passender Bezahlung möglich ist. Es ist egal, welches Visum man besitzt (es gibt verschiedene und verwirrende Bezeichnungen wie bei Blutgruppen: Typ O, Typ B und so weiter), und ein Steward aus Südafrika versicherte mir, dass »sie die Gesetze so oft wechseln wie die Ladys ihre Höschen«. Egal, welches Visum man besitzt, der Stempel im Pass besagt, dass man sich drei Monate am Stück im Land aufhalten darf. Deshalb muss man auch jedes Vierteljahr mit seinem Pass zu einer internationalen Grenze, um sein Visum aufzufrischen. Farangs, die kein anderes Zuhause mehr außer Thailand haben, die hier arbeiten, Häuser besitzen und mit ihren Thaifrauen und Kindern hier leben, haben vielleicht mehr Zeit ihres Lebens in Thailand als in ihrem Geburtsland verbracht, aber dennoch gelten sie als Ausländer. Anders als in den meisten Ländern ist es hier für Zugezogene fast unmöglich, sich als Bewohner Thailands zu fühlen.

Ausländer dürfen in Thailand kein Land besitzen. Sie dürfen zwar Häuser haben, aber nur das Material, aus dem das Haus gebaut ist, gehörten ihnen; der Grund und Boden ist von einem thailändischen Besitzer gemietet. Farangs dürfen unter bestimmten Konditionen Motorfahrzeuge besitzen. Eine ausländische Firma darf in Thailand nur tätig sein, wenn dort 51 Prozent der Aktien in den Händen von Thais sind. Wenn man in Thailand Urlaub macht, der kürzer als einen Monat ist, bekommt man eine Aufenthaltsgenehmigung für dreißig Tage, die kostenlos ist. Die Thais möchten, dass man dreißig Tage bleibt und in dieser Zeit sein Geld hier lässt, danach darf man wieder abhauen. Will man länger bleiben, muss man sich durch das Gewirr rund um das Visum kämpfen. Oftmals findet man in der *Bangkok Post* Leserbriefe von Ausländern, die schon lange Zeit hier leben. Darin jammern

sie über »unsere« Polizei, »unsere« Politiker, »unser« Eisenbahn-
system und so weiter. Aber sie täuschen sich. Diese Dinge gehören
nicht uns, sondern ihnen, ihr Dummköpfe.

Natürlich benötigt man für die meisten Länder ein Visum, damit man nicht zum illegalen Immigranten wird und das Wohl-
fahrtssystem ausnimmt. Bürger der »Ersten Welt« können recht
frei reisen, da man sie für reich genug hält, zur rechten Zeit wieder
in ihre Heimat reisen zu können. Touristen haben normalerweise
drei Monate Zeit zum Reisen, egal ob in der Türkei, in Mexiko,
Brasilien oder sonst wo. Aber wenn man sich gern in einem Land
niederlassen, Grund und Boden erwerben und generell Geld ins
Land mitbringen möchte, wird es einem von den Behörden meist
nicht schwer gemacht, sondern man muss nur den üblichen Pa-
pierkram erledigen. Die thailändische »Einwanderungspolitik«
ist ein Labyrinth – nein, sie ist ein Albtraum, eine Klapsmühle.
Warum sollte man es einem Touristen erlauben, sich drei Monate
lang im Land aufhalten zu dürfen, so wie es in anderen Ländern
auch ist? Weil man nur einen Monat braucht, um hier sein Portemonnaie komplett zu leeren. Die thailändische Regierung will
dein Geld – auf dich kann sie ganz gut verzichten.

Man kann sich in Spanien, Costa Rica, Mexiko oder Malaysia
mit einem Minimum an Aufwand zur Ruhe setzen; in diesen Ländern ist man willkommen. Ein Farang, der sich in Thailand niederlassen will, musste bis vor kurzem 200.000 Baht auf der Bank
deponieren oder ein monatliches Einkommen von 20.000 Baht
vorweisen, was genug war, um komfortabel leben zu können.
Plötzlich, ohne Vorwarnung oder Diskussion, musste der Farang
ein monatliches Einkommen von 65.000 Baht oder 800.000 Baht
auf der Bank vorweisen. Einfach so. Es gibt Dörfer in Thailand,
in denen das Einkommen von allen Bewohnern zusammengerech-
net nicht mal 65.000 Baht ergibt. Ein thailändisches Sprichwort
lautet übersetzt: »Sieh, da kommt das Schwein!«, und es wird
benutzt, wenn man einen Farang sieht. Für »Schwein« kann man
auch das Wort »Trottel« einsetzen. Die Regierung will keinen

harmlosen alten Kerl, der hier in der Sonne herumwerkelt, eine kleine Rente bekommt und gerade genug für sein bescheidenes Leben hat. Sie wollen den güldenen Günther, der hier sein Geld ausgibt!

Natürlich ist es für einen Thai auch kompliziert, ein Visum für die Erste Welt zu erhalten. Barmädchen, die einen Farang heiraten, erhalten dadurch nicht automatisch das magische Einreisevisum in den Westen. Die USA weisen die Ladys ab und nennen »moralische Schande« als Begründung. Die Briten stellen den »hauptsächlichen Zweck« in Frage, was so viel bedeutet wie: Werden sie hier arbeiten? (Wir haben unsere eigenen Masseurinnen und Stripperinnen, vielen Dank!) In der *Bangkok Post* wurde berichtet, dass ein vierzigjähriger englischer Werkstattbesitzer ein Barmädchen geheiratet hatte und fünf Jahre lang über 40.000 Pfund für Reisen nach Thailand, für ihre Familie und für sie ausgegeben hatte. Als er endlich ein Einreisevisum für seine Frau bekam, verbrachte sie ganze zwei Wochen in ihrem neuen Zuhause, bis sie verschwand. Sein einziger Kommentar lautete, dass er besser auf die Einwanderungsbehörde hätte hören sollen.

Die Absurditäten bei der Immigration folgen wirklich einer eigenen brutalen Logik, und meistens geht es nur darum, arme Menschen von reichen Ländern fernzuhalten. In Thailand ist es genau das Gegenteil – eine ärmliche Nation bemüht sich anscheinend, die reichen Leute nicht ins Land zu lassen, deren Geld es braucht. Thailand ist ein reiches Land mit westlichen Lebensstandards zu Dritte-Welt-Preisen, und bisher wurde der Reichtum noch nicht gleichmäßig auf Land und Leute verteilt. Die meisten Leute leben am Existenzminimum, und die Elite verfügt über Millionen. Wenn Thais sagen, dass sie kein Geld hätten, dann meinen sie auch »kein Geld«. Thailand ist stolz darauf, dass es immer das unabhängige Königreich Siam gewesen ist, und deshalb sind die Politiker etwas paranoid, wenn sie »Fremden das Land überlassen«. Aber gleichzeitig dürsten sie nach mehr ausländischen Investitionen, nach mehr Tourismus.

Wie alles andere in Thailand auch wird der Visumalbtraum zur Farce; der Text des Gesetzes wird befolgt, aber nicht der Sinn. Der Uniformierte am Flughafen stempelt mal wieder deinen Reisepass ab, so wie er es ständig in den letzten zehn Jahren getan hat. Er fragt dich nicht, warum du so oft nach Thailand reist. Er weiß, dass du hier lebst. Er lächelt! Es ist alles ein einziger Witz, der ihm einen Job beschert. Es ist von Vorteil, wenn man mit dem Flugzeug ankommt, nicht mit einem schäbigen Bus, da Luftfahrt in Südostasien bedeutet, dass man bereits zur Elite gehört. Um ein thailändisches Visum zu bekommen, muss man nur seinen Namen und sein Geburtsdatum eintragen; eventuell muss man auch eine Kopie der Kontoauszüge beilegen. Alles, was sie wollen, ist dein Geld.

Warum geben wir es ihnen, verhalten uns unauffällig und beschränken uns auf das Gejammer in Leserbriefen an die *Bangkok Post*? Warum steigen wir nicht ins nächste Flugzeug und geben unser Geld in einem anderen tropischen Paradies aus, das dankbarer ist? Warum ertragen sogenannte zivilisierte Männer das thailändische System, das trotzdem korrupt sein würde, auch wenn es nicht durchgeknallt wäre, und das durchgeknallt sein würde, auch wenn es nicht korrupt wäre? Die Antwort lautet: Frauen. Wir sind zu sehr von den Ladys verwirrt, um uns zu beschweren. Wir würden fröhlich bis in alle Ewigkeit Visumsanträge ausfüllen und auf absurde Weise ständig über irgendwelche Staatsgrenzen reisen, nur für den süßen Geschmack einer Thailady. Und die Thais wissen das.

BESSER GEHT'S NICHT

Zum Teil konnte ich diese lästigen Visumsangelegenheiten umgehen, weil ich aufgrund einer seltsamen Laune des Schicksals auf völlig legale Weise Staatsbürger von verschiedenen Nationen bin. Eine davon ist Irland. Man braucht nur einen Opa oder eine Oma gehabt zu haben, die auf der grünen Insel geboren worden sind, und schon ist man irischer Staatsbürger. Deshalb müsste eigentlich die halbe Welt irisch sein. Jedenfalls benutzte ich meine Pässe abwechselnd und hatte so immer ein gültiges Visum. An einem trostlosen Sonntagnachmittag checkte mich ein Typ von der Einwanderungsbehörde mit einem meiner gültigen Pässe für den Flug nach Penang aus, und kurze Zeit später checkte mich derselbe Typ wieder auf den irischen Pass ein.

»Anderer Pass!«, stellte er fest.

»Ich haben zwei! Visum okay, ja?« (Ein Schaudern, Visionen von Knastzellen.)

Plötzlich hatten viele Uniformierte ihr Nickerchen unterbrochen und waren hergeeilt. Es folgte große Heiterkeit unter den Beamten, dass derselbe freundliche Kerl mit zwei verschiedenen Ausweisen aufgetaucht war. Ich wurde mit großem Tamtam dem Polizeichef vorgestellt, der für die Einwanderungsbehörde im Flughafen von Phuket zuständig war. Er begrüßte mich mit einem Wai und lachte. Daraufhin führten wir die typisch surreale Thai-Konversation:

»Island! Sehr kalt!«

»Nein, Irland.«

»Island sein wie Norwegen, ja?«

»Ja, wie auch immer.« Die Richtigstellung nützt nichts.

»Du haben isländisches Geld? Ich sammeln Geld.« Ach was, welcher thailändische Polizist tut das nicht?

»Nein, ich sehr arm.« Die Polizisten kichern.

»Du mögen boom-boom Thailady?«

»Ich verstehe nicht.« Gespielte Verwirrung.

(Leises Flüstern.) »Du mögen ficki-fick?«

»Oh, ich sehr schüchtern!« Die Polizisten sind sehr erheitert.

»Island-Lady mögen ficki-fick?«

»Sicherlich.«

»Island-Lady nicht mögen ficki-fick, sonst du nicht hier. Thailady nicht schüchtern, Thailady mögen boom-boom!« (Die Polizisten krümmen sich vor Lachen.)

Der Polizeichef hörte nicht auf, mir Fragen bezüglich meiner romantischen Vorlieben zu stellen, und ignorierte meine Beteuerungen, dass ich nur wegen der Tempel hier war. Wenn ich kein gewöhnliches Barmädchen haben wolle, könne er mir eine nette, gesunde Lady besorgen, sehr hochklassig. Er gab mir seine Visitenkarte, verbeugte sich nochmals und sagte mir, dass ich ihn jederzeit anrufen könne, wenn ich Hilfe bräuchte – oder eine hochklassige Lady. Thaicops sind überaus bereit, einem zu helfen, wenn man Ärger hat, und die Cops sind meistens diejenigen, die einem überhaupt erst Ärger bereiten. Nun, es war besser als 25 Jahre Knast, und ich konnte unversehrt nach Hause zurückkehren.

Die Malaysier machen so einen netten Eindruck, dass es einem fast peinlich ist, ihr Land nur für einen Stempel im Reisepass zu besuchen und sofort wieder nach Gomorrha zurückzukehren. Die Frauen bei der Passkontrolle sind so süß und tragen diese fantastischen blauen Kopftücher ... aber sie haben nicht diesen unschuldigen, aber gleichzeitig lüsternen Blick der Thailadys. Aber diese Uniformen ... mmmh! Jedes Mal, wenn man kurz vorm Verzweifeln ist, die Geduld mit Thailand und den Thais verliert, man am liebsten sein Geld mit nach Malaysia nehmen und die Uniformen der süßen Beamtinnen verliebt anschauen möchte (oder schlimmstenfalls einen Jammerbrief an die *Bangkok Post* schreiben möchte), schnappt die Thaifalle zu: Sie bringen dich zum Lachen. Es gibt kein Entrinnen.

Chesters Freund Brian hatte langes graues Haar, und er behauptete, bei der britischen Armee gedient zu haben, und wusste über alles sehr gut Bescheid. Er war einer von den »Besser geht's nicht«-Typen, also der übliche Loser. Er machte seit sechs Jahren Urlaub in Thailand und war wegen des Tauchens hier.

»Nein, bist du nicht«, sagte ich, »du kommst wegen der Ladys, wie jeder andere auch.«

»Ich gebe zu, dass ich manchmal meinen animalischen Instinkten nachgebe«, sagte er ernsthaft. »Aber ich liebe Thailand ... die lässige Atmosphäre ... den Spaß.«

»Und warum ist die Atmosphäre so lässig? Weil jeder ständig Sex hat! Du kannst überall auf der Welt tauchen gehen, sogar in England, verdammt noch mal. Malaysia ist genauso wie Thailand, nur dass es dort keine lässige Atmosphäre gibt.«

Brian sagte: »Ich habe letztens eine Lady aufgegabelt, und wir sind nachts schwimmen gegangen, zwei Stunden lang, im Mondlicht! Es war so fantastisch! Wir hatten so viel Spaß!«

»Soll das heißen, dass du sie nicht gevögelt hast?«, fragte ich.

»Ja, doch, das habe ich, aber erst hinterher. Darum geht's auch nicht. Sie wäre damit glücklich und zufrieden gewesen, einfach nur am Strand zu bleiben und schwimmen zu gehen.«

»Ja, natürlich«, sagte ich, »und genau das ist der Punkt. Sie wäre auch glücklich und zufrieden gewesen, einen Handstand zu machen und in jedem Ohr eine Banane stecken zu haben, weil du sie dafür bezahlst.«

»Eine Thailady ist einfach wundervoll! Sie würde einem die Hälfte ihres Abendessens abgeben!«

»Das mag stimmen. Aber würde sie ihren BMW mit dir teilen?«

«Du bist einfach zu zynisch«, brummte Brian.

Zynisch gegenüber was? Diesem »Besser geht's nicht«-Mist? In Thailand durchläuft man vier Phasen:

1. Besser geht's nicht!!!
2. Neuer Tag, derselbe Scheiß.
3. Beam mich bitte woandershin, Scotty!
4. Besser geht's einfach nicht!

Aber es hört nie auf, einen auf unheimliche Weise zu erfreuen. Es sind immer diese kleinen Dinge ... wie dieser Großstadtmythos, den man sich in Bangkok, Pattaya oder Patong erzählt: Ein hiesiges Mädchen namens Noi (was so viel wie »klein« bedeutet und ein so gängiger thailändischer Name wie Porn ist) war gestorben, nachdem sie mit einem Schwarzhäutigen gevögelt hatte. Angeblich hatte er sein riesengroßes Teil so heftig in sie gerammt, dass ihr Körper in zwei Teile gerissen wurde. Jede Lady erzählte einem diese Geschichte, begleitet von einem überaus besorgten, gar ängstlichen Gesichtsausdruck, obwohl natürlich niemand diese Noi gekannt hatte – aber eine Freundin einer Freundin hatte sie gekannt. Na klar.

Sir Mervyn aus Beds lief mir irgendwann mal mit recht blassem Gesicht über den Weg. Er kam gerade aus dem Gefängnis und hatte eine seiner Exfreundinnen besucht, eine Lesbe, die 25 Jahre wegen Mordes absitzen musste. Acht Jahre zuvor hatte sie sich in einer Kneipe in der Soi Bangla mit einer anderen Lesbe geprügelt; es ging um eine andere Frau, und ein gehorsamer Katoey hatte ihr eine Heineken-Flasche mit abgeschlagenem Hals gereicht, die sie ihrer Feindin in den Brustkorb rammte und sie dadurch umbrachte. Die Mörderin floh daraufhin nach Chiang Mai. Ein paar Jahre später lernte sie in Chiang Mai einen Günther kennen und verschwand für ein Jahr nach Deutschland. Sie hielt es dort aber nicht lange aus (Überraschung!) und flog zurück nach Thailand, wo (noch größere Überraschung!) ihr Name im Computer der Einwanderungsbehörde auftauchte, weil sie schließlich wegen Mordes gesucht wurde. Nun saß sie also in Phuket im Knast, und ihre Tage als Barmädchen waren vorüber, weil sie nicht genügend Schmiergeld auftreiben konnte.

Mervyn war einer der Typen, die schon so lange hier lebten, und er hatte schon fast verlernt, englisch zu sprechen. Er sprach eine ganz extreme Form von Kauderwelsch-Englisch, bis man ihn schüttelte und ihn daran erinnerte, dass er ein Engländer war. Natürlich hatte auch er mal eine Bar gehabt, dann eine weitere Bar, bis er absolut pleite war. Danach folgte eine Reihe von Jobs für andere Leute, aber Mervyn wurde ständig gefeuert, weil er immer offen und ehrlich seine Meinung sagte. Mittlerweile verdiente er etwas Geld mit »Übersetzungsdiensten« sowie mit »Hilfe bei Visaproblemen«, und er schnorrte die Leute ständig um Zigaretten an. Er setzte sich in Henrys Bar nie an einen Tisch, weil er sich keinen Drink leisten konnte, und er wohnte, aß und trank in einer fürchterlich verkommenen Wohnung in der Vaselin-Gasse. Umgeben von Strichjungen, konnte er dort wenigstens auf Pump leben. Natürlich war ein Scheck aus England unterwegs nach Thailand, Geld von seiner Versicherung, und wenn dieser Scheck ankam, würde alles wieder gut werden. Seine Thaifreundin gebar schließlich noch einen Sohn, aber der musste ganz klar ins Dorf auf dem Lande geschickt werden, weil Mervyn sich selbst kaum ernähren konnte. Mervyn war ein gutes Beispiel für den Thai-Abhängigen, der nicht weiß, wann die Zeit gekommen ist, sich zu ergeben, zuzugeben, dass Asien gewonnen hat und nach Hause zurückzukehren, um dort von der Stütze zu leben.

Eine von Wings Freundinnen hieß Goong (was so viel wie »Krabbe« bedeutete), die ein paar Stockwerke unter uns wohnte. Sie verbrachte viel Zeit allein in ihrem Apartment mit Fernsehen, Essen und Schlafen. Eines Tages lud sie mich zu sich ein, um ein paar Mädchen bei ihrer Arbeit zuzuschauen und eventuell sogar selbst in den Genuss der einen oder anderen zu kommen. Sie war buchstäblich eine Schönheitskönigin. Ihr ganzes Apartment war ein Tempel ihrer eigenen eisigen Herrlichkeit, geschmückt mit Pokalen, Trophäen und Fotos von sich selbst. Sie war ein wirklich nettes Mädchen, eine Eisprinzessin, die in sich selbst verliebt war. Sie hatte drei Boyfriends, einen Schweizer, einen Deutschen und einen Norweger, und von allen dreien bekam sie monatlich jeweils 10.000 Baht geschickt. Dennoch lief ich ihr öfters über den Weg, als ich um fünf Uhr morgens mit Wow oder irgendwem aus dem Herzen der Finsternis getaumelt kam, und Goong sich bei einem neuen, gewaltigen Bernt eingehakt hatte. Trotz ihres übermäßigen Einkommens war sie immer pleite.

Aber die Eisprinzessin war, wie all die anderen, einfach so ... nett. Goong fragte mich, ob es mich ärgerte, dass Wing so viel

Zeit mit ihr in ihrer Wohnung verbrachte. Ich sagte, im Gegenteil, ich freute mich, dass Wing Freundinnen hatte, mit denen sie tratschen konnte. Goong erklärte mir, dass viele Farangs, besonders die Deutschen, sich sehr ärgerten, wenn ihre Süße länger als eine Minute wegblieb. Sie ärgerten sich über die große Menge an Essen, die ihre Thailady forderte, sowie über die Zeit, in der ihre Thailady lieber schlafen wollte, anstatt zum Windsurfen zu gehen. Ich sagte Goong, dass es mich nicht ärgerte. Ich freute mich für Wing, wenn sie schlafen, essen oder bis zum Umfallen mit ihren Freundinnen tratschen konnte. Meine dämliche Unbekümmertheit war wieder mal ein Zeichen, dass ich ein »gutes Herz« hatte.

Eines Tages waren Wing und Foon mit Goong unterwegs, und als sie verschwitzt ins Apartment zurückkehrten, zog Goong sich aus und schlug vor, dass sie alle zusammen unter die Dusche gehen sollten. Also duschten die drei Mädels zusammen, und danach kehrten Wing und Foon lachend und prustend in unser Apartment zurück. Sie hatten den blanken Hintern der Eisprinzessin gesehen! Ohne ihre prächtige Schale hatte sie einen faltigen Po und einen schlaffen Busen! Ha ha ha! War sie hässlich, mai souai! Ich vermutete, dass es wohl nur noch witziger gewesen wäre, wenn Goong ausgerutscht wäre und sich den Kopf aufgeschlagen hätte.

Goong unternahm immer Sextrips nach Singapur mit ein paar Freundinnen und fragte mich irgendwann, ob ich sie nicht begleiten wolle, um der Sache ein bisschen mehr Seriosität zu geben. Natürlich sollten meine Unkosten erstattet werden, aber ich lehnte in weiser Voraussicht ab – auch wenn sie mir ihren Reisepass voller europäischer Stempel zeigte und sagte: »Ich haben schönen Pass«, was bedeutete, dass sie nicht als mittelloses thailändisches Barmädchen galt. Die Polizei in Singapur verfolgte eine fiese, aber effiziente Politik: Wenn sie eine Thailady festnahmen, die keine Arbeitserlaubnis hatte, rasierten sie ihr den Kopf kahl und schickten sie zurück nach Hause. Das Ban-sing war nicht das Illegale

– Prostitution ist in Singapur erlaubt –, sondern die fehlende Arbeitserlaubnis. Es kann nur vermutet werden, was die Cops wohl gedacht hätten, was ich dort bei den Ladys zu suchen hatte.

Eines Abends war Goong gerade von einem dieser Trips nach Singapur zurückgekehrt und hatte die Taschen voller Geld. Sie nahm mich in ihrem protzigen japanischen Mietwagen mit in die Stadt; ich nahm an, dass sie vorhatte, mit dem Wagen den weiten Weg zu ihrem Heimatdorf zu fahren, aber nein, sie hatte den Wagen einfach nur für diesen Abend gemietet, um ziellos durch die Gegend zu fahren und Sanuk zu haben.

Eine Zeit lang war Goong daraufhin von der Bildfläche verschwunden, bis ich sie auf dem Parkplatz vor unserem Apartment wiedersah. Sie sah nicht mehr so glamourös aus und saß in einem Auto, das ihr sogar gehörte. Ihr amerikanischer Verlobter hatte ihr den Wagen gekauft. Sie würde ihn bald heiraten, erzählte sie mir, und er wolle ein Grundstück kaufen, um darauf ein riesiges neues Resort zu errichten, und wir sollten sie unbedingt besuchen kommen. Goong hatte auch einen pummeligen achtjährigen Jungen dabei, ihren Sohn aus einer früheren Beziehung, von dem niemand was gewusst hatte. Danach ward Goong nicht mehr gesehen, bis uns der thailändische Flurfunk darüber informierte, dass Goongs Amerikaner verschwunden war (gejagt von den Cops), zusammen mit seinen fantastischen Schwindelgeschäften. Außerdem hörten wir, dass Goong stark drogenabhängig geworden und ihr Aussehen dadurch ruiniert sei, sie in ihrem Auto auf irgendeiner Halde wohnte.

Die Leute verlieben sich in dieses Land, und Männer weinen, wenn sie abreisen müssen. Man stelle sich einen großen, schroffen Bernt vor, der in sein Bier weint! Das ist wirklich kläglich. Sie weinen, weil sie sich selbst zurücklassen. Manche Leute sagen ja, sie hätten sich in Italien, Griechenland oder in sonst ein Land verliebt, aber sie brechen nicht in Tränen aus, wenn ihr Flieger sie zurück in ihr tristes Heimatland bringt. Sie haben schöne Erinnerungen, und Italien läuft schließlich nicht weg. Aber was Thailand betrifft, haben die Männer Angst, dass ihre goldenen Momente, ihre dunkelhäutigen Liebsten, ihre eigene Jugend für immer weg sein könnten. Sie werden nie wieder dieselbe Porn oder Noi oder Goong finden, obwohl sie es in Wirklichkeit doch tun – wie Gerry zu sagen pflegte: Nimm dir eine andere, sie sind alle gleich.

Irgendwann kehrte Foon von einem Besuch bei ihrer Mutter zurück, und sie hatte eine charmante Lady gewissen Alters und mit wettergegerbter Haut dabei. Es stellte sich heraus, dass es Foons Mutter war, die ab sofort zusammen mit ihrer Tochter in Patong wohnen sollte, weil sie arm war und die Miete nicht bezahlen konnte. Foon trug ein sechsmonatiges Baby auf dem Arm, und ich dachte schon, dass sie irgendwie schwanger gewesen sei, ohne dass ich was davon mitbekommen hatte – aber nein, Foon trug ihre neue Schwester auf dem Arm. Foons Mutter, schon weit über vierzig, hatte dieses süße Baby zur Welt gebracht, so wie ein Reisfeld Reis produziert. Der Vater, Ehemann oder sonstige Samenspender wurde nicht erwähnt. Dinge wie diese … passieren einfach.

Als ich zum ersten Mal mein Visum am Flughafen von Phuket wieder auffrischte, fragte ich den Polizeiobermeister bei der Passkontrolle, wie viele Stangen Zigaretten ich steuerfrei mit ins Land bringen dürfte. »Zwei Stangen«, sagte er, »du mir bringen eine mit?« Ich sagte, ein andermal, daher gab er mir seine Karte und bot mir die übliche Hilfe bei Problemen an. Ich kann mir nicht vorstellen, dass ein Beamter bei der Passkontrolle in Frankfurt verlangen würde, ihm eine Flasche Schnaps mitzubringen. Aber wer weiß, ich hätte ja auch ein Lottogewinner sein können, voller Gutmütigkeit. Wenn man es nicht probiert, wird man es nie bekommen.

Irgendwann durfte ich mir das Gejammer eines weiteren Engländers anhören, der sich über das Verschwinden der thailändisches Unschuld beklagte.

»Vor zehn Jahren war das hier bloß ein kleines Dorf, und die Ladys waren so süß; jetzt sind sie alle hart und unverschämt. Es geht nur noch um das Geld der Touristen ... das ist nicht Thailand!«

Jeder Ausländer, der hier lebt, sagt so was. Die Unschuld Thailands ist zu Ende, sobald man hier angekommen ist. Das ist meine Meinung. Deshalb sind die Typen, die hier vor fünf, zehn oder 15 Jahren hergekommen sind, auch alle der Meinung, dass es »nicht mehr so ist wie früher«. Genauso wie ihre Erinnerung in dem Moment aussetzt, in dem sie thailändischen Boden betreten; hier funktionieren weder das Gehirn noch das Prinzip Zeit. Aber es ist dasselbe. Es ist seit Jahrtausenden so gewesen. Besser geht's nicht, oder besser: neuer Tag, derselbe Scheiß.

ANTIKE MASSAGE

Ich schaffte es schließlich doch noch, die sagenumwobene Kristin Massage auszuprobieren. Es war schrecklich. Absolut kühl, reibungslos und effizient. Man betrat den Salon und kam zunächst in eine dunkle Bar mit diskret aufgestellten Tischen. Ein Mädchen brachte einen Drink, während man auf eine Wand am Ende des Raumes starrte, die eigentlich ein einziges großes Fenster war, hinter der die Masseurinnen aufgereiht in ihren Abendkleidern saßen. Es war so, als würde man einen Fisch in einem Aquarium beobachten, und es war irgendwie nervtötend – absolut untypisch für Thais –, dass sie bewegungslos und stumm dort saßen. Sie beobachteten die Kunden und warfen ihnen lächelnd und zwinkernd auffordernde Blicke zu.

Nach zehn Minuten kam ein Chinese im Anzug zu mir und fragte flüsternd, ob Sir eine Ganzkörpermassage (plus Details) wünsche. Wenn Sir nur starren wolle, wäre das auch okay. Die Mädels trugen Nummern, anhand derer sie ausgewählt wurden. Ob es wohl eine Fabrik gab, die diese Aufnäher mit den Nummern darauf für alle Massagesalons in Thailand produzierte? Man konnte sogar eine anständige nichterotische Massage bekommen, aber ich entschied mich für das Ganzkörperding und bezahlte den Betrag an einer Kasse, wie im Kino. Mein Mädchen kam aus dem Glaskasten heraus, nahm mein Ticket und einen Zimmerschlüssel. Wir gingen hinauf in den fünften Stock und betraten ein normales Hotelzimmer. Zuallererst schaltete sie entschlossen den Fernseher an; es lief irgendeine Gameshow. Dann gähnte sie und entschuldigte sich dafür. Es sei ein langer Tag gewesen, sie habe Kopfschmerzen. Jetzt kam ich mir endlich wieder so vor, in Thailand zu sein. Sie zog sich aus und krümmte sich wie Houdini, um sich in ihr Handtuch einzuwickeln, ohne dass ich sie nackt sehen konnte. Ich folgte ihrem Beispiel, setzte mich irgendwohin und sah ihr zu, wie sie eine große Matratze aufblies und für uns ein heißes Bad einließ. Sie steckte ihr langes Haar hoch und wickelte es in ein Handtuch ein. Dann breitete sie ein weiteres Handtuch auf dem Bett aus und legte Taschentücher sowie ein Kondom (es war mit Erdbeergeschmack, ich schwöre!) neben das Bett. Sehr ordentlich.

Es war faszinierend, ihr bei der Arbeit zuzusehen; sie war eher wie eine Krankenschwester, allerdings von Erotik keine Spur. Sie nahm ihr Handtuch vom Körper und gab mir ein Zeichen, mit ihr in die Badewanne zu steigen. Ich wurde sehr effizient eingeseift, hygienisch untersucht und abgetrocknet, und sie sprach nur wenig Englisch. Sie stammte aus Bangkok, hatte kein Geld, wurde mies bezahlt, durfte das Gebäude ohne Erlaubnis nicht verlassen und hatte deshalb auch noch nicht viel von Patong gesehen. Das, was sie gesehen hatte, fand sie abscheulich. Sobald sie sich das Busticket leisten konnte, würde sie zurück nach Bangkok zu ihrer Familie fahren. Ihre Mutter glaubte, dass ihre Tochter in einem Restaurant arbeitete, und sie wäre entsetzt, wenn sie erfuhr, dass ihre Tochter in dieser schmuddeligen Branche tätig war.

Da keine Hauptsaison war, wurde den Mädchen im Aquarium ein Kunde pro Tag zugeteilt. Es war mittlerweile abends, und so hatte meine Lady seit ein Uhr mittags auf ihrem süßen Hintern gesessen und gewartet, während eine Kollegin nach der anderen ihren Platz verlassen durfte – wie Teilnehmer einer Gameshow, die nach und nach rausfliegen. Sie war fleißig und tat, was man von ihr verlangte. Ich sollte mich auf die Luftmatratze legen, und sie rieb mich mit Öl ein, wobei ihr nackter Körper über meinen flutschte, glitschig wie ein Aal. Dann und wann überprüfte sie, ob ich schon eine Erektion hatte, und war überrascht, dass sich bei mir nichts regte. Ich wollte sie zuerst daran erinnern, dass wir hier in Patong waren und man überall nackte Frauen sehen konnte. Ich hatte sogar eine bei mir zu Hause sitzen!

Dann endlich war es Zeit für das »Ereignis«. Ich lag auf dem Rücken, und sie fragte, ob ich oralen oder gewöhnlichen Sex wünschte. Ein Blowjob mit Kondom? Bäh! Ich wählte die gewöhnliche Variante aus, aber ich musste mir verschiedene nackte Frauen vorstellen, bevor ich überhaupt zum Höhepunkt kommen konnte. Nachdem ich ihr Trinkgeld gegeben hatte, mir noch ein paar Wasserbüffelgeschichten anhören durfte und wie schwer das Leben sei, verließ ich den Laden. Ich wollte auch nie wieder zurückkehren. Das Ereignis war einfach völlig emotionslos und im Grunde total albern. Ich fühlte mich nicht besonders verjüngt dadurch, oder besser gesagt, ich fühlte gar nichts. Das anrüchigste Barmädchen ist wenigstens ein Individuum, und man hatte wenigstens das Gefühl, eine Erfahrung gemacht zu haben, aber eine Masseurin kann man kaum als Individuum betrachten. Aber immerhin hatte ich nun selbst die berüchtigte thailändische »Sexindustrie« kennengelernt, man kann sie haben, wenn man will. Ich ging zurück zu den schäbigen Box Bars mit ihrem lärmenden Personal – dort fühlte ich mich wieder zu Hause.

Mein Besuch bei Kristin Massage deutete jedenfalls das Ende einer Ära an. Wings Günther aus Schleswig-Holstein war wieder in der Stadt, und sie traf sich mit ihm für ausgedehnte Orgien. Es war eindeutig, dass der Typ sich in sie verknallt hatte. Er besaß eine Menge Schotter und war bereit, ihn für Wing auszugeben; er konnte Wings Töchtern das bieten, was sie verlangten. Nach fast zwei gemeinsamen Jahren war es für Wing und mich an der Zeit, uns zu trennen, am besten ohne Schuldgefühle. Aber kein westlicher Mensch ist frei von Schuldgefühlen. Deshalb beneiden wir die Thais ja auch so sehr. Sie fühlen sich nie schuldig. Ich packte also meine Sachen, und Wing schnappte mich noch einmal für einen verzweifelten Abschiedsfick, während mein Taxi zum Flughafen draußen wartete. Es war recht tränenreich, aber auch unvermeidlich, mit den typischen Lügen wie »Wir sehen uns bald wieder« und »Ich werde zurückkommen« und so weiter. »Ich wünsche dir ein schönes Leben« wäre wohl passender gewesen. Ich verließ Patong, ohne jemals zu erfahren, was aus Squeeze oder Ski geworden war. Squeeze hatte vermutlich die Félix-Faure-Route eingeschlagen, und den Gerüchten nach zu urteilen, war Ski ernsthaft in der Sado-Maso-Szene unterwegs. Ich hatte das beängstigende Gefühl, dass Squeeze und Ski vielleicht ein und dieselbe Person waren. Hier ist niemals etwas, wie es scheint.

Ich verkroch mich für eine Weile in Montreal und quatschte süße Mädels im Universitätsviertel an, die überrascht waren, einen Engländer zu treffen, der französisch sprechen konnte. Ich beeindruckte sie mit meinem geschwollenen Gerede über die Länder, in die ich schon gereist war, bis ich merkte, dass ich für sie nur eine Kuriosität war, eine Art alter Seebär. Und was mich das alles gekostet hat! Acht Dollar für einen lausigen Hamburger! Wenn man zum ersten Mal nach Thailand kommt, ist man erstaunt, wie günstig alles dort ist. Nach einer Weile wird es zur Normalität, und alles andere kommt einem lächerlich teuer vor. Also beugte ich mich dem Unausweichlichen und begab mich erneut auf den Weg nach Thailand, machte aber noch einen weitschweifenden Abstecher in die Karibik. Aber trotzdem … Thailand lockte.

Das türkise Meer, das Lächeln, die knackigen dunkelhäutigen Schönheiten, die Blumen, das Essen … Riesengarnelen oder pralle Austern für sechzig Baht das Kilo; Tom yam gung, die feurige Shrimpsuppe … gegrilltes Hühnchen mit Honig von den Garküchen auf der Straße … kleine süße Venusmuscheln oder große Muscheln; Rindfleisch in Austernsoße, alles süß und sauer … riesige, saftige Ananas, Wassermelonen und Pomelos (eine Mischung aus Orange und Grapefruit) … alles schmeckt besser als anderswo und ist so absurd günstig – außer einer Sache, der berühmt-berüchtigten kulinarischen Spezialität namens Durianfrucht, auch das gefährlichste Obst der Welt genannt. Sie sieht aus wie ein Fußball mit Stacheln, hat eine dicke Schale und wiegt etwa drei Kilo. Man muss sie am Strunk festhalten, um sich nicht an ihr zu verletzen. Jeder, der von einer vom Baum fallenden Durianfrucht getroffen wird – aus etwa 20 Metern Höhe, deshalb muss man warten, bis sie herunterfallen –, kann sich ernsthafte Verletzungen zuziehen oder sogar getötet werden. Im Inneren der Frucht findet man einen puddingartigen Brei, der zwar stark riecht, aber genießbar ist. Viele Liebhaber der Frucht halten sie für das leckerste Obst der Welt. Wilde Tiere werden durch den Duft von reifen Durianfrüchten angelockt und kämpfen oftmals um die heruntergefallene Frucht, ebenso wie Gangs von bewaffneten Durianhändlern, die sich hin und wieder deswegen auch mal Schießereien liefern. Die Parfüm liebenden Thailänder sind sehr pingelig, was Gerüche betrifft, deshalb sieht man in Flughäfen oder Einkaufszentren auch schon mal Verbotsschilder für den Verzehr von Durianfrüchten. Im autoritären Singapur gilt es als Verbrechen, die Frucht in der Öffentlichkeit zu essen. Aber es ist bloß viel Wirbel um nichts, da die Durianfrucht wie ein reifer Camembert riecht, also wohl nicht lebensbedrohlich. So oder so, Thailand lässt einem das Wasser im Mund zusammenlaufen.

Es ist interessant, dass Thairestaurants in unserer westlichen Welt meistens teuer, trendy und glamourös sind. Das Zeug, das sie einem servieren, kann von jeder thailändischen Hausfrau zusammengeklatscht werden, und das auch für etwa ein Hundertstel des Preises und hundert Mal besserer Qualität. Man kann in Patong oder Pattaya häufig beobachten, wie die Thailadys mürrisch mit ihrem Günther essen gehen. Um zu prahlen, hat Günther ein extra teures Menü bestellt; mit dem Geld hätte die Thailady ihre Familie für eine ganze Woche versorgen können. »Ich kann das selber kochen und würde es von einer Zeitung auf dem Boden essen«, wird die Thailady innerlich schreien, »gib das Geld lieber mir, du Trottel!«

Worüber man sich in Patong auch gern unterhält, ist die Scheußlichkeit des Rivalen Pattaya, des verkommenen großen Bruders des schönen Phuket. Obwohl es durch den Tsunami im Dezember 2004 stark zerstört wurde, betrachtet sich Phuket immer mehr als eine Art asiatisches Monte Carlo für den anspruchsvollen Reisenden, nicht für die schwitzenden Massen. Phuket steht für Yachten, fantastische Strände, reiche Typen in blauen Jacketts, gebildete Eleganz. Pattaya hingegen steht für Drogen und Gangster. Deshalb beschloss ich, diesen sündhaften Ort mal zu besuchen.

WAYNE UND CHARLES

Ich saß also wieder im Flieger und machte eine Reise um die halbe Welt; die Flughäfen waren für mich keine romantischen und aufregenden Orte mehr, sondern nur noch heiße, verstopfte Abfertigungszentren. Wenigstens hatte ich an Bord des Flugzeugs nach Bangkok die Genugtuung, dass ich wusste, was mich erwartete. Ironisch wie immer, konnte ich den Neuankömmlingen neben mir versichern, wie wundervoll ihr Urlaubsziel war. Als ich am Flughafen Don Muang gelandet war (mittlerweile gibt es einen neuen Flughafen, dessen Fertigstellung von einer Pannenserie begleitet war), hauten mich die Hitze und die Schönheit sofort wieder um – die Mädels, die Mädels, die Mädels. Kurz darauf steckte ich mit dem Bus im Straßenverkehr von Bangkok fest; die göttlich uniformierten Damen im Flughafen waren wieder in Bestform und sagten mir, dass es keinen Bus in die Stadt gäbe und ich mir ein Taxi nehmen sollte. Nachdem ich auf das Hinweisschild mit einem Bus darauf gezeigt hatte, gaben sie zu, dass es einen Bus gäbe, aber sie waren ehrlich und sagten, dass der Bus sehr langsam sei.

Ein anderer Bus sollte mich von Bangkok in drei langen Stunden nach Pattaya bringen, und kurz bevor ich einstieg, lernte ich einen Deutschen kennen, ein wahres Wrack. Als ich ihn nach Hotels in Pattaya fragte, sagte er süffisant: »Oh, davon habe ich keine Ahnung. Ich besitze dort ein Haus.« Wieder einer dieser Loser. Als wir nach Pattaya hineinfuhren, gab es kein Gefühl der Verwunderung. Es war eine größere Version von Patong: Ich fühlte mich wie zu Hause …

Mein Leben in Pattaya war etwas anders als das in Patong, einfach aus dem Grunde, weil Pattaya eine Stadt ist und kein Dorf. Hier gibt es nicht die gemütliche Langeweile, die man verspürt, wenn man jeden Tag dieselben Leute sieht. Die Innenstadt mit den Vergnügungsmöglichkeiten liegt in einer Art Dreieck, das sich sieben Kilometer am Meer entlang streckt. Außerhalb des Dreiecks befinden sich die riesigen Vororte, aber innerhalb sind die Straßen überfüllt mit Girly-Bars, Discos und Katoey-Kabaretts wie das Tiffany's und das Alcazar, welches neben dem Big-C-Supermarkt liegt, in dessen Nähe ich gewohnt habe. Im Big C kann man, wie im Carrefour und Lotus auch, Waschmaschinen, Computer und Fernseher kaufen sowie die neuesten westlichen Trendwaren: Tricycles, Skateboards oder Roller. Man kommt sich vor wie in irgendeiner amerikanischen Vorstadt. Die Kassiererinnen verdienen ungefähr fünf Dollar die Woche, was gerade über dem legalen Minimum liegt. Die Hotels für die japanischen Touristen liegen alle nahe bei den Katoey-Kabaretts.

Ganz am Ende der Innenstadt, nach einer Reihe von Straßen mit wunderlichen Namen wie »Pattayaland« und Vierteln mit selbsterklärenden Namen wie »Boyz Town«, liegt die berüchtigte Walking Street, die genauso voll von Bars ist, nur teurer. Es wimmelt hier von Reiseagenturen, die alle mit Touren zur kambodschanischen Grenze locken, damit man dort sein Visum verlängern kann; ein Weg nur fünf Stunden Fahrt für insgesamt 2000 Baht. Kleine Abschnitte der Walking Street sind in den Händen von entweder Russen oder Arabern. Dahinter erstreckt sich der große Hügel, eine Landzunge, die immer weiter abgeholzt wird und wo immer mehr Villen gebaut werden. Auf der Hügelspitze steht der Tempel für den Großen Buddha. Schreckliche Möchtegern-Grand-Hotels stehen an der Strandpromenade nebeneinander, und alle werben mit der besten Weinkarte Asiens. Hinter dem Hügel liegt der etwas ruhigere Vorort Jomtien, in dem es riesige Betonklotz-Hotels für russische Touristen gibt; auch hier findet man unzählige lärmende Bars. Wenn man links abbiegt und die Strandstraße entlangfährt, sieht man dort Fitnessstudios und Schwulenbars mit Namen wie »Hardbody« und so weiter. Obwohl Pattaya geschätzte 500.000 Einwohner hat, ist das Touristengebiet relativ kompakt. Hier gibt es alles für den konsumwilligen Touristen, jede Art von Restaurant und exotische Einkaufszentren. Das Hinterland ist recht unspektakulär, aber die Pattaya Bay, in der unzählige Yachten in der Sonne blitzen, ist wunderschön. Nach dem Abendessen kann man auch in den Seitenstraßen herumspazieren und den Mädchen zuhören, wie sie lachen und schreien – wenn man möchte ...

Während der Busfahrt nach Pattaya (160 Kilometer für siebzig Baht) unterhielt ich mich mit einem Engländer, der früher angeblich Rennfahrer gewesen war und der mir erzählte, dass er in Chiang Mai wohne und wegen der Seeluft nach Pattaya käme. Na klar, Kumpel. Ich landete im Pattayaland, jener Straße in der Innenstadt, und suchte ein Hotel auf, das der Engländer mir empfohlen hatte. Es gehörte einem weiteren Engländer namens Robert oder Rupert und konnte eigentlich gar nicht als Hotel bezeichnet werden. Es war mit kitschigem Plüsch ausgestattet, wie ein Londoner Odeon-Kino aus den Dreißigern, und es sah eher aus wie ein Bordell. Das war es auch, denn im Erdgeschoss dröhnte die Musik aus einer hauseigenen Go-go-Bar. Die Zimmer waren voller Sexspielzeuge, alle zum Verkauf angeboten, und die Möbel sahen verdächtigerweise so aus, als könne man sie für seine perversen Vorlieben nutzen. Der Besitzer hatte in jedem Raum hilfsbereit eine »Gebrauchsanweisung« für Ladys ausgelegt, wie man sie bekommt, sich mit ihnen vergnügt und sie angemessen vergütet.

Gegenüber auf der anderen Straßenseite gab es eine Männerbar, die Arthur aus Somerset gehörte und die ich sofort als das Äquivalent zu Henrys Bar in Patong betrachtete; ich entdeckte, dass Arthur, ein Mann mit sanfter Stimme, der neun Jahre lang Besitzer einer Bar in Oakland war, ein Schild aufgehängt hatte, auf dem er Homosexuelle bat, ihre »armseligen Ärsche woandershin« zu bewegen. Arthur gab offen zu, dass er auch keine Schwarzen in seiner Bar haben wollte, weil er sie, nach neun Jahren in Oakland, einfach hasste, und er sagte auch ganz offen, dass er Thais und eigentlich alle Asiaten hasste. Irgendwie sah er alles ein bisschen engstirnig, fürchtete ich. Die schmucke Wohnung, die er sich in der Innenstadt gekauft hatte, war ihm von Gangstern aus Bangkok wieder abgenommen worden. Sie kamen eines Tages einfach mit Pistolen in den Händen in das Grundbuchamt hereinmarschiert, legten eine Liste mit Ferienwohnungen vor und sagten den Frauen im Büro, dass sie die neuen Besitzer seien. Einfach so, wie Thailand den muslimischen Süden eingenommen hatte. Und die Frauen beugten sich natürlich der Waffengewalt und änderten brav die Namen im Grundbucheintrag.

Leider fehlte in Arthurs Bar der runde Tisch der Verdammnis, hier gab es nur kleinbürgerliche englische Herren der onanistischen Klasse, die ordentlich Geld verdient und sich hier niedergelassen hatten. Sie priesen mit ihren schlabbernden Hängewangen die Leistungen von Mrs. Thatcher, und nebenbei dachten sie darüber nach, wo sie sich als Nächstes herumtreiben könnten. Das war eine gute Frage; ein junger Waliser sagte mir mit Nachdruck, dass Pattaya ein Goldfischglas sei. Er hatte sich eines Nachts im Norden von Pattaya vergnügt, während sein Fräulein in sicherer Entfernung in ihrem gemeinsamen Zuhause im Bett schlief. Nach der heißen Nacht mit zwei Ladys in einem Hotelzimmer kehrte er am nächsten Morgen zurück. Er legte sich ins Bett und schlief, während seine Frau auf dem Markt einkaufen ging. Sie kehrte zurück und schrie ihn an: »Mistkerl, du hast mit zwei Frauen ...!«

Ich traf einen amüsanten englischen Besoffenen, der gerade elf Jahre in einem australischen Gefängnis gesessen hatte (schätzungsweise für Mord; er erwartete wohl, dass ich ihn danach fragte, aber unfreundlich wie ich war, tat ich es nicht). Er war nach diesen sexlosen Jahren nach Großbritannien zurückgekehrt und prompt mit nur 500 Dollar in der Tasche nach Thailand geflogen. Leider muss ich sagen, dass Pattaya trotz all seiner Vorzüge nicht mit der intellektuellen Dichte von Patong mithalten konnte, wenn das überhaupt möglich ist. Ich vergnügte mich damit, die Umgebung näher kennenzulernen, indem ich eine schnelle Tour durch die Walking Street unternahm, die nicht unterscheidbar von allen anderen Straßen war – Bars, Mädchen, Geschäfte, Restaurants, Discos, Apotheken. Dann fand ich heraus, dass es die Straße ein Stück weiter hinauf ein paar gute, preiswerte Hotels gab, sodass ich in eines davon umzog und nur etwa die Hälfte von dem zahlen musste, was mein erotisches Odeon verlangte.

Das ordentliche Hotelzimmer war der Ort meiner ersten romantischen Begegnung in Pattaya mit einem freundlichen Barmädchen

namens Nern. Sie war 35 und sehr ruhig, nicht die übliche lautstarke Quasselstrippe; sie hatte wundervolle weiche Haut wie ein
junges Mädchen, ein eher unschönes, bauernhaftes Lächeln und
fantastische Beine. Sie war nett und klammerte nicht, und ich sah
sie – will sagen: ich hatte sie – sehr oft. Eines der Dinge, die mich
an ihr faszinierten, war ihr Schambereich, schön wie eine Blume
(ich wurde sofort an Oms erotisch-kulturellen Boyfriend von der
Insel Jersey erinnert). Nern nahm mich mit zu ihrer Wohnbara-
cke, die sie mit den üblichen hundert Mädels teilte, unter anderem auch mit ihrer Tochter, die bereits zur Schule ging und mich
böse ansah. Ich merkte, dass sie mich nicht mochte. Was denkt
ein junges Mädchen, dem beigebracht wird, ehrlich und aufrichtig zu sein, wenn ihre Mutter als Bardame arbeitet? Leider kann
ich darauf keine Antwort geben.

Ich lief durch die Stadt, und bald hatte ich ein Apartment entdeckt, das zwischen Bäumen und nicht weit weg vom Meer entfernt lag. Es befand sich in einem protzigen neuen Häuserblock
mit vier Stockwerken, in dem ich der erste Mieter war und in eine
schöne moderne Wohnung einzog. Soi 2, zwischen der Strandstraße und der Second Road, war zur damaligen Zeit noch eine ruhige Straße mit sehr vielen Bäumen. Mittlerweile geht es hier aber
wesentlich lauter zu. Auf der anderen Straßenseite war ein großes,
groteskes Hotel für die Japaner, das die Form eines Schiffes hatte.
Daneben lag ein belgisches Hotel, geführt vom üblichen gestörten
Alkoholiker, in dem es auch ein Bordell gab, das tagsüber geöffnet
war. Man hörte ständig eine Trillerpfeife und sah, wie Japaner in
den gleichen Anzügen von ihrem Betreuer wie eine Herde über die
Straße getrieben wurden, für ihr morgendliches Bad. Am oberen
Ende der Straße, neben der Second Road und gegenüber des Big-
C-Supermarktes, fand man Dutzende von Box Bars, eine neben der
anderen. Am anderen Ende lag das Alcazar, das Katoey-Kabarett,
sowie ein paar unheimliche Clubs nur für Japaner.

Ich lernte schon bald ein paar Nachbarn kennen: Jerry war ein
schwarzhäutiger Riese aus Los Angeles, der angeblich so was wie

ein Agent der nationalen Sicherheitsbehörde gewesen war (wohl eher ein Schläger als ein Spion) und eine Zeit lang in Nicaragua verbracht hatte. Derartige Dinge blieben unausgesprochen, und er ging nie ins Detail, weil es alles streng geheim sei. Ich bin in diesen seltenen Momenten froh, wenn haarsträubende und dubiose Kriegsgeschichten nicht erzählt werden. Jerry hatte keine Zehen mehr und musste Spezialschuhe tragen; außerdem musste er regelmäßig einen Fußspezialisten aufsuchen. Er erzählte mir nicht, wie er seine Zehen verloren hatte, deshalb nahm ich an, dass es irgendwas mit Krieg zu tun hatte.

Jerry konnte auch seine Hände nicht richtig bewegen, weil er mal einen Schlaganfall gehabt hatte, und so schrieb ich für ihn Briefe, größtenteils an seine missratenen, beleidigten (etc.) Töchter, die im Teenageralter waren und mit der Mutter, die sich von Jerry hatte scheiden lassen, in Kalifornien lebten. Sie war Mexikanerin, und Jerry hatte viel Zeit in Mexiko verbracht, so wie ich auch. Ich mochte sein sprödes, geradliniges Englisch, ohne diese umständlichen Formulierungen der Weißen. Seine Frau hatte ihn verlassen, weil er »Scheiße gebaut« hatte. Die einzigen Punkte, bei denen unsere Meinungen auseinandergingen, waren seine Überzeugung, dass O. J. Simpson unschuldig sei und dass Syphilis und Tripper ein und dasselbe waren. Bald lebte er mit Noi, die etwa ein Drittel so alt war wie er, in wilder Ehe zusammen, ging mit ihr ins Kino, zum Einkaufen und so weiter, aber offenbar vögelte er nicht mit ihr. Jerry war neu in Thailand und brauchte meinen Rat – meinen Rat! Noi hatte wohl zu ihm gesagt: »Ich dich nicht können lieben so wie du wollen«, was ihn wohl etwas verwirrt hatte, da sie damit andeutete, nicht vögeln zu wollen.

»Jerry, sie weiß gar nicht, was diese Worte bedeuten. Viele der älteren Typen wollen einfach nur Händchen halten und so. Denk dran, es ist dein Geld, und du musst ihr sagen, was du willst. Vielleicht will sie Sex, befürchtet aber, dass du nur ihr Großvater sein willst. Also bring sie nicht durcheinander. Thailadys wollen gern wissen, was Sache ist.«

Ein paar Tage später kam Jerry jauchzend in mein Apartment, freute sich und schlug sich auf die Oberschenkel. »Du bist mein Held! Ich habe deinen Rat befolgt, und – Mann, sie kann von meinem dicken schwarzen Arsch nicht genug bekommen!«

Ich sah Jerry während meiner Zeit in Pattaya mal mehr, mal weniger. Er zog irgendwann in eine andere Stadt, um näher an Bangkok zu sein, sein Mädchen verließ ihn, kam zu ihm zurück und verließ ihn anscheinend wieder. Ich bekam irgendwann eine melancholische E-Mail von ihm, in der er mir mitteilte, dass er zurück nach Kalifornien gegangen war – angeblich, um vor der Vogelgrippe zu flüchten.

Unter mir wohnte Mittelschicht-Charles aus Wimbledon, der sich ständig für seine »bürgerliche Seriosität« sowie dafür, dass er aus der Mittelschicht kam, entschuldigte.

Seine Eltern, zwei Salonsozialisten schottischer Abstammung, hatten ihn auf eine schreckliche öffentliche Schule geschickt, weil sie zu geizig waren, ein paar Schilling für eine Privatschule locker zu machen. Wenn ihm ein paar süße Mädels entgegenkamen, verzog Charles sein Gesicht zu einer proletarischen Grimasse, machte Geräusche wie ein Affe und bewegte seine Hüfte kopulativ nach vorn. Natürlich war das bloß postmoderne Ironie, um die Leute zu parodieren, die sich wirklich so benahmen. Er war so ziemlich der einzige Farang, der es wagte, das verbotene Wort »Loser« in den Mund zu nehmen.

Charles hatte die Sparsamkeit seiner Eltern übernommen und sparte immer jeden Penny, bei Getränken, Zimmern oder Thailadys; ironischerweise hatte er 180.000 Pfund von seiner verstorbenen Mutter geerbt, was die Hälfte aus dem Verkauf des elterlichen Hauses gewesen war. Die andere Hälfte ging an seine *Guardian* lesende Schwester in London, die »mit einer Schwuchtel verheiratet« war. Charles hatte ein paar Jahre in Korea gewohnt und dort als Englischlehrer gearbeitet, aber jetzt hatte er das Gefühl, sich ausleben zu müssen. Trotzdem gab er nicht mal das aus, was sein Kapital an Zinsen einbrachte.

Dummerweise besaß Charles so viel Geld, dass er sich als Reicher bezeichnen konnte, aber nicht genug, um sich zur Ruhe setzen zu können. Als unser gemeinsamer amerikanischer Freund Wayne, der Buchhalter, ihm darüber die Augen geöffnet hatte, zuckte Charles nur mit den Schultern und sagte in der Art von Lord Byron: »Ich glaube eh nicht, dass ich lange leben werde.« Charles hatte uns gestanden, dass er eine lange Zeit alle möglichen Pillen geschluckt habe; obwohl er recht gut aussah, gab er zu, schüchtern zu sein. Es war ihm peinlich, dass er nie zur Universität gegangen war, und er musste sich erst ein paar Wodkas reinkippen, bevor er abends auf Mädchenjagd ging. Um drei Uhr morgens, nachdem er sich ordentlich zugeschüttet hatte, eine Reihe unglücklicher Barmädchen abgeschlabbert hatte, jedem erzählte, wie geil er sei und unbedingt mit irgendeiner Frau ins Bett müsse, torkelte er doch meistens allein nach Hause. Wenn er eine Begleitung gefunden hatte, war er nicht mehr in der Lage, Sex mit ihr zu haben.

Dann und wann hatte Charles es aber doch hinbekommen, und dann erhielt man von ihm eine sehr anschauliche Beschreibung der sexuellen Geschehnisse und des Aussehens der Lady, meistens mit einem klitzekleinen Fehler wie beispielsweise einem Muttermal auf der Pobacke, was Charles als Ausrede benutzte, um sie als mögliche Freundin abzulehnen – er hatte Angst vor einer dauerhaften Beziehung. Wenn alles gut lief, sagte er, dass er die eine oder andere »Explosion« erlebt hätte. Charles war fixiert auf Brüste und vögelte jede, wenn sie »riesige Titten« hatte. »Uuh ... sieh dir das an!«, schnaufte, jammerte oder stöhnte er, wenn er ein Mädchen sah, das obenherum ordentlich bestückt war. Als er irgendwann mal total besoffen war, musste ich ihn von einer vollbusigen Mama wegzerren, die auf der Straße gebratene Hähnchen verkaufte.

»Charlie!«, rief ich. »Sie ist kein Barmädchen, sie verkauft Hühnchen!« – »Ich muss sie haben!«, geiferte er wie Dracula, bevor ich ihn zum nächsten Barhocker schleifen konnte.

Er hatte mir mal gestanden, dass er sich oft in seiner Fantasie ausmalte, wie er von einer schwarzhäutigen Frau ausgepeitscht wird, und konnte es gar nicht glauben, als ich ihm sagte, dass viele Männer den gleichen Traum hatten oder ihn zur Realität werden ließen. Er brauchte sich nur die unzähligen »Miss Peitsche«-Flyer in den Londoner Telefonzellen anzuschauen.

»Ach was«, sagte er, »du machst Witze!«

»Du kommst doch aus London, das hätte dir eigentlich mal aufgefallen sein müssen!«

»Na ja, ich habe nie von einer Telefonzelle aus telefoniert …«

Charles stand auf vollbusige Girls aus Kalifornien, aber er sagte finster, dass er nicht mehr in die USA zurückgehen könne, weil er dort Ärger mit dem Gesetz hatte. Wie sich herausstellte, hatte er einen Strafzettel für Falschparken nicht bezahlt. Charles hatte eine süße kleine Lady auf den Philippinen, die an ihm hing, und natürlich behandelte er sie schlecht. Er flog immer auf die Philippinen, um sich in Angeles, einer Bordellstadt, die sich rund um den früheren US-Luftwaffenstützpunkt Clark gebildet hatte, zu vergnügen. Seine Süße wohnte in einem idyllischen Fischerdorf, und er beglückte sie für ein paar Tage mit seiner Anwesenheit, bevor er lieber wieder in dem Hexenkessel namens Angeles untertauchte.

Die Philippinen hörten sich abschreckend an: unfreundlich, laut, gewalttätig, kommerziell, und die Frauen kauten ständig Kaugummi. Aber leider war einer der Gründe, warum Charles von dem Land so angetan war, das Shabu, ein Methamphetamin, das man rauchen konnte, ähnlich wie das Yaba. Er hing manchmal bei L. A. Rob ab, der dort mit seiner vollbusigen Freundin wohnte, und alle drei waren große Freunde des Shabu. Charles trieb es immer mit Robs Freundin, wenn Rob schlief. Charles war wirklich so ein hinterlistiger Kerl. Da war noch ein anderer amerikanischer Drogenfreund, bei dem Charles unterkam und den ich nur flüchtig kannte. Sein Spitzname lautete »Könntesollte«, weil sein Leben ein langer Katalog voller verpasster Gelegenheiten und falscher Entscheidungen war. Er wohnte auch auf den Philippinen, zusammen mit seiner Ehefrau, in einem Haus, das er gekauft hatte. Irgend-wann wurden Charles und er wegen Drogenbesitzes verhaftet, weil sie von der Ehefrau bei den Cops verpfiffen worden waren; sie wollte das Haus für sich und ihren Filipino-Boyfriend haben. Charles und der Amerikaner flüchteten nach Thailand, nachdem sie ein hohes Schmiergeld abgedrückt hatten. Der Amerikaner ver-lor sein Haus und seine Ehefrau, und er fing an, mit Drogen zu dealen – ein weiterer Asienabhängiger, der einfach nicht aufgeben und zurück nach Hause kehren konnte. Er sitzt mittlerweile in Bangkok im Knast, weil man ihn mit 400 Yaba-Pillen in seinem Hotelzimmer in Pattaya erwischt hatte. Irgendein Mädchen hatte ihn verraten, so wie sie es in der Drogenwelt immer tun. Es ist nicht gut, wenn man über fünfzig und pleite ist.

Dass Charles sich ständig auf irgendwelchen Flughäfen rum-trieb, gab ihm das Gefühl, beschäftigt und wichtig zu sein. Ich sagte ihm, dass Pattaya – so wie es sich anhörte – viel angenehmer war als die Philippinen, dass die Ladys hier günstiger, nicht so an-hänglich und weniger gemeingefährlich waren. Außerdem wurde seine Pfennigfuchserei durch die Flugtickets, die er sich ständig kaufte, ein wenig zur Farce. »Ich weiß, ich weiß«, sagte er traurig und schüttelte dabei den Kopf, als hätte er keine Kraft, irgendwas daran zu ändern. Er war total verrückt nach Handys und hatte jede Woche ein neues, weil das vorherige gewöhnlich von einem Mädchen gestohlen worden war. Er machte immer verrückte Te-lefonanrufe aus den Bars oder starrte ständig auf seine Armband-uhr, und dann sagte er, dass er »dringend wohin« müsse; meistens bedeutete es, dass er einfach nur in eine andere Bar ging oder sich mit einem Dealer traf. Wie viele Farangs sagte auch er, dass er neidisch auf mich sei, weil ich meiner Arbeit nachging – das hieß, ich schrieb. Planlosigkeit befällt viele, die im Ausland leben; die-jenigen, die in Thailand wohnen, kommen oftmals mit der frem-den Kultur nicht klar. Wenn man nichts zu tun hat, fängt man zwangsweise an zu trinken, hurt herum oder golft sich zu Tode. Chris, der Computerfreak, und der verwegene Chester waren irgendwann aus Patong geflüchtet und tauchten in Pattaya auf, und Chris kaufte sich ganz viele Computer, um eine Schule zu eröffnen und den Thais die Cyberwelt zu eröffnen. Bald schon verloren seine Schüler das Interesse, und die ganze Sache ging in die Hose. Daraufhin startete Chris eine Ein-Mann-Computerberatungsfirma, aber auch das Geschäft wollte nicht laufen. Er brauchte eigentlich nicht zu arbeiten, aber er brauchte das Gefühl, beschäftigt zu sein. Kürzlich verfolgte er den Plan, Häuser aus dem Besitz der Banken aufzukaufen und sie wieder zu verkaufen. Er wollte aus dem undurchsichtigen Gesetz Kapital schlagen, das den Umgang mit geplatzten Krediten regelte. Ich weiß nicht, was daraus geworden ist, aber ich erwarte nichts Fruchtbares.

Chester hatte sich in der Zwischenzeit eine gammelige alte Farang-Bar in Bangkok von einem Typen gekauft, der sich lieber in China niederlassen wollte (ich frage mich, warum bloß). Leider musste er die Erfahrung machen, dass seine Kunden, die um fünf Uhr morgens zu ihm kamen, um sich American Football im Fernsehen anzuschauen, keine Getränke kauften, weil sie gleich danach ins Büro zur Arbeit mussten. Mittelschicht-Charles spielte Tennis, und im Tennisclub hatte er Wayne aus Milwaukee kennengelernt, also hing ich öfters mit beiden ab. Wayne war noch geiziger als Charles, und beide beklagten sich jeweils bei mir, wie besessen der andere doch vom Geld sei. Wayne gab nach einer Weile zu, dass er gegen seinen Geiz nichts tun könne; er war von strenggläubigen Eltern erzogen worden und sagte: »Wenn ihr mich für geizig haltet, solltet ihr mal meine Eltern sehen.« Er gestand mir (»Aber sag Charlie nichts davon ...«), dass er wegen seiner Religion erst mit 25 zum ersten Mal Sex erlebt hatte und deshalb versuchte, die verlorene Zeit wieder aufzuholen.

Ich sah Wayne irgendwann mal, wie er von einem Song teo sprang, einem dieser Taxibusse, die eigentlich ein umgebauter Pick-up sind (Song teo bedeutet »zwei Bänke«). Wayne sprintete die Straße entlang, und er entging nur knapp dem Tod. Als ich ihn später traf, prahlte er damit, dass er dem Fahrer nur 4,75 Baht gegeben hatte, anstelle der fünf Baht, die in der Innenstadt üblich sind. Er hatte sein Leben riskiert, um umgerechnet weniger als einen Cent zu sparen.

Manche Song-teo-Fahrer können wohlgemerkt ziemlich unhöflich und erpresserisch werden; sie halten einfach irgendwo im Nirgendwo an und verlangen eine absurde Summe von dir, als wäre man ein Grünschnabel und als würde hier nicht alle dreißig Sekunden ein Auto vorbeikommen. Ein einfacher Trick ist, sich wortlos ins Auto zu setzen, weil es dann als Standardpreis für einen Bus 10 Baht kostet. Wenn der Unachtsame angibt, in die Innenstadt zu wollen, kassiert der Fahrer gleich 100 Baht ab, weil er dann als Taxifahrer arbeitet, auch wenn er sowieso in diese Richtung fahren muss. Die Fahrer sind das männliche Äquivalent zu den Barmädchen – Bauerntrampel, die sich auf den Weg nach Pattaya gemacht und dort Straßen aus Gold erwartet haben. Dort angekommen, mussten sie erkennen, dass dort jedes dritte Fahrzeug ein Taxi ist, so wie jedes dritte Haus eine Bar beherbergt. Kein Wunder, dass sie mies gelaunt sind.

Als wir in die Marine Disco gingen, eine verkommene Baracke und gleichzeitig ein Abschleppschuppen mit wild überteuerten Getränken, war Wayne die meiste Zeit damit beschäftigt, durch die Gegend zu schlendern, um dadurch den Blicken der lauernden Bedienung zu entgehen. Wayne wäre besser dran gewesen, wenn er gleich einen Drink gekauft hätte, dann hätte er sich sofort auf die Mädchen konzentrieren können. Anstatt ein Mädchen zu finden, lag anscheinend der einzige Sinn seines Besuches darin, kein Geld ausgeben zu wollen.

Wayne nahm seine philippinische Freundin Marivec, von der ich später noch berichten werde, mit in die USA, um mit ihr im Auto durch den Westen des Landes zu fahren. Allerdings musste diese Tour verkürzt werden, weil sie nicht im Auto schlafen wollte. Wayne verstand ihren Standpunkt nicht, aber immerhin sah er es ein und gönnte ihr und sich jede dritte Nacht ein Motel! Das machte Marivec aber auch nicht glücklicher, und sie teilte Wayne mit, dass sie mit Amerika nichts anfangen könne. Sie wollte zwar dort hingehen und ganz viel Geld verdienen, damit beide so bald wie möglich auf die Philippinen auswandern, ein großes Haus kaufen und jeden in Marivecs Dorf beeindrucken konnten. Wayne konnte sich nicht entscheiden, ob er sie nun heiraten solle oder nicht, und er stellte sie erst mal seinen Eltern in Milwaukee vor. Er war sich nicht sicher, ob sie erkannten oder ob es sie störte, dass Marivec ein Barmädchen war.

Dann bekam ich einen leidenschaftlichen Telefonanruf von den Philippinen und wurde zu Waynes und Marivecs Hochzeit eingeladen! Sie fand tatsächlich statt, und Wayne hatte ganze 250 Dollar für die Heiratsurkunden, Priester und für Alkohol ausgegeben. Ich ließ mir eine Ausrede einfallen, in weiser Voraussicht, weil die Hochzeit abgesagt wurde, als Wayne erfuhr, dass er zusätzlich zu den 250 Dollar noch ein Festessen bezahlen sollte. Irgendwann später kam er mich besuchen und zauberte drei Dosen Bier aus seinem Rucksack. Er hatte das Bier in Las Vegas gekauft und es um die halbe Welt getragen, bloß um zu sparen.

Wayne und Charles hielten sich gegenseitig vor, dass der eine besessen davon war, beim Tennis zu gewinnen, was doch eigentlich »nur ein Spiel« war. Wenn einer von den beiden in ein Barmädchen verknallt war, musste der andere sie zuerst haben oder sie wenigstens kurz abküssen, um daraufhin behaupten zu können: »Sie war nicht schlecht.« Ich hatte zwar selbst eine dämliche Sorglosigkeit an mir, aber anders als ich weigerten sich beide, Kondome zu benutzen, und sie verloren Zeit, Geld und einige potenzielle »Explosionen«, weil sie ungeschützten Sex verlangten. Sie teilten sich auch den permanenten Befall von Geschlechtskrankheiten, besonders Chlamydien, was schon zu Charles' zweitem Namen geworden war. Ich wies sie plump darauf hin, dass es vielleicht etwas mit ihren gummilosen Aktivitäten zu tun haben könnte. Beide wussten gut Bescheid über Antibiotika, und Zithromax hieß die geläufige Wunderdroge für jedes Zwicken und Jucken. Zum Glück musste ich das Zeug nie kennenlernen.

KAPUTT IST KAPUTT

Die Soi 6 in der Nähe meiner Wohnung war die verruchteste Straße Pattayas. Die Touristenhorden hatten sie noch nicht für sich entdeckt und hingen lieber in der Nähe der teuren Walking Street herum. Die King Kong Bar war wohl der verkommenste Schuppen in der Soi 6, dort hingen immer Bier saufende, laut lachende Günthers rum.

Der schweizerische Besitzer bestand auf Ehrlichkeit: keine Bettelei, kein Diebstahl, keine Extraforderungen, und eine schnelle Nummer dauerte zwei Stunden. Wenn ein Mädchen früher zurückkam, wurde es vom Besitzer gerügt. Ich gönnte mir ein paar von ihnen, und sie waren alle erstaunt, als ich ihre Leistungen mit einem ungewöhnlich hohen Trinkgeld honorierte. Charles gefiel es dort nicht, weil seiner Meinung nach »zu viele Typen« in dem Laden rumhingen. Seine Vorstellung von Spaß war eine verlassene Bar, in der er ohne Konkurrenz irgendein Mädchen abschlabbern konnte. Wahrscheinlich hätte er noch jammernd gefragt: »Magst du mich wirklich?«, bevor ihn Panik befallen und er das Mädchen zurückgewiesen hätte, weil ihre Ellenbogen womöglich die falsche Form hatten.

Wie vorherzusehen war, fingen die Cops an, dem Besitzer der King Kong Bar Scherereien zu machen; sie durchsuchten die Zimmer im ersten Stockwerk und zerrten einen unglücklichen Lustmolch mit sich aufs Polizeirevier. Sie warfen einen Teil der Möbel aus dem Fenster, da der Laden keine Hotellizenz hatte. Wenn die Thais sehen, dass ein Farang Geld macht, wollen sie es ihm abnehmen. Schließlich verkaufte der Schweizer die Bar, und der neue Besitzer ist irgendein thailändischer Polizeiobermeister. Genauso vorherzusehen war, dass in dem Laden heute nicht mehr viel passiert. Thais können einfach nicht begreifen, dass die Kunden lieber in eine Bar gehen, die nicht der Mafia gehört. Und der reiche, trottelige Günther wird auch nie verstehen, dass, wenn neun Bierbars in der unmittelbaren Nachbarschaft Verlust machen, seine eigene neue Bar höchstwahrscheinlich auch nicht besser laufen wird.

Mit Wayne und Charles drehte ich meine Runden: durch lärmende Bars auf der Soi 7 und 8, wo man sofort anhängliche Mädels auf seinem Schoß sitzen hatte; oder in coole, teure Go-go-Bars auf der Walking Street, wie etwa Super-Baby A Gogo, wo die Tänzerinnen jung, hinreißend, reserviert und unglaublich teuer waren. Wir gingen auch in zwielichtige Bars auf der Second Road, die um fünf Uhr morgens bei Sonnenaufgang noch geöffnet hatten. Wayne und Charles hatten beide diese lästige Angewohnheit, mit den Ladys zu flirten, ohne sich danach für eine zu entscheiden. Sie sagten immer, dass sie die Mädels bearbeiteten, mit Hilfe eines mysteriösen Lockstoffes. Ich antwortete, dass der einzige Lockstoff, den die Mädels bräuchten, ein Geldschein sei, aber Wayne hatte die Idee, eine Lady charmant zu überreden, es umsonst zu machen. Charles hingegen musste immer erst sicher sein, dass die Lady ihn mochte.

Ich hatte viele Ladys aus den lärmenden Bars, die sich meistens als sehr anhänglich herausstellten – sie standen in den frühen Morgenstunden betrunken vor meiner Wohnung, hämmerten an die Tür und wollten Geld, und der »Sicherheitsdienst« des Apartmentblocks war zu dieser Zeit üblicherweise am Schlafen. Aber ich zog es vor, allein durch die Gegend zu streifen, wie Bogart in der dunklen, verlassenen Stadt umherzuwandern, vorbei an den wenigen, immer noch geöffneten Bars in den Seitengassen mit Mädels direkt aus Isaan. Es wurde kein Wort gewechselt, es gab kein Gekreische, kein »Hello, sexy Man!« oder die obligatorische Frage, woher man käme, sondern nur ein Nicken oder eine auffordernde Geste und ein fröhliches Mädchen. Mama-san legte ihr Strickzeug beiseite, um dich mit einem Wai zu begrüßen und dein Gesicht mit Wasser zu benetzen. In einer dieser bis in die Morgenstunden geöffneten Bars in der Soi Bukarow gab es zwei Frauen: die schöne, auffallend laute Mama-san hinter dem Tresen und eine Lady, die absolut schlank und völlig hinreißend war. Dort saß auch ein total besoffener Schotte, der der Mama-san kichernd zuhörte, wie sie mit ihrem Verlobten telefonierte, der aus England anrief.

»Du mir nicht senden Geld, du dich verpissen!«, schnatterte sie fröhlich und legte einfach auf. »Er rufen wieder an«, sagte sie.

Ich gönnte mir in der Bar ein Getränk, während die Mama-san uns ein Fotoalbum mit Bildern von ihr und ihrem englischen Naivling zeigte, bis dieser tatsächlich wieder anrief. Man konnte seine schrille Stimme hören, wie er ihr unsterbliche Liebe vorjammerte, woraufhin Mama-san ihm wieder sagte, dass er sich verpissen solle. In der Zwischenzeit ließ ich mich immer mehr von der jungen Schönheit verzaubern, die in meiner Nähe saß, und ich fragte den Schotten freundlich, ob das Mädchen bereits vergeben sei.

»Nein, Mann«, sagte er, »du kannst sie haben. Ich vergnüge mich mit ihr …« – er nickte in Richtung Mama-san.

Während Mama-san ihrem Verlobten am Telefon erneut sagte, dass er sich verpissen solle, traf ich mit Miss Perfektion die nötigen Vereinbarungen. Wir gingen händchenhaltend zu meiner Wohnung, vorbei an all den geschlossenen Bars, was sehr romantisch war. Leider sprach Miss Perfektion sehr gut Englisch, deshalb musste ich mir die Saga über ihren Exfreund anhören, irgend so ein alter Kleinkrimineller aus dem Osten Londons, der sie schlug, hungern ließ und sie nicht allein aus dem Haus hatte gehen lassen. Sie sagte, dass, obwohl sie im Grunde nichts mehr mit dem Kerl zu tun hatte, sie nicht mit anderen Männern bei Tageslicht mitgehen könne, weil sonst irgendein Spion ihren Extypen informieren und sie Schläge bekommen würde. Ein anderer vorheriger Freund, auch so ein Ganove, war genauso gewesen! Männer sind ja so niederträchtig, et cetera.

Jedenfalls setzte ich schließlich den Klagen der Dame ein Ende, und wir hatten sehr befriedigenden Sex, auch wenn sie recht träge war, aber ihre unglaubliche Schönheit machte das wieder wett. Dieses Playmate zitterte dezent, als ich es ausgiebig mit Cunnilingus verwöhnte, was dieser sexuellen Begegnung einen besonderen Reiz verlieh. Ein paar Tage später kehrte ich nochmals in jene Bar ein auf der Suche nach Miss Perfektion, aber Mama-san – wieder am Telefon zu ihrem Verlobten, um ihm das Übliche zu sagen – teilte mir mit, dass sie die Lady gefeuert hatte. Angeblich hatte die junge Schönheit nicht verstanden, dass sie eine Angestellte und deshalb verpflichtet war, mit Kunden mitzugehen – eine kleine Primadonna also. Ihr Foto hing immer noch an der Wand, und ich nahm Charles und Wayne eines Abends mit in die Bar, um ihnen die klassische Gangsterbraut zu zeigen, mit der ich mich amüsiert hatte.

Manchmal zogen wir auch mit Extrem-Bill los, der im Erdgeschoss meines Apartmentblocks wohnte. Bill war Australier und hatte griechische Eltern, die in Melbourne wohnten – der Stadt mit den wohl meisten griechischen Einwohnern nach Athen. Er war stämmig und etwas dicklich, und er hatte Kickboxen gelernt, um sich irgendwelche antihellenischen Schlägertypen vom Hals zu halten. Er war zwischen zwanzig und dreißig Jahre alt und wollte nicht erzählen, wie er sich seinen Lebensunterhalt verdiente, aber anscheinend war er in der Lage, sich erfolgreich durchs horizontale Gewerbe von Pattaya und Angeles zu schlagen.

Extrem-Bill war irgendwann von der Bildfläche verschwunden, zusammen mit seinem gemieteten Motorrad, von dem man annahm, dass er es gestohlen hatte. Aber er kehrte zurück und wurde gleich von einer Lady auf der Straße erwischt, der er 30.000 Baht schuldete. Angeblich hatte er das Motorrad bei einem Unfall zu Schrott gefahren, und natürlich war die andere Fahrerin schuld, die zu allem Überfluss auch nicht versichert war. Man sah Bill ständig zusammen mit einem finster dreinblickenden Franzosen, und er sagte mir, dass sie beide nach Litauen gehen wollten, wo die richtige Action zu finden war. Ich schätze mal, dass er immer noch in Pattaya rumhängt, wenn er nicht schon im Knast sitzt. Sie kommen alle immer wieder zurück.

Wayne und ich – und gelegentlich auch Charles – gingen häufiger in eine kleine schweizerische Bar auf der Soi 8, in der ein paar nette Mädels arbeiteten und wo man vernünftige Kneipengespräche führen konnte. Wir redeten meist bis tief in die Nacht über alles, was so in der Welt vor sich ging, während Charles mit einem vollbusigen, sehr netten und rundlichen Mädchen namens Pou liebäugelte. Ich glaube, Charles hat einmal mit ihr gevögelt, als wir nicht mit ihm unterwegs waren, und er behauptete danach, dass er mit einer reizenden süßen Dame namens Nok Sex gehabt hätte. Wayne und ich waren beide hinter Nok hergewesen, aber leider hing sie immer bei irgendeinem Bernt am Arm. Wayne hatte eine seiner wie üblich desaströsen Verabredungen mit einer Lady, die sich mit ihm draußen auf der Straße traf und irgendwann schnell in eines der umliegenden Gebäude flüchtete. Wayne folgte ihr, ein paar Stufen hinauf, wo er sie in dem Apartment ihres Thai-Boyfriends vorfand, den sie in einer Woche heiraten sollte. Ich brauche wohl nicht zu erklären, was als Nächstes passierte.

Der Star der Show im Hot And Cold war ein nettes Mädchen, das lauter Goldklunker an ihrem Körper trug. Sie war unglaublich schön und hatte einen leichten italienischen Touch, wie eine junge Sophia Loren: langes, welliges Haar, feste Brüste und eine wohlgeformte Nase. Sie wurde von den wirklich reichen Typen bevorzugt, und wir nannten sie »Kaputt«, weil sie irgendwann mal von einem Rendezvous mit einem Bernt zurückgehumpelt kam und ihren Hintern rieb, wobei sie sagte: »Uuh, Arsch kaputt!« Ich habe mich irgendwann mal nett mit Kaputt unterhalten, und sie zeigte mir bei der Gelegenheit ihre Goldklunker. Sie wies hartnäckig darauf hin, dass sie sich das Zeug selbst gekauft habe und stolz auf ihre Unabhängigkeit sei. Ein paar Monate später sah ich sie wieder, sie war kaum wiederzuerkennen, war nicht mehr die Göttin, die wir kannten, und hatte auch kein Gold mehr. Sie hatte eine verwüstete Frisur, trug schmutzige Klamotten und sah erschöpft und traurig aus. Drogen? Vielleicht. Dass sie kein Gold mehr besaß, sagte eigentlich schon alles aus. Danach war sie verschwunden, keiner wusste, wo sie hin war.

Kaputt war kaputt. Das ist eben Thailand.

DIE SPRACHE

Die Thailadys benutzen oft Wörter und Begriffe aus fremden Sprachen – wie zum Beispiel kaputt, bonne femme, beautiful, broken heart, horny und so weiter. Die Thaisprache ist einfach und besteht nur aus einem kleinen Vokabular. Sie ist tonal, das heißt, ein Wort hat mehrere Bedeutungen, die man nur durch den Tonfall unterscheiden kann. Sou-ai bedeutet »schön«, wenn man es korrekt ausspricht – ansonsten heißt es »hässlich.« Song, sehr lieblich ausgesprochen, bedeutet »zwei«, aber wenn man es nicht lieblich ausspricht, heißt es »Briefumschlag« oder »Schachtel«. Wenn man also zwei Schachteln Zigaretten kaufen möchte, fragt man: »Song song?« Die geschriebene Sprache ist schwierig, sie besteht aus 42 Konsonanten, von denen allein 16 den Buchstaben »t« repräsentieren. Weil sie so tonal ist, gibt es eine fast grenzenlose Zahl von Vokalen. Thais, die den Schulabschluss geschafft haben, werden als Erfolgsmenschen bezeichnet, wenn sie das Schreiben gelernt haben. Was sie schreiben, ist relativ egal – Hauptsache ist, sie können überhaupt irgendwas schreiben.

Die Zukunftsform wird normalerweise umgangen, dafür wird das historische Präsens benutzt, weil für die Thais die Zukunft nicht existiert und sie über die Vergangenheit meist nicht viel wissen. Es gibt in der Thaisprache keine bestimmten oder unbestimmten Artikel; demnach wird bei »Haus« nicht zwischen Häusern im Allgemeinen oder einem bestimmten Haus unterschieden. Man vergleiche die sinnlose Komplexität unserer eigenen Sprachen: »Ich werde nach Bangkok fahren« wird zu »Fahren nach Bangkok«; »Wollen wir uns später auf ein Bier treffen?« wird zu »Du wollen Bier trinken?« Manche Ausländer fangen irgendwann an, in diesem Thaisprech zu denken, und verlernen dabei fast ihre Muttersprache. Wenn einem ein verliebter westlicher Reisender sagt: »Ich wohne in Hotel Nong Kai, Zimmer sehr schön, ich sehe Mekong-Fluss mit viel Wasser, habe Lady für wenig Geld«, muss man ihn packen und ganz kräftig schütteln.

Ein deutscher Satz ist wie eine Eisenbahnstrecke, gleichmäßig und auf den Punkt gebracht; ein italienischer Satz ist wie eine

Operette; ein französischer Satz wie das verworrene Design einer Kathedrale; ein englischer Satz wie ein Taxi in London, irgendwann kommt man gewiss ans Ziel. Ein thailändischer Satz ist wie ein Gebet auf einem Fischhaken – wenn man lange genug damit herumwedelt, erreicht man vielleicht irgendwas.

Die Welt der Thais besteht aus zwei Einheiten: Yin oder Yang, Schwarz oder Weiß. Entweder existiert eine Sache oder sie existiert nicht. Der von Liebeskummer geplagte Tourist stellt sich vor, dass seine Liebste von ihm träumt, wenn er nicht bei ihr ist. Nein, das tut sie nicht, weil er nicht hier ist. Bei den Thais hält sich die Begeisterung für abstrakte Gedanken sehr in Grenzen. Dinge, die nicht sinnlich sind, gehören in die Welt der Geister, und deshalb bringen sie Unglück. Eine Thailady mit einer Landkarte von Thailand in der Hand wird darauf ihr Heimatdorf nicht finden können. Sie wird sich beschweren, dass die Karte auf Englisch ist, dann wird sie behaupten, dass ihr Heimatdorf zu klein sei, um es auf der Karte zu vermerken und wird mit ihrem Finger vage über die Karte von Burma bis nach Kambodscha fahren. Wenn man sie bittet, auf Bangkok zu zeigen, wird sie sagen, dass sie Kopfschmerzen habe. Auch wenn sie nicht zeigen kann, wo ihr Dorf liegt, kann sie einem genau erklären, wie sie dort hinkommt: wo die Busse halten oder die besten Hühnerställe sind. Wenn man sie fragt, ob sie die Nachbarländer Burma oder Malaysia kennt, könnte man sie genauso gut fragen, ob sie weiß, wo der Andromedanebel liegt. Warum sollte sie diese Länder kennen? Sie haben für die Thailady fast dieselbe Bedeutung wie der Andromedanebel. Wozu braucht man Landkarten? Sie weiß aus praktischen Gründen, was existiert. Nach komisch gestelzten Gesprächen über Geld, Essen und Besitztümer muss es sogar dem dümmsten Europäer dämmern, dass die Thailadys klüger sind als wir.

Der durchschnittliche Westliche hat seinen Kopf voller »Nachrichten«, und er zeigt stolz, dass er weiß, »was in der Welt abgeht«, und muss sich ständig auf dem Laufenden halten. Thais interessieren sich nicht für Nachrichten, es sei denn, die USS Kitty

Hawk hat gerade irgendwo in Thailand angelegt oder irgendwer, dem sie Geld schulden, wurde vor Kurzem erschossen oder es hat irgendwo ein schweres Erdbeben mit Tausenden von Toten gegeben.

Ein Farang versucht, seiner Lady zu imponieren, indem er ihr zeigt, wo er schon überall auf der Welt gewesen ist. Es bedeutet aber nichts. Er hätte genauso gut vom Mars kommen können oder aus einer der Nachbarprovinzen hier in Thailand, über die sie ebenso wenig weiß. Er ist hier, und er hat Geld in seinem Portemonnaie. Das ist, was zählt und was immer zählen wird. Wenn der Farang nach Minneapolis oder zum Mars zurückkehrt, wird ihn ein anderer reicher Außerirdischer ersetzen – und das ist der Sinn und Zweck der Luftfahrt.

Ob die Ladys ihre Arbeit mögen? Es kommt darauf an, was man mit »Arbeit« und »mögen« meint. Die meisten Leute mögen das Resultat der Arbeit. Für ein thailändisches Barmädchen ist Sex genauso wie jeder andere Job. Es kann sein, dass eine Lady ihren Kunden mag, vielleicht aber auch nicht. Die Leute aus der westlichen Welt betrachten Sex nicht als Arbeit. Besonders wenn die Lady, nachdem man sie nach ihrem Preis gefragt hat, mit einem schüchternen Lächeln sagt: »Wie du wollen.«

Eine Lady betrachtet sich selbst als »Servicemädchen«. Manche Kunden mag sie wirklich, so wie Friseure oder Taxifahrer ihre Kunden mögen – solange die Bezahlung stimmt. Das universell einsetzbare »Wie du wollen« hat viele Bedeutungen, hauptsächlich aber »Wie ich wollen« oder »Nein«. Die Wahrheit ist für einen Buddhisten relativ, und die Sprache in Fernost dient häufig dazu, etwas zu kaschieren, nicht zur offenen Kommunikation. Mönche, die jegliches Leben ehren sollen, töten Fische nicht, sie entfernen sie bloß aus dem Wasser.

Ein typischer erster Dialog zwischen einem Farang und einer Thailady verläuft ungefähr so:

Er: »Wie viel?«

Sie: »Wie du wollen.«

Er: »1500 Baht?«

Sie zuckt mit den Schultern: »Wie du wollen.«

Er: »2000?«

Sie zuckt nicht mehr ganz so verächtlich mit den Schultern: »Wie du wollen.«

Er von Leidenschaft verzehrt: »3000?«

Sie lächelt breit und nimmt das Angebot an.

Sex steht auf der Tagesordnung ganz oben, vom ersten Lächeln an. Eine Thailady futtert sich nicht einfach an deinem Essen satt und sagt dann: »Ich dachte, wir seien nur gute Freunde.« Sie macht sich keine Gedanken über unerwiderte Liebe, anders als die Leute aus der westlichen Welt, die so gern leiden, wobei Frustration die Grundlage unserer gesamten Kultur ist. Wenn eine Thailady gelangweilt ist, verlässt sie ihren Typen einfach – wie unzählige Farangs, die sich in die Ehe gestürzt und ihrer Thai-Ehefrau ein neues Haus in Birmingham oder Brüssel gekauft haben, immer noch und immer wieder erleben dürfen.

Die Sexkultur in Thailand ist tolerant, buddhistisch, freudenorientiert – nicht so wie unsere westliche, verklemmte Kultur mit Pornozeitschriften und Anzeigen einsamer Herzen. Von Katalog-Ehen ganz zu schweigen! In Thailand gibt es hemmungslosen Sex, weil Thailadys nicht im klassischen westlichen Sinne sexy sind, und deshalb sind sie auch nicht unerreichbar. Die Frauen in der westlichen Welt legen sehr viel Wert auf erotische Kleidung, aber Thailadys besitzen diese besondere Grazie, bei der es egal ist, was sie tragen. Sie fühlen sich in ihrer Haut wohl. Man kann sich mit ihnen unterhalten, ohne dass sie einen sofort misstrauisch mustern, nach dem Motto: Ist das irgendein Verrückter? Eine Bardame ist sozusagen ihr eigener Herr, die mit ihren Kunden dort hingeht, wo sie hinwollen, alles verläuft meist völlig unproblematisch.

Eine Thailady ist weder eine Heilige noch eine Straßenhure – sie ist teils eine Göttin, teils eine Partylöwin. Ihr neuster Boyfriend ist nicht besser oder besonderer als der vorherige, aber er ist auch nicht weniger besonders. Man kann beobachten, wie die Mädels ihr Lächeln üben – zum Beispiel vor Schaufenstern. Es ist ein aufrichtiges Üben. Sie sind nicht gestört oder so was. Sie kümmern sich auch nicht darum, was ihre Freundinnen wohl denken, weil diese genauso denken wie sie. Der Körper einer Thailady ist ein heiliger Tempel, den man sich nur ansehen darf, wenn man dafür angemessen bezahlt. Im Bett bietet sie einem die außergewöhnlichsten Stellungen, aber wenn bloß ihr kleiner Zeh unter der Bettdecke hervorguckt, muss sie sich ganz plötzlich in ein Handtuch einwickeln. Sie ist die Bescheidenheit in Person. Das ist Thailogik. Man ist entweder das Eine oder das andere; beim Sex, beim Essen oder im Badezimmer, ohne Überschneidung.

Die Bewohner Thailands sind nicht gerade eifersüchtig auf die Millionen von Sextouristen, und deshalb werden die Thaimänner von den Farangs auch verachtet. Welcher westliche Ehemann würde seine Frau losschicken, damit sie ihren Körper verkauft? Wenn es in Myrtle Beach oder Southend jedes Jahr eine Million Sextouristen gäbe und die Ladys dort als »locker« bekannt wären, was würden die Männer in South Carolina oder Essex wohl davon halten? Das durchschnittliche Jahreseinkommen eines Thais beläuft sich auf 2000 Dollar. Im Nordosten, der Heimatregion der meisten Barmädchen, ist es noch viel weniger. Die Leute dort schicken ihre Töchter voller Hoffnung Richtung Süden, in dem Glauben, dass die Mädels dort als Rezeptionistin in irgendeinem Hotel arbeiten und Geld mit nach Hause bringen. Wenn ein Farang so verknallt ist, dass er einem Mädchen bis nach Hause folgt, muss er damit rechnen, nicht nur seine Liebste finanziell aushalten zu müssen, sondern ein ganzes Dorf. Schließlich braucht jeder einen neuen Wasserbüffel.

Thailadys versichern ihren Kunden immer, dass sie keinen Thai-Boyfriend haben, was aber meistens nicht stimmt. Die Boyfriends freuen sich, dass das Geld von den verknallten Günthers und Olafs nur so in ihre Taschen fließt. Sie sitzen zu Hause vor dem Fernseher, trinken Whiskey und spielen mit ihren Freunden

Karten, während die Mademoiselle sich in der Horizontalen befindet.

Es kommt regelmäßig zum Kummer, wenn ein Thaimädchen so tut, als sei sie keine Prostituierte, und wenn ihr verliebter Farang ebenfalls so tut, als sei sie keine. Das ist der Grund, warum die Ehen mit Barmädchen meistens nicht lange halten. Sie denkt, dass er sie wegen ihres Schnarchens, ihres großen Appetits und ihrer Fernsehabhängigkeit haben will, wohingegen er bloß seiner Fantasie nachgeht. Es ist klüger, dem alten Sprichwort zu folgen: Nimm dir eine Frau, die halb so alt plus fünf Jahre älter ist als du. Das Resultat ist oftmals äußerst befriedigend.

ZWEI SCHWESTERN

Irgendwann tauchte Lek auf, oder besser gesagt, Lek und Tou, zwei Schwestern, die beide um die zwanzig waren. Lek bedeutet »klein«, und tou heißt »Regal«, und in Wirklichkeit waren sie keine Schwestern. Lek wurde von Tous Familie adoptiert, und obwohl sie die Ältere war, wurde sie von Tou immer geärgert. Ich lernte sie beide eines Abends vor dem 7-Eleven kennen, nahe der Walking Street. Lek konnte sich besser ausdrücken, daher übernahm sie das Wort.

»Du wollen zwei Ladys?«

Ich sagte, dass ich gern nur eine hätte, Tou – sie war hübsch und schlank, hatte einen prallen Hintern und war ein ziemlich heißer Feger, während Lek eher robust, jungenhaft und knochendürr war und nur ein Auge hatte. Das andere hatte sie in betrunkenem Zustand bei einem Motorradunfall verloren. Ich wurde überredet, beide zu nehmen, und wir nahmen ein Song teo zu meinem Apartment. Dann musste ich eine Auswahl treffen: Welche sollte ich zuerst nehmen? Entscheidungen über Entscheidungen. Ich hatte die glänzende Idee, einen Wettbewerb im Nacktputzen abzuhalten, um zu sehen, welche von beiden den Vorzug verdiente. Sie fanden es verdammt lustig. Tou entschied sich, das Bad zu schrubben, während Lek den Boden übernahm, und innerhalb von einer Sekunde waren beide nackt, kicherten, schwitzten und schufteten wie verrückt.

Nach einer halben Stunde hatte ich mich entschieden und teilte ihnen mit, dass ich mich mit beiden vergnügen wollte. Lek trat zur Seite und sah so aus, als sei sie es gewohnt, nur die zweite Geige zu spielen; ich nahm mir Tou auf dem Bett vor, während Lek neben uns saß und fernsah. Danach saßen wir nackt zusammen, aßen und tranken ein wenig, und meine neuen Freundinnen machten keine Anstalten, gehen zu wollen. Wir kuschelten uns schließlich ins Bett, und dieses Mal wollte Lek an der Reihe sein. Ich vergnügte mich also mit ihr, und Tou sah uns neugierig zu. Lek sagte mir, dass ihre Schwester dann und wann mit einem Franzosen zusammen in seiner Wohnung lebte, während

Lek selbst einen Günther hatte (er hieß wirklich so), der ihr aus Deutschland gelegentlich Geld schickte.

Ich gab ihnen am nächsten Morgen Geld, dann machte sich Tou auf den Weg zu ihrem Franzosen, während Lek noch bei mir blieb. Ich hatte noch was zu erledigen, deshalb ging sie irgendwann auch, kam aber abends zurück für den Fall, dass ich mich noch mal mit ihr vergnügen wollte. Ich hatte nichts dagegen, also wiederholten wir unser Prozedere. Da ihre Schwester (»meine beste Freundin!«) nicht anwesend war, fing Lek natürlich sofort an, über sie zu lästern. Lek sagte mir, was für ein verlogenes, klauendes Miststück ihre Schwester sei – was Thailadys hin und wieder mal über ihre besten Freunde sagen.

Sie hatte auch einen norwegischen Boyfriend namens Kjel, ein Fischer, der sich um »verdammt fette Garnelen« kümmerte, sowie einen perversen Cop aus Dubuque, Iowa, dessen Foto wie eine Karikatur eines indianischen Polizisten aussah: mit dünnem Oberlippenbart, Schweinsäuglein und Bierbauch. Auch er schickte Lek Geld. Lek sprach recht gut englisch, hatte einen guten Humor und lachte über meine Witze. Ihre Besuche dauerten von Mal zu Mal länger, bis sie mehr oder weniger fest zu mir gehörte. Ich erfuhr, dass sie keine feste Bleibe hatte, und hin und wieder kam sie bei Freundinnen unter, manchmal schlief sie auch am Strand. Irgendwann tauchte auch Tou wieder bei mir auf.

Wie ein braver westlicher Liberaler unterstützte ich pflichtgemäß die Gummibaumplantagen bei meinen erotischen Ereignissen. Lek und Tou fanden meine offensichtliche Besessenheit für Kondome aber eher außergewöhnlich, fast sogar pervers: Für das Geld für eine Packung Durex-Kondome könne man schließlich zwei Teller Entensuppe bekommen! Trotzdem hielt ich an meinem Kondomverbrauch fest, obwohl ich mir von Wayne immer anhören musste, dass ich ein »gummigeiler Hund« sei. Ich antwortete ihm darauf, dass er schließlich immer derjenige sei, bei dem es juckte und brannte. Wayne und Charles nahmen praktisch die ganze Zeit die Wunderdroge Zithromax, eines ihrer wenigen gemeinsamen Interessen. Ich fühlte mich immer ein wenig als Außenseiter, wenn sie sich über ihre Geschlechtskrankheiten unterhielten.

Einmal, als Tou und Lek beide bei mir waren, kam mein Nachbar Wayne vorbei, und wir gingen alle gemeinsam in eine Bar. Wir hatten alle sehr viel Spaß, und irgendwann gab Wayne zu, dass er ganz dringend ein Mädchen bräuchte, und es war schon spät. Ich sagte ihm, er solle sich Tou vornehmen, was er dann auch tat. Das festigte auch sogleich meinen Status als wunderlicher, aber kultivierter Europäer, allerdings verzichtete ich eine Zeit lang darauf, mich mit Tou zu vergnügen, bis ich mir sicher war, dass gesundheitlich die Luft bei ihr wieder rein war. Ganz so unbekümmert war ich dann doch nicht.

Mit der Zeit gewann ich Lek richtig lieb und fand Tou recht amüsant, trotz ihres aufbrausenden Gemüts: Sie erinnerte Lek ständig daran, dass die beiden keine Blutsverwandte waren, sondern dass Lek nur ein Waisenkind war und deshalb in der Hackordnung ganz hinten stand. Beide passten wie verrückt darauf auf, dass eine der anderen nichts klaute, was aber trotzdem beide immer versuchten, wenn sich ihnen die Chance bot – das ist anscheinend ganz normal unter Thaigeschwistern.

Tou hatte einen portugiesischen Boyfriend und brachte mir die üblichen Liebesbriefe zum Übersetzen. Ich konnte das Portugiesische zwar übersetzen, aber für einen Antwortbrief reichte es dann doch nicht. Wenn Tou nicht bei ihrem Franzosen übernachtete, war sie bei irgendwem anderes im Hotelzimmer und rauchte Yaba. Ich bemerkte, dass die Schwestern abhängig waren, als sie ihr Zeug mit zu mir brachten, die kleinen Pillen zu Puder rieben, das Ganze mit Tabak in Alufolie schmelzen ließen und es auf meinem Balkon rauchten. Damals protestierte ich nicht dagegen, da ich bisher noch nicht damit konfrontiert worden war und dachte, dass es wie ein Joint sei. Ich hielt Yaba für eine weitere amüsante Eigenschaft dieser exzentrischen und irre komischen Thailadys. Das Problem ist nur, dass dieses Zeug eigentlich alles andere als amüsant ist; es ist tückisch und vor allem teuer. An jenem Abend hatte Lek nichts dagegen, am Strand zu schlafen, weil sie sowieso völlig neben sich stand.

Während meiner Zeit in dem Apartmentblock in Pattaya gab es nur einen Selbstmord, ein Engländer, den man tot auf seinem Bett gefunden hatte; anscheinend hatte er sich einen tödlichen Cocktail aus Whiskey und Tabletten gemixt. Ein paar Tage lang hatte es schon seltsam in der Wohnanlage gerochen, aber ich hatte angenommen, dass der Geruch einfach nur vom Essenkochen kam. Der Tote hatte angeblich viel Geld gehabt, also konnten Schulden nicht der Grund gewesen sein. Vielleicht war er von seiner Freundin verlassen worden. Oder er hatte einfach nur die Nase voll vom Paradies. Jedenfalls konnte man hier den Geruch schnell verwechseln, weil der widerliche Gestank von gebratenem Chili wie Tränengas überall durchdringt, und die meisten südostasiatischen Gerichte werden mit einer Sauce zubereitet, die aus gegorenem Fisch hergestellt wird. Für thailändische Fischsauce stellt man ein Fass voller Fisch und Chilis einen Monat lang in die Sonne, und dann und wann lässt man die entstandene Flüssigkeit durch einen Zapfhahn ablaufen. Wer sich immer gefragt hat, wie Worcestersauce hergestellt wird, findet hier eine Antwort.

Wie man sieht, habe ich den letzten Absatz mit einer Geschichte über Selbstmord begonnen und bin fast nahtlos zum Essen übergegangen. Das ist Thailand – Selbstmord ist langweilig, Essen ist immer faszinierend.

Günther kam irgendwann in die Stadt, was Lek ganz aufregend fand, und sie blieb daraufhin zwei Wochen lang weg, um danach mit den bedrückenden Neuigkeiten zurückzukehren, dass Günther mit einer anderen üppigeren Lady zusammenwohnte oder sogar verheiratet war. Dann war Kjel wieder an der Reihe, nachdem er ständig angerufen hatte (und ich mich als Tous Boyfriend ausgegeben hatte), und Lek wohnte ab sofort wieder in seinem Hotelzimmer. Ich hatte mit ihr noch Abschiedssex, bevor sie ging, aber sie kehrte nach zwei Stunden wieder zurück, dieses Mal mit

Kjel im Schlepptau. Lek wusste eigentlich, dass ich es vermeiden wollte, irgendeinen ihrer Liebhaber kennenlernen zu müssen, besonders Kjel, der zwar einen netten Eindruck machte, aber ziemlich dämlich zu sein schien. Er wollte ein Mann-zu-Mann-Gespräch über Leks Drogenkonsum führen, und ich schaffte es, die Unterhaltung hinter mich zu bringen, ohne dass herauskam, dass mein Bett immer noch feucht von den Körperflüssigkeiten seiner Liebsten war. Ob sie noch andere Boyfriends habe? Ganz sicher nicht! Es ist ein bisschen abstoßend, wenn man die Lügen einer Thailady weitergeben muss.

Allerdings wurde die Yaba-Abhängigkeit der Schwestern immer schlimmer, und als ich Tou das letzte Mal sah, hatte sie sich ein Tuch um den Kopf gebunden, weil ihr die Haare ausfielen. Lek riss das Tuch fort (was zu einer lautstarken Auseinandersetzung führte), um mir ihren Kopf zu zeigen, und es war schrecklich. Sie hatte fast gar keine ihrer prächtigen Locken mehr auf dem Kopf. Lek hatte natürlich immer ihren Kopf rasiert, daher konnte man es bei ihr nicht sehen. Irgendwann wurde Tou verhaftet, konnte aber einer Anklage wegen Drogenerwerbs entgehen, indem sie zu einer Informantin für die Cops wurde. Diese Dinge werden in Thailand recht häufig auf diese Weise geregelt. Danach schien sie die meiste Zeit damit zu verbringen, anderen Leuten die Schuld in die Schuhe zu schieben und sie zu verpfeifen. Ihr Franzose war, wie ich erfuhr, ein richtig komischer Vogel – er trieb es mit Katoeys und Jungs sowie allem, was laufen konnte.

Leks Verhalten wurde immer sprunghafter, und sie litt unter starken Stimmungsschwankungen. Sie war klug genug, um ihren Stoff nicht in meinem Apartment zu sich zu nehmen, aber sie tobte und schrie wegen jeder kleinen Sache, zum Beispiel wenn die Klimaanlage oder der Fernseher lief. Danach fing sie sofort an, sich weinerlich zu entschuldigen. Verzweifelt gab ich ihr ein wenig Geld, damit sie sich ein eigenes Zimmer nehmen konnte, aber natürlich gab sie alles für Yaba aus. Als sie irgendwann wieder unterwegs war, um sich ihre Drogen reinzuziehen, stellte ich ihre ganzen Sachen vor die Tür. Als Lek zurückkehrte, machte sie mir nicht die erwartete Szene; sie war bloß resigniert und mürrisch, und sie fragte, warum ich sie nicht früher rausgeschmissen hätte. Ich gab ihr ein wenig Geld, woraufhin sie loszog, um wieder am Strand zu übernachten, und ich fühlte mich hundsmiserabel.

Eine Woche später stand sie wieder vor meiner Tür, betrunken und absolut aufgebracht, und verschaffte sich mit Gewalt Zutritt zu meiner Wohnung. Ich konnte sie nicht davon abhalten, so wütend war sie! Sie schrie, dass sie sich umbringen wolle, und verschanzte sich im Badezimmer, in dem es nichts anderes zu finden gab als ein Glas Hefetabletten, die für einen Selbstmord denkbar ungeeignet waren. Sie kam aus dem Badezimmer heraus, lachte teuflisch triumphierend, und ihr lief braune Pampe aus dem Mund das Kinn hinab. Sie hatte tatsächlich das ganze Glas leergemacht.

»Jetzt du sehen, was ich tun!«, heulte sie und fuchtelte mit ihrem schmierig-braunen Zeigefinger vor mir herum. »Ich dich lieben, aber du mich nicht lieben! Ich jetzt sterben in deinem Bad!«

Ich versuchte es auf die ruhige Tour und gab ihr den gewünschten Stift und Zettel, sodass sie mir einen Abschiedbrief schreiben konnte. Da die Tat jetzt vollbracht und sie bereit war, ins Jenseits zu gehen, wurde sie ruhig und melancholisch. Sie schrieb eine ganze Seite voll, während ihre Tränen und der braune Sabber auf das Papier tropften, und mir hatte bis dahin noch niemand so leid getan. Leks Stärke schien in sich zusammenzufallen, als sie vor mir zusammenbrach, daher legte ich sie aufs Bett und sagte ihr, dass sie sich ausschlafen solle. Sie hielt meine Hand, als sie in den Schlaf glitt, und als sie aus vollem Herzen schnarchte und dabei heftige Whiskeydämpfe ausstieß, legte ich mich neben sie und schlief ein.

Am Morgen wachte sie fröhlich und lebhaft auf, und sie war froh, dass ihre Zeit noch nicht gekommen war. Sie wollte die Welt der Geister ausprobieren, aber man hatte sie nicht hineingelassen. Ich brachte es nicht übers Herz, ihr zu sagen, dass sie Vitamine geschluckt hatte, um sich umzubringen. Heiter ging sie fort, mit einem Geldschein in der Hand und einem neuen Lebenswillen. Meine Wohnung stank Tage später noch nach Hefe.

Eine ganze Zeit später sah ich Lek wieder, dieses Mal im Royal-Garden-Einkaufszentrum. Sie sah gut aus und hatte zugenommen, und sie sagte, dass sie von den Drogen losgekommen sei. Angeblich war sie kurz davor, einen neuen Boyfriend klarzumachen, ein weiterer Bernt. Ich gab ihr etwas Geld und entschuldigte mich bei ihr, dass es mit uns beiden nicht funktioniert hatte. Sie sagte, dass es für sie okay sei und dass sie einfach »zu stark« für mich gewesen sei, dem ich absolut zustimmen konnte. Danach verschwand sie, und ich musste weiterhin an sie denken, mal mit Freude, mal mit Traurigkeit. Ich hielt an der unwirklichen Hoffnung fest, dass ihr Bernt sie mit sich nach Hause nach Schweden genommen hat.

Chester sagte irgendwann mal recht verzweifelt: »Ich würde diesen Mädels gern was Gutes tun, was Sinnvolles, sie auf ein College schicken oder so.« Aber das ist unmöglich. Was immer man ihnen auch schenkt, sei es Geld, Ehe oder Möglichkeiten, sie vermasseln es und rutschen wieder in den Alltagssumpf ab: Familie versorgen, Prostitution, Schulden, Drogen. Das mag wie die Begründung eines Mannes klingen, der zu geizig ist, einem Bettelnden ein paar Münzen zu geben, weil dieser »das Geld sowieso nur für Alkohol ausgeben wird«. Aber in den meisten Fällen stimmt es leider.

SCHLAF

Wenn eine Thailady schläft, ist sie glückselig und zufrieden, ihr Lächeln ist ungeheuchelt, und es ist ein Bild von purer Schönheit. In diesem Moment ist sie befreit von Verlangen und Frustration; sie hat vorübergehend das Nirwana erreicht. Für Thais gibt es keine unpassende Zeit zum Schlafen. Wenn man einen Laden betritt, in dem sich so gut wie kein Kunde aufhält, findet man den Besitzer oder Angestellten meistens ausgestreckt und schlafend vor. Das ergibt Sinn, da Moskitos auf Bewegung reagieren, und durch Bewegungslosigkeit hält man sie sich vom Leib.

Als ich mal am Flughafen in Hat Yai gelandet war, wollte ich mir im Flughafengebäude ein Taxi bestellen, weil es nur unwesentlich teurer ist als bei dem Getümmel von freiberuflichen Taxifahrern vor dem Flughafen. Bei dem Taxianbieter im Gebäude fand ich drei absolut hübsche Thaidamen in eleganten blauen Uniformen vor, die ihre Arme auf dem Tresen verschränkt und ihren Kopf darauf gelegt hatten – und sie schliefen. Zu diesem Zeitpunkt sollte in der nächsten Stunde kein weiterer Flieger landen, also was lag da näher als ein kleines Nickerchen?

Eine Thailady liebt und braucht den Schlaf, aber sie hasst es, allein zu schlafen. Wie bereits erwähnt, zieht sie es vor, einen Mann neben sich liegen zu haben, der sie später bestenfalls noch für den Schlaf entlohnen wird. Wenn man einer Lady sagt, dass sie allein schlafen soll, ist das eine schwerwiegende Bestrafung. Thais sind nicht gern allein, und sie können auch nicht den gelegentlichen Wunsch eines Farangs nach Einsamkeit nachvollziehen. Viele der Thaihäuser haben keine Mauer auf der Frontseite, Dämmung ist bei der Hitze sowieso unnötig, und das Wohnzimmer liegt offen zur Straße. Es gibt nur ein großes Stück Stoff, das bei starkem Regen heruntergezogen wird. Bei allen anderen Gelegenheiten ist das Familienleben für jeden von der Straße her einsehbar, wie bei einem Puppenhaus. Wenn es sehr heiß ist, schlafen die Thais sogar draußen auf der Straße.

Sollte eine Thailady mal allein sein, was selten der Fall ist, sucht sie sich eine Freundin, bei der sie übernachten kann. Ich habe ganz brav mit drei Mädels in einem Bett genächtigt, und sie lagen alle zusammengekuschelt mit dem Daumen im Mund neben mir. Meine damalige Geliebte hatte sich zwischen mich und die Freundinnen gelegt.

Diesen Zwang, sich an jemandem festzuhalten, fassen manche Farangs so auf, als würden die Ladys ihn wegen seiner Persönlichkeit wollen, aber oftmals ist man einfach nur so was wie ein riesengroßer Teddybär. Na ja, es gibt Schlimmeres.

Tagsüber sind die Straßen voller Händler, die riesengroße Kuscheltiere verkaufen. Eine Lady wird entzückt aufschreien und kichern, ein paar Geldscheine werden das Portemonnaie eines Farangs verlassen, und die beiden werden in ihr Liebesnest zurückkehren – sie mit einem riesigen Teddy im Arm, den sie ihrer Sammlung hinzufügen kann.

Drei junge Freundinnen meiner damaligen Liebschaft kündigten irgendwann an, ins Kino gehen zu wollen. Als sie zurückkehrten, konnte sich keine von ihnen an den Namen des Films erinnern, geschweige denn, welcher Schauspieler darin mitgespielt hatte oder worum es ging. Als sie sich in die Kinosessel gesetzt hatten, waren sie gleich eingeschlafen und erst wieder aufgewacht, als der Film vorbei war. Aber alle drei waren der Meinung, dass sie einen tollen Nachmittag gehabt hätten.

Nichts macht eine Thailady glücklicher als Schlaf; ihr beim Schlafen zuzusehen, ist ein wunderschönes Erlebnis, weil sie dann noch hübscher aussieht. Ihr ruhiges, unbewegtes Gesicht und ihr graziöser Körper strahlen etwas anziehend Geheimnisvolles aus. Was immer gerade in ihrem Kopf vorgeht, wird man niemals erfahren.

AUS DEM STAUB GEMACHT

Wie Charles flog auch Wayne ständig auf die Philippinen, wo er eine feste Freundin namens Miranda hatte, deren junge Tochter Jenny dachte, dass Wayne ihr Vater sei. In Wirklichkeit war sie aber von einem Besoffenen gezeugt worden, der ihre Mutter vor langer Zeit vergewaltigt hatte. Für Wayne war es die Bestätigung, dass Miranda ihm treu blieb, da sie stets behauptete, philippinische Männer zu hassen. Wayne und Miranda haben es immer unter der Bettdecke miteinander getrieben, während das Mädchen angeblich neben ihnen schlief.

Er kehrte dann und wann in die USA zurück, verdiente sich ein wenig Geld als freiberuflicher Buchhalter, flog zurück auf die Philippinen, traf sich dort vielleicht mit Charles und flog dann weiter nach Pattaya. Waynes Reiseplan wurde dadurch bestimmt, welchen günstigen Flug er erwischte oder wie viele Prämienmeilen er gesammelt hatte. Er flog nach Europa, das ihm eigentlich gar nicht gefiel, nur um günstige Flüge zu nutzen.

Wayne war so durchgeknallt, dass er Miranda irgendwann mal mit nach Pattaya brachte, was sie natürlich hasste. Sie konnte mit dem thailändischen Fernsehen nichts anfangen, weil es den Serien an Romantik und Leidenschaft fehlte, und schon gar nichts mit den Go-go-Bars, in die sie von Wayne geschleppt wurde. Er dachte anscheinend, dass sie sein Interesse an Lesbenshows teilen würde. Wayne war der Meinung, dass alle Frauen insgeheim lesbisch seien, und zeigte mir einen Stapel fotokopierter Blätter mit Dingen, die er auf biblischen Webseiten gefunden hatte; es sollte der Beweis sein, dass es Gottes Wille sei, dass Männer polygam leben sollen. Das war zu der Zeit, als er gerade mit seiner anderen Filipina-Freundin namens Marivec zusammen war, deren Name mich immer an ein französisches Mineralwasser erinnerte. Ich sagte Wayne geduldig, dass man so polygam leben könne, wie man nur wollte, wenn man genug Geld dafür hatte. Es erinnerte mich an jene laufenden Wracks, die damit prahlten, wie viele Thaifreundinnen sie hatten. »Ich habe insgesamt fünf Freundinnen«, hörte ich einen Bernt süffisant reden, als würde er fünf

T-Shirts besitzen. Natürlich kann man fünf Freundinnen haben, wenn man sie sich leisten kann!

Marivec war das Gegenteil von der friedlichen, mütterlichen Miranda; sie war ein eifersüchtiger, kleiner Heißsporn und hatte ihre Jungfräulichkeit für 400 Dollar an einen Japaner verkauft, obwohl Wayne darauf pochte, dass sie nicht knallhart sei. Wir führten ausgiebige Debatten darüber, ab wann eine Frau »zu weit« geht, was eine amateurhafte Lebedame von einer richtigen Prostituierten unterscheidet. Wayne ließ auch Marivec dann und wann sitzen, und ich konnte das auch gut verstehen, wenn man sich seine Geschichten über Marivecs eifersüchtige Wutanfälle und üble Laune sowie ihre tätlichen Angriffe anhörte. Ich konnte aber nicht verstehen, warum er immer wieder zu ihr zurückkehrte.

Wayne stand eher auf Filipinas als auf Thailadys, weil sie mit all ihrer katholischen Leidenschaft »romantischer« waren, was bedeutete, dass sie sich vielleicht in ihn verliebten. Er brachte auch Marivec mit nach Pattaya und nahm sie mit zu den Shows mit heißem Wachs und Lesbenspielchen, aber auch Marivec hasste diese Shows. Irgendwann, als wir uns auf ein Bier am frühen Abend in der Nähe seines Hotels verabredet hatten, kam er mit einer blutverschmierten Hand zu mir. Als Marivec gehört hatte, dass Wayne ohne irgendwelche Hintergedanken ohne sie ausgehen wollte, hatte sie einen Zahnputzbecher zerschlagen und war mit den Scherben auf ihn losgegangen.

Wayne saß ständig in der Tinte. Er hatte irgendwann mal für drei Tage eine Freundin bei sich wohnen gehabt, und als er gerade im Bad war, hatte sie die Polizei gerufen, weil er sie nicht bezahlen wollte. In Anwesenheit der Gesetzeshüter musste er auf der Stelle tausend Baht abdrücken mit dem Versprechen, den Rest am nächsten Tag zu begleichen. Daraufhin zogen das Mädel und die Cops wieder ab, und auch Wayne machte sich schnellstens für ein paar Wochen aus dem Staub. Eine andere Lady ging sogar mal auf der Straße mit einer Bierflasche auf Wayne los. Seine Ausrede lautete immer, dass die Ladys ihm nicht gesagt hätten, dass er sie bezahlen müsse. Ich sagte ihm, dass er mittlerweile eigentlich wissen sollte, dass hier nichts umsonst ist, und wenn ein Mädchen sagt: »Ich nicht wollen Geld, ich dich so sehr lieben«, bezahlt man sie hinterher dennoch. Nur so gerät man nicht in die Situation, dass sie nach dem Vergnügen den Preis eines neuen Wasserbüffels verlangt. Extrem-Bills Masche lief da etwas anders: Er nahm immer die Einladungen der Ladys an, bot ihnen aber kein Geld: »Ich habe schon zu viele Ladys.« Meistens nahmen sie ihn aber trotzdem! Am Morgen hinterließ er ihnen allerdings in weiser Voraussicht 500 Baht – »für Frühstück«.

In den folgenden Monaten setzte ich meine kurzen Liaisons fort. Es ist tatsächlich schwierig, sich an alle Namen oder sogar Gesichter zu erinnern, obwohl ich sagen muss, dass Joy aus der Menge heraussticht. Sie war ein süßes Ding, war gepflegt und gut durchtrainiert, und sie hatte absolut außergewöhnliche Brüste. Sie waren mehr als nur riesengroß; es war, als wären zwei Zeppeline auf ihren Oberkörper gestürzt, und beim Sex hüpften sie herum, als würden sie versuchen zu flüchten. Weder sie noch ich wussten so recht, was wir mit ihnen tun sollten. Ich war ein paar Mal mit Joy zusammen, und als sie zum ersten Mal in meine Wohnung kam, hatte sie sofort einen Besen in der Hand und fing an sauber zu machen. Sie sagte, das sei eine selbstverständliche Gewohnheit und gehöre zum Service.

Ich erzählte Charles von ihren prallen Reizen, nur um ihn zu ärgern, und sagte, dass ich sie in irgendeiner Bar auf der Second Road aufgegabelt hätte. Ich tat so, als könne ich mich nicht erinnern, welche Bar es war; ich wollte Joy vor Charles' grobem Gefummel bewahren. Er hingegen hatte einen ganzen Abend lang damit verbracht, diese Bar auf der Second Road zu finden, in der diese vollbusige Extravaganz zu finden war. Ich würde behaupten, es hatte etwas damit zu tun, all diesen Typen in punkto Mädels eine Nasenlänge voraus zu sein, was man sehr häufig unter den Männern vorfindet und ziemlich albern ist. Die Machotypen reagieren gern auf die neue Liebschaft ihres Kumpels mit dem Satz:

»Ja, klar, die hab ich schon gehabt!« Dabei vergessen die Typen, dass jeder sie haben kann. Trotzdem gibt es immer noch diese wetteifernde Einstellung, wenn die Kerle von »meiner Freundin« sprechen.

Ich wohnte noch mal mit einer anderen Porn zusammen, die ich aus einer Bar am Ende der Soi 2 mitgenommen hatte. Sie war 32 (glaube ich), sehr hübsch, mit einem knackigen Körper und einer tollen Figur. Sie hatte einen 14-jährigen Sohn, der anscheinend schwul war, aber zum Glück kam er nicht mehr oft vorbei, nachdem wir ihm klargemacht hatten, dass wir nicht vor seinen Augen vögeln würden. Am Tag arbeitete die scheinbar rastlose Porn in der Bar; sie stand um acht Uhr morgens auf und kam danach zu mir. Sie nannte mich plötzlich »Ehemann«, was ich nicht besonders mochte, und lud ihre Freundinnen zu mir ein, die zwar lustig und nett, aber trotzdem störend waren. Jedenfalls war ich innerhalb kürzester Zeit wieder fest eingebunden in einen weiteren Tratschclub.

Ich erklärte Porn, dass ich ihr pro Tag 200 Baht geben würde, sozusagen als Honorar, aber sie dürfte trotzdem weiterhin die Günthers anquatschen und sich mit ihnen vergnügen. Nach ein paar Wochen hatte sie einen Wutanfall und sagte schluchzend, dass sie kein Geld habe und ich sie vernachlässigen würde. Es stellte sich raus, dass sie die 200 Baht an ihren Barbesitzer als Bargebühr weitergeben musste, weil er wusste, dass sie bei mir wohnte. Ich protestierte, dass sie aber nebenbei noch arbeitete und zusätzlich Geld verdiente – was sie in ihrer Freizeit tat, war also ihre eigene Sache. Sie sagte mit Nachdruck, dass sie aufgrund ihrer unglaublichen Liebe, die sie mir gegenüber verspüre, gefühlsmäßig nicht in der Lage sei, mit anderen Männern mitzugehen. Wenn die Damen aus der Halbwelt lügen, klauen oder habgierig sind, kann man schon mal darüber hinwegsehen, man erwartet es meist ja schon, aber Blödheit ist absolut nicht verzeihbar, deshalb musste Porn gehen. Schade, denn sie hatte mit ihrer tollen karamellfarbenen Haut, den gewaltigen Brüsten und dem wohlgeformten Hintern wirklich eine bemerkenswerte Figur. Ich war nicht lange genug mit ihr zusammen, um über die sexuellen Freuden hinauszukommen und ihre Seele erkunden zu können.

Hin und wieder hörte man eine weitere tragische Geschichte über irgend so einen Irren, der das volle Programm durchgezogen hatte; er hatte seinen Thailiebling geheiratet und ihn mit ins wundervolle Derby oder Duisburg genommen, von wo sie irgendwann natürlich abhaute. Etwas Ähnliches war einem Bekannten von mir aus Cornwall passiert, der sich in eine Go-go-Tänzerin verliebt hatte. Sie standen beide total darauf, miteinander zu telefonieren – er rief sie sogar mal von einer Telefonzelle an, obwohl er sie auf der anderen Straßenseite sehen konnte.

Irgendwann heirateten sie, und er nahm sie mit in sein obskures Heimatdorf Bodmin Moor, das ich zufällig auch kannte. Er behandelte sie dort ziemlich mies und ließ sie weder allein aus dem Haus gehen noch mit dem Auto fahren. Sie durfte ihn nicht mal in den örtlichen Pub begleiten, der die einzige Sensation in dem trostlosen Dorf war. Am schlimmsten war, dass er ihr verbot, ein Handy zu besitzen, weil sie damit ihre alten Liebschaften hätte anrufen können. Ein thailändisches Barmädchen ohne Handy ist wie ein Eiswürfel in der Sonne – bald verschwunden. Ich habe bereits erwähnt, dass man nicht erwarten kann, dass eine Ehe hält, wenn man die Frau wie ein Urlaubssouvenir behandelt, und genau das ist in diesem Fall passiert. Als sie ihren britischen Reisepass erhielt und somit durch die gesamte EU reisen konnte, machte sie sich aus dem Staub und ließ ihre zwei Kinder bei ihrem Mann zurück.

»Immer dieselbe Leier!«, mag man laut rufen, und es stellt sich einem unweigerlich die Frage: Warum sind Männer so blöd? Wenn man sich ins nächste Bordell begibt, um sich dort zu vergnügen, oder in L.A. seinen Wagen abseits des Hollywood Boulevards parkt, um ein wenig oralen Spaß zu haben, sagt man doch seiner momentanen Begleiterin nicht gleich, dass man sie heiraten will, sie und ihre gesamte Familie für immer und ewig versorgen will! Eigentlich nicht, sollte man meinen, aber in Thailand ist das so.

KAPITEL 33

HAPPYEND

Die Ereignisse in diesem Buch haben in einem Zeitraum von sechs Jahren stattgefunden. Vielleicht waren es auch sieben Jahre – das ist Thailand. Wer kein Happyend mag, sollte das Buch jetzt besser weglegen. Ich habe tatsächlich eine Frau an meiner Seite (so was passiert eben, Mann!), und ich werde nicht viel von ihr berichten, weil sie die beste Frau der Welt ist. Ich muss zugeben, dass ich ein schrecklicher Heuchler bin, ein Schmarotzer und mieser Kriecher, und jeder dürfte zu Recht mit den Zähnen knirschen, aber so laufen die Dinge nun mal – keine karamellfarbenen süßen Thailadys mehr für mich! Niemand ist immun gegen häusliches Glück.

Es passierte folgendermaßen: Nachdem ich ein Jahr lang in Pattaya rumgehangen hatte und mich selbst schon als wandelndes Wrack und reißerischen Schriftsteller betrachtete, war ich irgendwann mal mit Wayne unterwegs in der Stadt. Wir gingen in ein Restaurant, wo ich eine fantastische Frau erblickte, die überglücklich mit dem Anbraten von Knoblauch und Chili beschäftigt war. Während mir die Augen tränten und ich niesen und husten musste, traf ich auf der Stelle die lebensverändernde Entscheidung. Was wollte man mehr? Sie war weder Barmädchen noch Go-go-Girl und auch keine Bordsteinschwalbe. Und sie konnte kochen! Glücklicherweise sollte sich herausstellen, dass sie auch Speisen zubereitete, für die sie kein Tränengas, Pfefferspray oder andere traditionelle Thaiwürzmittel brauchte. Sie heißt Manao, was im Deutschen »Zitrone« bedeutet, und sie ist nicht das typische Glamour-Girl, obwohl sie langes und glänzendes schwarzes Haar hat. Sie verzieht kaum eine Miene und sieht irgendwie adelig aus – sie ist eine Prinzessin! Ihre Muttersprache ist nicht mal Thailändisch, sondern Khmer, da sie aus dem kambodschanischen Grenzgebiet stammt. Sie ist anders! Und ich muss zugeben, dass sie die Frau meiner Träume ist. Jedenfalls kam das eine zum anderen, sie zog bei mir ein und ist nicht wieder ausgezogen. Ich weiß, was ich über meine männlichen Kollegen und über »Sie ist anders als die anderen« geschrieben habe – ja, ich weiß!

Wir zogen in die Vorstadt nach Jomtien Beach und mieteten uns ein Haus am Meer, mit einem Garten voller Mango- und Papayabäume. Manaos liebenswürdige Tochter kletterte immer auf die Bäume und besorgte unser Frühstück, einen ganzen Korb voller frischer Mangos. Als das Mädchen im Kindesalter vom Lande zu uns kam, um hier mit uns zu leben, war sie verwahrlost – mittlerweile ist aus ihr eine dralle Teenagerin geworden, die jeden Tag tonnenweise mein Essen verschlingt. Später will sie der Armee dienen, damit sie a) den König verteidigen kann und b) damit sie Farangs erschießen darf, die auf dicken, lauten Motorrädern durch die Gegend rasen. Die glühende Befriedigung, dass ich für jemanden etwas Gutes getan hatte, mag vielleicht patriarchalisch-imperialistisch sein, aber so bin ich nun mal.

Ich war jetzt nicht mehr der stadtbekannte Nachtschwärmer, der von Bar zu Bar zog, aber ich wurde gut durch Paul ersetzt, meinen englischen Nachbarn. Er war ein netter Kerl und hatte eine Computerfirma, die er von zu Hause aus führte, dank des Internets. Er hatte mehr oder weniger jede Nacht eine andere Frau, nur manchmal blieb eine über mehrere Monate. Es gab immer wieder mal ordentlichen Streit zwischen ihm und seinen Frauen, lautstarke Auseinandersetzungen inklusive diverser fliegender Gegenstände und so weiter, aber wenn die Ladys zu uns zum Essen kamen oder mit den Kindern spielten, waren sie absolut liebenswürdig.

Hin und wieder schaute Charles bei uns vorbei, meistens um seinen Fernseher, sein Motorrad oder einen Koffer bei uns abzustellen, bevor er mal wieder auf die Philippinen flüchtete. Er hing ständig mit seiner damaligen Freundin Moo ab, die stark von Yaba abhängig war und in Charles' Apartment Sex mit ihren Katoey-Boyfriends hatte. Als Charles weg war, kam sie öfters vorbei und behauptete, dass der Fernseher oder das Motorrad ihr gehören. Wir mussten sie dann immer anlügen, dass wir Charles überhaupt nicht gesehen hätten. Charles sah zunehmend schlechter aus und verlor an Gewicht. Das waren die Folgen des Yaba-

Konsums: Man kann nicht mehr schlafen und hat keinen Appetit mehr. Bald fielen Charles die Haare aus.

Er ließ seinen Fernseher und seine Koffer bei uns und blieb länger als gewöhnlich auf den Philippinen. Nachdem ich ihm aus Sorge eine E-Mail geschrieben hatte, rief er an und sagte, dass er bald vorbeikäme, um seine Sachen abzuholen. Er hielt sich schon wieder seit geraumer Zeit in Pattaya auf, und da er mittlerweile Kehlkopfkrebs hatte und so abgewrackt aussah, hatte er sich nicht auf die Straße getraut. Als er zu uns kam, sah er wirklich wie eine Vogelscheuche aus und war kaum wiederzuerkennen. Aber er war trotzdem recht gut aufgelegt, nahm irgendwelche Zauberdrogen und erzählte mir was von einem Wunderheiler auf den Philippinen. Er nahm mich in seinem Mietwagen mit in die Stadt und bestand darauf, dass wir in eine Go-go-Bar gingen, wo er immer noch der alte Charles war und an einem Mädchen rumgrabbelte. Ich hörte ein paar Wochen später, dass Charles im Krankenhaus lag, aber niemand wusste wo, und dass er eine Strahlentherapie durchmachte. Nach einigen Monaten rief mich Wayne aus Milwaukee an und teilte mir mit, dass Charles gestorben war. Er hatte es von L. A. Rob erfahren, den er zufällig am Flughafen von Manila getroffen hatte, aber keiner wusste etwas Genaueres. Auch wenn ich wusste, dass Charles kein Heiliger gewesen war, war ich sehr traurig.

Das Leben in Pattaya ging aber weiter. Die Zeitungen fütterten uns mit den nötigen Informationen – so war die Seite mit den Berichten über Selbstmorde voller denn je. Im Norden Pattayas tobte ein blutiger Bandenkrieg, dabei ging es bloß um verschiedene Anbieter von Kabelfernsehen, die sich gegenseitig bekämpften. Eine zunehmende Anzahl von weiblichen Touristen wurde vergewaltigt und umgebracht, am idyllischen Strand ihrer Träume. Die Regierung hatte mit Sorge reagiert, weil diese Vorfälle »das Image Thailands« beschädigten, genauso wie bei den zahlreichen europäischen Touristen, die von rauen Flughafentaxifahrern ermordet, ausgeraubt und in einen Fluss geworfen wurden. Die Polizei handelte nicht, weil die Publicity schlecht für den Tourismus sei. Drei des Drogenhandels verdächtigte Thais aus dem Norden wurden in ihrer Gefängniszelle tot aufgefunden, sie hingen alle gleichmäßig in einer Reihe, erhängt mit ihren Schnürsenkeln. Die Polizei wurde natürlich von dem Vorwurf entlastet, dass sie die drei »außergerichtlich« getötet habe. Die jungen Kerle hatten sich angeblich selbst das Leben genommen, weil sie die Schande nicht ertragen konnten. Der vierte Zelleninsasse sagte aus, dass er die ganze Zeit geschlafen habe, und der Gefängniswächter sagte, dass er aus Angst vor den Geistern der drei keine Untersuchungen hatte aufnehmen können. Ein weiterer Tag im Paradies.

Ach ja, ich hatte zu Beginn den Golfer namens Kenny erwähnt, er wohnte bei mir um die Ecke. Er war ein weiterer amerikanischer Vietnamveteran, Geheimagent und was sonst noch zu der typischen Geschichte gehörte, ein hoffnungsloser Alkoholiker mit Narben und Wunden auf seinem Körper, der ständige Alkoholkonsum hatte dazu geführt, dass Antibiotika bei ihm nicht mehr wirkten. Er gab Golfkurse, und wenn er keine Kunden hatte, ging er gern bei Regen auf den durchnässten und schlammigen Golfplatz, wobei er ein süßes Thaimädchen als Caddy mitnahm. Sie zog sich dann für ihn aus und wälzte sich im Matsch, während er davon Fotos machte, und danach trieben es die beiden (angeblich) im Dreck. Er ist mittlerweile auch schon gestorben, der arme alte Kenny.

Unser Nachbar von gegenüber kam irgendwann mal zu uns und entschuldigte sich für die Lärmbelästigung durch seine Tochter, die ständig nur am Kotzen war. Sie hatte gerade erst geheiratet, und ihr Ehemann arbeitete 50 Kilometer von hier entfernt. Dass sie kotzen musste, kam von dem Whiskey und den Tabletten, die sie in Mengen einnahm, um einen Schwangerschaftsabbruch herbeizuführen, weil das Paar sich kein Baby leisten konnte. Der Ehemann durfte davon nichts erfahren, sonst würde er wütend werden. Das alles erwähnte mein Nachbar so beiläufig, als würde er übers Wetter reden. Natürlich rief auch Moo, die ehemalige

Liebschaft von Charles, wieder mal an und fragte, wo Charles stecke. Wir teilten ihr mit, dass er gestorben war, und erfuhren im Gegenzug, dass er sie mit einem einjährigen Baby sitzen gelassen hatte, von dem er nie etwas gesagt hatte. Nun wollte Moo rausfinden, wo Charles' Schwester in England wohnte, damit sie von ihr Geld schnorren konnte. Aber keiner von uns wusste irgendwas über Charles, außer dass er tot war.

Und so ist es, das bizarre Netz von Sex, Tod, Habgier, Verschwiegenheit und Zeugungsfähigkeit in Thailand. Man muss einfach unauffällig bleiben, sich seinen Weg erkaufen, die Sonne genießen und darf sich nicht allzu dämlich verhalten, dann hat man eine Chance, hier zu überleben. Es gibt nicht viel, das schöner ist, als im Garten herumzuspazieren und sich ein schattiges Plätzchen zu suchen, während die werte Ehefrau in der Küche frische Ananas vom Bauernhof der Familie zubereitet und die Kinder auf der Straße Badminton spielen. Es gibt einen Punkt im Leben, an dem man findet, wonach man gesucht hat – auch wenn man nicht wirklich wusste, dass man danach gesucht hat.

Wayne und ich saßen irgendwann spät abends mal wieder zusammen und unterhielten uns. Wir kamen dabei auf das Thema Liebe zu sprechen, was Liebe ist, wie viel sie kosten sollte, und so weiter. Wayne fragte mich, ob ich Manao liebte, und ich antwortete, dass ich das wahrscheinlich wohl täte, aber bis dato nie wirklich darüber nachgedacht hätte.

»Ich meine, würdest du dich für sie umbringen?«, fragte er melodramatisch. Ich war ernsthaft verblüfft über diese Frage.

»Natürlich würde ich es tun«, sagte ich. »Das ist doch wohl klar.«

Mein Nachbar Paul hatte Manao kennengelernt und zu mir gesagt: »Mann, das ist ein echtes Schätzchen! Die ist eine fürs Leben!«

Ich schätze mal, dass er recht hat. Manao ist anders. Das ist Thailand. Bitte benutzen Sie Kondome.

ICH WAR ERST 13

DIE WAHRE GESCHICHTE VON LON: ZUM ERSTEN MAL BERICHTET EINE JUNGE FRAU ÜBER IHR LEBEN IN DER THAILÄNDISCHEN SEXINDUSTRIE

»Diese Autobiografie gibt einen intimen Einblick in den Alltag thailändischer Mädchen, wie es ihn nie zuvor gegeben hat!«　　Der Kurier

MANZANARES / KENT
ICH WAR ERST 13
DIE WAHRE GESCHICHTE VON LON
288 Seiten, Broschur, viele Abb.
ISBN 978-3-89602-798-6
9,90 EUR (D)

Dies ist die Geschichte von Lon. Die heute 24-jährige Thailänderin geriet als Teenagerin in die Welt der Bierbars und Gogo's von Pattaya und Bangkok, Orte, an denen Minderjährige ihren Körper verkaufen. Dieses Schicksal teilt sie so oder ähnlich mit vielen anderen thailändischen Mädchen und Frauen – in einem Land, in dem Mädchen oft keine Schulausbildung erhalten und in dem dennoch von ihnen verlangt wird, ihre Familien zu ernähren.

»Sie war noch ein Kind, als sie ihre Jungfräulichkeit an einen Freier aus Europa verkaufte. Jetzt hat Lon ein Buch über ihr Leben in der Sex-Hölle von Thailand geschrieben.«
Bild am Sonntag

»Lon, heute 24, ging aus Not durch die Hölle.

Über ihre Erfahrungen hat sie jetzt ein erschütterndes Buch geschrieben. Mit 13 steht sie allein da. Verzweifelt beschließt sie zu arbeiten, um den Vater als Ernährer zu ersetzen. Lon landet in Bangkok und verdingt sich als Babysitter bei einem Polizisten. Der besitzt eine Bar im Rotlichtviertel, wo sie putzt. Dann wird sie angesprochen: Ein Schweizer bietet 600 Euro für ihre Jungfräulichkeit. Für diese Summe müsste sie ein Jahr lang putzen! Sie tut es. Und dann wieder, über Schmerzen, Ängste und Selbsthass hinweg. Nach sieben Jahren kann sie nicht mehr. Lon ist 24 Jahre alt und fängt neu an. Sie lebt jetzt in London. Zum ersten Mal: ein Leben in Würde.«
Laura

»Es ist eine sehr berührende Geschichte.«
alphafrauen.org

DAS ERSTE MAL

DIE AUTOBIOGRAFISCHE SCHILDERUNG EINER PROSTITUIERTEN:
LEIDENSCHAFT, HEMMUNGSLOSIGKEIT, SCHATTENSEITEN UND SEXUELLE OBSESSIONEN

»Lisa Moos war mutig und sie beschönigt nichts. Sie weiß, dass sie sich dadurch angreifbar macht, und fürchtet auch manche Reaktion. Doch sie schämt sich für nichts.«
Welt am Sonntag

LISA MOOS
**DAS ERSTE MAL
UND IMMER WIEDER**
DIE AUTOBIOGRAFISCHE
SCHILDERUNG EINER
PROSTITUIERTEN.
ERWEITERTE SONDERAUSGABE
320 Seiten, Broschur
ISBN 978-3-89602-747-4
12,90 EUR (D)

»Einmal und immer wieder« beschreibt schonungslos und offen den Liebes- und Leidensweg einer Hure. Detailliert erzählt Lisa Moos in klaren Worten von ihrem Leben als Straßenhure und Edeldirne, von schönen und erschreckenden Erfahrungen aus dem Rotlichtmilieu.

»Packend, detailreich und sehr schonungslos schildert Lisa Moos ihren Weg als Hure, Puffmutter und Domina.« **Frau von Heute**

»Lisa Moos hat 14 Jahre als Prostituierte gearbeitet und das dabei Erlebte jetzt aufgeschrieben. Das ist, wie es das Gewerbe mit sich bringt, zum Teil sehr drastisch. Moos berichtet von den geschätzt 6000 Freiern, der Arbeit im Luxus-Bordell, SadoMaso-Partys und den sexuellen Übergriffen des Onkels, die sie als Elfjährige ertragen musste.« **Berliner Zeitung**

»Ihr Buch ist eine tabulose Beichte: 14 Jahre lang schaffte Lisa Moos in ganz Deutschland als Prostituierte an. Irgendwann wurde für sie der Leidensdruck zu groß. Sie stieg aus, flog nach Mallorca und schrieb sich alles von der Seele.« **Express**

»›Es ist kein Traumjob eine Hure zu sein, aber ich bereue nichts. Ich war eine gute Hure.‹ Die 37-Jährige schätzt, dass sie ungefähr 6000 Mal einem Mann zu Diensten war – bis sie einen kennen lernte, der ihr vor vier Jahren half, aus dem Milieu auszusteigen. Weil ihre neue Liebe, alles von ihr wissen wollte, hat Lisa Moos ihr Leben aufgeschrieben.« **Abendzeitung**

MÄNNER-ROULETTE

DIE FORTSETZUNG DES BESTSELLERS »DAS ERSTE MAL UND IMMER WIEDER«:
BEWEGEND, FESSELND UND EROTISCH.

LISA MOOS
MÄNNER-ROULETTE
Ein Leben nach der Prostitution

SCHWARZKOPF & SCHWARZKOPF

Männer-Roulette ist die Fortsetzung des Bestsellers »Das erste Mal und immer wieder«. Mit der ihr eigenen unkonventionellen Art und ihrer mitreißenden Lebenslust schildert Lisa Moos ihr Leben nach der Prostitution und ihre Suche nach Liebe.

LISA MOOS
MÄNNER-ROULETTE
EIN LEBEN NACH DER
PROSTITUTION
272 Seiten, Broschur
ISBN 978-3-89602-689-7
12,90 EUR (D)

Lisa Moos hat alle Spielarten der Leidenschaft erfahren, Perversion, Erniedrigung, aber auch Freundschaft, Hoffnung und Liebe in einer Welt, die ihren eigenen Regeln und Gesetzen folgt. Der großen Liebe wegen will sie all das endlich hinter sich lassen. Doch der Weg in eine unauffällige, bürgerliche Existenz erweist sich als schwierig.

»Männer-Roulette« ist die Fortsetzung der mitreißenden und spannenden Autobiografie einer Frau, die ihr Leben von Grund auf ändern will. Einfühlsam schildert Lisa Moos das Zerbrechen der Liebe, in die sie so große Hoffnung gesetzt hatte, Absturz und Überlebenskampf in einer Gesellschaft, deren heuchlerische Moral keinen Makel im Lebenslauf duldet und jeden Fehltritt mit Ausgrenzung bestraft.

Trost sucht Lisa bei einem gut aussehenden Geschäftsmann, der sich jedoch als gesuchter Betrüger entpuppt. Zahllose kurze, aber heftige Affären folgen, doch sie sind alle zum Scheitern verurteilt. Auch finanzielle Sorgen belasten Lisa. Kann sie den gesellschaftlichen Anforderungen gerecht werden, und möchte sie das überhaupt?

»Lisa Moos, die mittlerweile mit ihrem Sohn auf Mallorca lebt, schildert den mühsamen Weg in eine normale, bürgerliche ›unauffällige‹ Existenz. Sie erzählt von neuen Liebschaften mit Playboys und Hochstaplern, berichtet von Blind Dates und lässt den Leser an persönlichen Schicksalsschlägen und der Suche nach dem Traumprinz teilhaben: Die mit Spannung erwartete Fortsetzung!« Blick Göttingen

WWW.SCHWARZKOPF-SCHWARZKOPF.DE

Kit McCann
PARADIES DER LÜSTE
Ein Reisebericht aus Thailand.
Wo das Vergnügen seinen Preis hat –
Einblicke in die thailändische Sex-Industrie
ISBN 978-3-89602-864-8

Genehmigte Lizenzausgabe. © der deutschen Übersetzung:
Schwarzkopf & Schwarzkopf Verlag GmbH, Berlin 2008

KATALOG
Wir senden Ihnen gern kostenlos unseren Katalog.
Schwarzkopf & Schwarzkopf Verlag GmbH
Kastanienallee 32, 10435 Berlin
Telefon: 030 – 44 33 63 00
Fax: 030 – 44 33 63 044

INTERNET | E-MAIL
www.schwarzkopf-schwarzkopf.de
info@schwarzkopf-schwarzkopf.de